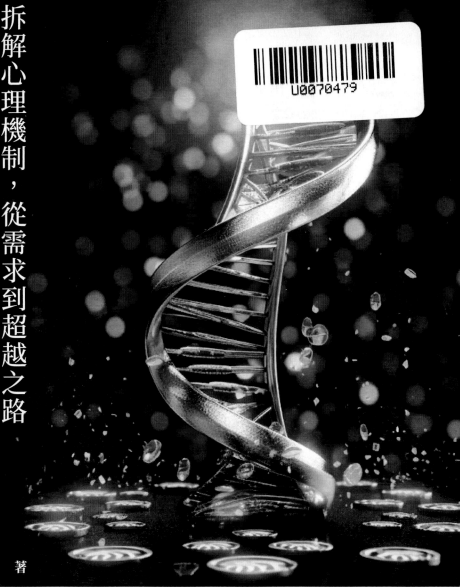

轉化權力欲、摒棄完美主義、克服過度幻想……
優勢不是菁英的先天專利，你只差一點後天成功心理！

成功DNA

拆解心理機制，從需求到超越之路

U0070479

梁祐晟，蘇啟文　著

當對成功的渴望如需要空氣一樣時，你離成功就不遠了！
成就、財富、快樂……皆始於一個意念
想摘取成功的碩果，必須擁有好心理——

【深入剖析人類心理機制的綜合性心理學著作】
基本需求 × 理想目標 × 行動實踐 × 自信自強 × 消極挫折……
七大主題，探討人類在不同層面上的心理需求與過程

目錄

第七章　成功與超越的心理境界

前言

　　成功心理學是以人的心理現象和心理規律為主要研究對象，並指導人們運用健康心態、積極行為而獲取成功的一門科學。它於 1960 年代誕生於美國。其出現絕非偶然，而是有著深刻的歷史背景：人類從產業經濟向知識經濟跨越，這種變化帶給全球巨大的影響。

　　在長期的研究中，成功心理學發現，每個正常人都有其獨特的才幹以及用才幹構成的獨特優勢。所謂才幹，簡明地說，就是一個人所具備的貫穿始終、且能產生效益的感覺和行為模式。它是先天和早期形成的，一旦定型很難改變。至於優勢，就是指個體身心發展過程中逐漸生成並有所變化和發展的相對優越的長處、強項或勢能。優勢包含著三層意思，一是個體的先天潛能被開發出來成為優勢；二是在後天學習中形成的一定範圍內的相對優勢；三是在可能的條件下變劣勢為優勢。

　　成功心理學還發現，截至目前，人類共有 400 多種優勢。而對這些優勢本身的數量並不重要，最重要的是每一個人應該知道自己的優勢是什麼，之後要做的則是將自己的生活、工作和事業發展都建立在這個優勢之上，這樣方能成功。

　　成功心理學的創始人唐諾‧克里夫頓（Donald Clifton）認為，成功心理學是關於發揮人的最佳效能的科學。他致力於發現和促進那些能使個體和社會成功的因素，關注對成功的生活與職業的貢獻，並認為判斷一個人能否成功，很大程度上要看能否最大限度地發揮自己的優勢。

　　縱覽當今，成功者的燦爛環繞著整個世界。喬丹（Michael Jordan）是籃球飛人、C 羅（Cristiano Ronaldo）是足球先生、帕華洛帝（Luciano Pavarotti）是美聲歌王、蘇菲亞‧羅蘭（Sophia Loren）是影后……這些菁

英，之所以出類拔萃就是因為其自身的優勢獲得了最大限度地發揮。而普通的人們，在對這些成功者深懷敬仰之時應清楚地懂得：優勢不是這些菁英的專利，其實每個人都有天生的優勢，貴在積極地開發與利用。

另外，就成功來說，它在每個人心中的定義是不一樣的，因為成功是因人而異的！成功的定義要結合我們實實在在的生活去理解，它包含兩方面的含義，一是社會承認了個人的價值，並賦予個人相應的酬謝，如金錢、地位、尊重等等；二是自己承認自己的價值，從而充滿自信、充實感和幸福感。就這兩種含義而言，人們往往會忽略後一種含義，認為只有在社會承認我們、他人尊敬我們時，我們才算獲得了成功的人生，只有在鮮花和掌聲環繞著我們時，才算是到了成功的時刻，其實並非絕對如此。

實際上，一個人只有在對自己有較高認可並認為自己一定會成功時，他才可能真正成功，這是獲得成功的一種重要心理。比如在不同起跑線上的人，對於追求成功完全可以有不同的標準。由此也可以說，成功是一種積極的感覺，它是我們每個人達到自己理想之後一種自信的狀態和一種滿足的感覺！

有的人認為自己除非做出一番大事業才算是成功！而有的人認為，只要找到穩定的工作，有個溫馨的家庭就算是成功！在成功的心理追求中，我們需要的是量力而行，而不是好高騖遠，就一般人普遍而言，也許你並沒有做出轟轟烈烈的事業，但這並不影響你在其他方面成為一個成功的人。所以我們更需要重視自信心和每一次小的成功，這樣人們就容易獲得一個輕鬆而穩定的心理。成功多了，你的生命也就很美好、很幸福了。這是成功心理學的重要精髓之一。

總之，良好的心理特質，對一個人的事業、未來、人生都有莫大的好處，所以一個人若想成就事業，擁有良好的心理是不可缺少的條件。美國

有一句諺語說：「通往失敗的路上，處處是錯失了的機會。坐等幸運從前門進來的人，往往忽略了幸運也會從後窗進來。」成功不會落在守株待兔者的頭上，只有意志堅強、勇於進取、勇於挑戰的人，才能抓住勝利的時機。歷史如此證明，現實生活也是這樣。其實這正道出了擁有良好心理的重要作用。

有位成功人士說過，在影響成功的諸多因素中，一個好的心態造成95%的作用，而正確的各種技巧的作用僅占5%。可見，好的心態對於能否成功是多麼的重要。一個人如果有積極的心理，樂觀地面對人生、樂觀地接受挑戰和應付麻煩事，那成功之於他就完成了一半。一個人，當你對成功的渴望像需要空氣一樣時，你就離成功不遠了。一切的成就、一切的財富、一切的快樂，都始於一個意念。想摘取成功的碩果，必須擁有好心理。

為了幫助人們消除心理上的困惑，不斷擁抱成功，我們精心編撰了本書。本書主題鮮明，結構嚴謹，分別從需求與動機、理想與目標、行動與實踐、自信與自強、消極與挫折、奮鬥與堅持、境界與超越等方面入手，以通俗語言、樸實道理，詳細具體地分析了我們在實現成功的道路上容易出現的心理問題，並相應提出了重要而實用的調適方法。透過本書，相信一定會對強化讀者心理優勢、邁向個人成功之路有著積極而現實的幫助。

第一章
需求與動機的心理態勢

需求與動機是一個人正常的心理態勢與意識，二者之間具有密切的關係。當人產生需求而未得到滿足時，會產生一種緊張不安的心理狀態，在遇到能夠滿足需求的目標時，這種緊張的心理狀態就會轉化為動機，推動人們去從事某種活動，並努力實現目標。

可以說，有需求和動機，我們才會有成功的可能。需求是我們積極性的基礎和根源，動機是推動我們活動的直接原因。

我們人類的各種行為都是在動機的作用下，向著某一目標進行的。而我們的動機又是由於某種欲求或需求才引起的。

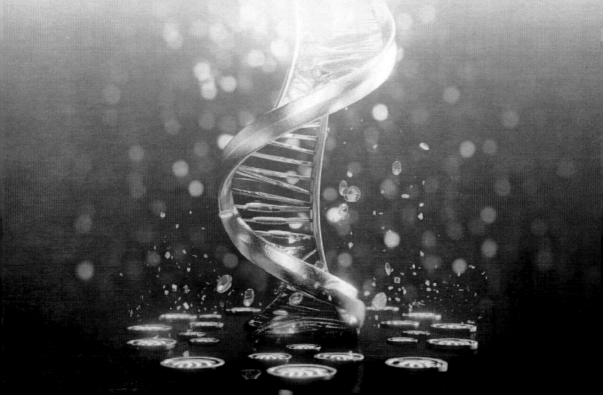

▶ 第一節
生理需求是人類的基本需求

在我們的生命中，離不開兩件大事：飲食、男女。一個是個人生存的問題，一個是生命延續的問題。生理需求便是我們對生存的需求，是最基本、最強烈、最原始、最顯著的一種需求，也是推動我們行動的最強大而永恆的動力。

馬斯洛（Abraham Maslow）認為人類有五種基本需求，即生理需求、安全需求、社交需求、尊重需求和自我實現需求。在這五種需求中，生理需求是我們人類最基本的需求。人只有當最基本的需求得到最低限度的滿足後，才會開始追求高一級的需求。

1.了解食慾的重要性

食慾與性慾是人類的本能，是兩件緊密相連的事情，許多名人與偉人都在這方面有過闡述。世上的萬事多是從這兩件事情引發而來。

馬斯洛認為，生理需求是我們的需求中最基本、最強烈、最明顯的一種，這中間，馬斯洛尤其強調食物對人的重要性。

正如馬斯洛講的那樣：「如果一個人極度飢餓，那麼除了食物之外，他對其他東西就會毫無興趣，他夢見的是食物、記憶的是食物、想的是食物。他只會對食物發生興趣，只感覺到食物，也只需要食物。」

馬斯洛將人的生理需求放在第一位是很正確的。在此，任何動物處在了同一個水平面上。在極端意義以上，我們人和動物沒有什麼差別。

如果我們是一個餓得要死的人，就不會有心思欣賞自然界花朵的美麗、春風的和煦，因為我們日思夜想的、夢見的也只會是食物。

　　中國是一個飲食文化十分發達的國家，在中國的封建時代，封建禮教嚴密地控制了性慾這種本能慾望的張揚，但對食慾卻網開一面，從沒有含糊過。

　　比如孔子就對吃非常講究，他曾經說：「食物一定要精美。」並對各種不吃的東西做過細緻的、近乎苛刻的規定。孔子之後，吃在中國人心目中更是具有壓倒一切的重要性。

　　在這種背景下，有許多學者認為，中國傳統文化很強烈地打上了食慾這種生理需求的痕跡，並且幾乎浸染到了物質和精神生活的各個領域。

　　食慾是保證人體健康長壽的物質基礎。人體器官的功能和組織的正常代謝，依賴著必需的營養。

　　食物對我們疾病的防治以及衰老的過程有著相當大的影響，尤其對我們晚年的健康狀況更為密切。營養良好的人能有效地延緩衰老，有些人 60 歲就表現出虛弱、行動不穩，容易疲勞，感覺遲鈍；而有些人，年過八旬仍像年輕人一樣。

　　因此，決定生命後期生理性或機能衰老程度，某種意義上取決於我們的食慾和飲食狀況。

　　據調查，我們有相當一部分人，把主要精力放在事業上，對營養很不講究，吃飽就算；或者忙於應酬，頓頓雞鴨魚肉、山珍海味，高脂肪、高蛋白質飲食。營養失衡會導致肥胖、高血脂、高血壓、高血糖、高血尿酸以及腸癌、乳腺癌。

　　還有一部分人，特別是患有高血壓、冠心病的人，讀了一點醫學科普文章，視膽固醇如虎，盲目地節制飲食，肉不吃、蛋不食、無鱗的魚也不敢碰。殊不知，過分強調降低膽固醇水平，更容易誘發疾病，於健康不利。

另外一部分人怕胖，片面地節制飲食，其實太瘦對人體危害不比太胖少多少。

總之，我們對於自己的飲食要有一個科學的態度，要全面均衡地攝取營養；也就是說，樣樣都吃，不挑食、不偏食。

2.認識性慾的重要性

我們人類最原始的慾望是吃的慾望和性慾。吃的慾望可以使我們在飢餓時主動尋找食物，避免餓死，從而維持個體的生存。而對於性的慾望有什麼意義呢？

性慾既有生理上的意義，更有精神上的意義。因此，我們人的性慾有別於動物的性慾，人的性慾除了受生理因素的影響外，還要受到精神因素的影響。

性慾又叫性動機，是異性間互相接觸的慾望以及在某種性刺激下所產生的性交慾望。它是人類在有意識或無意識的性活動中獲得身心快感的一種慾望。

從本能的意義說，性慾是生理上的，但我們人的性慾滿足的條件與方式，卻是與人的社會文化現實相關的，因而與動物有本質區別。

性與愛的一致，便是文明社會裡人類性活動的特徵。性慾包括接觸慾和排泄慾。接觸慾是指男女渴望與異性身體接觸的慾望。如接吻、擁抱、撫摸以及性器官直接接觸。排泄慾對男性而言指射精，對女性而言主要指陰道和前庭大腺分泌液體，在排泄的同時，男女都能獲得快感。

性慾對於人類的繁衍生息有什麼意義呢？顯而易見，性慾可以驅使人們為了快樂去完成性行為從而達到繁衍後代的目的。試想，如果我們都沒有性慾並且不知道只有透過性行為才能繁衍後代，那麼我們人類滅絕的機

率就會很大。

不過一般而言，大多數動物的性慾只存在於發情期時，而動物的發情期通常都有一定的時候。對人類來說則沒有發情期的概念，或者說人類在任何時候都可以發情。

如果不學會控制自己的性慾，就會導致性犯罪的行為。單身人士可以透過自慰來滿足自己的性慾，這是很正常的事情。全世界的人都有這種行為，安全無害。

對於男性來說，可以防止前列腺炎和前列腺癌的發生。男女都可以透過自慰，來了解自己的身體，對以後的性生活有益。

如果一定要分期的話，人在早晨性慾會比較強烈，這就是為什麼在早晨的時候，年輕的健康男性的生殖器會自然勃起。隨著年齡增加，晨勃的機會就會逐漸減少，這是很正常的事情，沒有必要因此而擔心。

貼心小提示

吃是一件再平常不過的事了！可是，在吃的時候你有沒有想過它也可以反映出你的身體狀況呢？

1. 食慾旺盛且容易飢餓，身體日漸消瘦，伴有口渴、多飲、多尿，這很可能是患了糖尿病。

2. 近期內食慾旺盛，但體重下降，並伴有乏力、怕熱、易出汗、易激動等症狀。如果出現眼球飽滿並稍微向外凸出，可能患有甲狀腺功能亢進。

3. 進食大量油膩食物之後，出現食慾明顯減退，並伴有腹脹、胸悶、陣發性腹痛等症狀，則可能是消化不良造成的傷食。若食慾尚可，進食油膩食物後，出現右上腹疼痛，這可能是膽囊出了毛病。

4. 暴飲暴食後突然發生上腹部劇痛，同時伴有噁心、嘔吐、發熱，服用止痛劑無法緩解症狀，可能是急性胰腺炎的表現。

5. 突然食慾減退，見食生厭，尤其是見了油膩食物就噁心，全身疲乏，腰痠無力，尿色深黃如濃茶，並見眼白發黃，可能是患了病毒性肝炎。

6. 食慾差，見食生厭，大便不正常，進食油膩食物就腹瀉，這是消化不良的表現。

7. 食慾不正常並有腹脹，且多在食後加重，平臥時腹脹可減輕，並伴有噁心、胃痛等症狀，這可能是患了胃下垂。

8. 40 歲以上的人，在沒有任何原因的情況下，食後腹部飽脹，同時伴有倦怠、食慾下降，身體日漸消瘦，可能是患了食道癌或胃癌，應及早去醫院診治。

　　了解過食慾與我們身體健康的關係，再來看一下性慾與我們身體健康的關係吧！

　　性慾，目前還沒有達到公開議論的程度。別看網路上熱熱鬧鬧地說，海闊天空地侃，恐怕在家裡、在辦公室誰也不敢。但是，性慾確確實實與我們的健康息息相關。

　　從一個人的性慾高低上，能直接反映出這個人的身體狀況如何。男性比較直觀，性慾旺盛，會要求的多一些，一天一次甚至多次。累了，慾望不高，陰莖則不勃起。

　　女性則不明顯，性慾高的會高潮連連，有強烈的肢體表徵；而相當一部分女性結婚多年，卻根本不知道高潮是怎麼回事，只認為那是性別間的本能，既是為人妻就該為人用，天經地義。

其實，這有可能是生理不成熟的表現，從大腦，到腎功能，到生殖系

統發育不夠良好。雖說也能生兒育女，但性激素少或者說荷爾蒙分泌少，這是生理功能的缺陷。

雖然性慾旺盛是身體強健的特徵，但也不能縱慾無度，整天沉湎於酒色中會使精氣衰竭、健康透支、腰膝痠軟、精神萎靡，會過早的出現衰老體徵。

不過禁慾更不好，過剩的精力得不到宣洩，會出現失眠、煩躁不安、精力不集中、工作效率低下。對工作、對生活都不利。看來，任何事情都不宜走極端。

到底怎樣做才是恰當的，應根據自身的狀況決定。身體強壯的，性生活可以適當多一些；身體弱的可以少一些，以感覺不到乏累即可，不影響正常的工作生活就是合適。

正常的性慾是對身體健康的一個促進，達到高潮的時候，腦下垂體和腎臟會適量分泌激素，對免疫力的提高有激發和推動的作用，使身體的免疫功能達到一個新的高峰。還能促使新陳代謝加快，使人的精力更充沛，思維更敏捷，精神更煥發。這也是為什麼有適當的性高潮會更健康、更漂亮、更有韻味、更性感的緣故。

現在，不少人產生了誤解，經常吃補藥，其實這並不好。商家為了賺錢，吃者為了歡樂。但是，這類產品幾乎都含有激素，它會讓你提前耗盡生命的原動力，過早的衰老，是在用昂貴的藥費換取你未來的壽命。這些藥的副作用極大，停藥後性慾會迅速衰退，甚至消失，讓你的內分泌嚴重失調，是名副其實的慢性毒藥。

所以，追求「性福」生活，應以科學的態度，正確的方式去體驗，去交流。適當的享受性生活，對身體健康和心理健康都有好處。也是精神煥發，青春永駐的美容祕訣。

▶ 第二節
要樹立正確的金錢價值觀

　　自從人類社會出現商品交換以來，金錢便作為財富的一般代表，在整個社會生活中發揮著重要作用。俗話說得好：「金錢不是萬能的，但沒有金錢是萬萬不能的。」

　　一般來講，要做到在金錢面前完全超脫是不可能的，但是我們絕不能把金錢看得過重，不能有太強的金錢欲，而應該樹立正確的金錢價值觀，否則只會害人害己。

1.了解金錢欲的來源

　　金錢代表著什麼，代表著財富。擁有了金錢，也就代表我們不再貧窮了。換句話說，我們對金錢的渴求，事實上來源於我們對於貧窮的恐懼。一個擁有大量金錢的人是不會有強烈金錢欲望的，除非他有「金錢癖」。

　　貧窮是我們人生的最大羈絆。追求財富、成功與幸福，不但是我們人類天生不可剝奪的權利，而且是與生俱來不得放棄的責任和義務。不要窮，要富，這才是我們應具備的素養。

　　貧窮是壓在我們頭上的一座大山。從杜甫筆下悽慘的「路有凍死骨」，到安徒生童話中可憐的「賣火柴的小女孩」，無不令人垂憐、難受、倉廩不實；奔波生命尚且不及，哪有時間談文明禮儀，哪有力量於雄心逐鹿的社會大舞臺建樹理想的人生大廈呢？

　　為貧窮困擾，就難得成功；為貧窮困擾，就難得幸福。貧窮很可怕，不戰勝它，就沒有出路。

不管什麼人，只有在首先解決了衣食住行這些最基本的生活需求之後，才有可能去追求別的東西；否則，便會為貧窮所困、為貧窮所累、為貧窮所苦。

在貧困的泥淖之中，只有為生存掙扎的心思，哪裡還會有為理想奮鬥的餘力呢？而事實上，即便是把基本的生活需求解決了，要想去追求事業的成功和獲取人生的幸福，也還是需要擁有除了解決基本生活溫飽以外的物質基礎，即所謂可以資助人在學習和奮鬥過程中所需的起碼的財富。

金錢是我們奮鬥的助推器，它可以為我們朝向某一目標奮進提供外力。它可以成為我們騰躍的跳板，成為我們渡河的舟楫。

同樣是奮鬥，在同樣的人生起跑線上，有人乘飛機、有人坐汽車，也有人徒步而行。在有限的生命歷程中，誰能率先達到目標顯然是不言而喻的。

因貧困而坐不起車的人，在一日千里的現代社會裡，可能永遠也無法到達理想的目的地。

過於貧窮的人大多因貧窮而失去了成大器的機會和條件。所謂貧困，即因貧而困者。

而那些不為貧所困者，則更有成功之指望。在西方，能夠參加候選的人大都是富翁，雄厚的資產使他們很容易走上獲取成功的捷徑，也使他們很容易獲得冠冕堂皇的人生形象。

特別是在現代社會，不管在哪個領域裡獲得成功，都需要提早受到良好的教育。而要受到良好教育，就必須解決學費問題、時間問題、精力問題。

這是貧困者最容易失去的；而富裕者是不必在這些問題上面操心的，只要一心一意地努力奮鬥就行了。

生而貧困並無過錯，死而貧困才是遺憾。尤其是終其一生，無力消除貧困創造財富，更是無可寬恕的。

貧困是一種疾病，是一種惡習，如果不是由於懶惰，就是由於無知；最壞的莫過於兩者皆具。貧困不單是金錢物質的缺乏，有時也是精神的殘缺，所謂「人窮志短，馬瘦毛長」即在於此。

有時我們因為金錢的缺乏，最終會導致自己信心、勇氣、熱情、意志和知識的缺失。所以貧困不僅僅是口袋空空。因此，對窮人施以經常的物質救濟，可能會給他造成永久的貧困；只有對窮人給以不斷的財富意念及精神激勵，才能帶來長期富裕。

金錢是我們透過心智和勞力的工作、服務他人貢獻社會的結果。真正的金錢是內在的財富。金錢的增加不僅可以用作改善生活的資財，尤其應作為貢獻社會的工具。

一個人價值的高低，視其對金錢創造的程度，也就是對社會貢獻的程度決定的。人生的幸福，唯有經由金錢的創造才能達成。一個貧困的人絕對無幸福可言。消滅貧困和創造財富，是我們在現代社會裡的每一個人責無旁貸的要務。

我們有的是勤奮，有的是智慧，將我們自身的這些潛能聚焦裂變，我們一定能取得自己的財富與幸福。

2.認識金錢的真正價值

人類社會發展的歷史證明，金錢並不總是和墮落的靈魂、殺人的魔鬼這些醜惡的事物連繫在一起的。

如果能夠正確利用，金錢對任何社會、任何人都是重要的。金錢是有益的，它使人們能夠從事許多有意義的活動。個人在創造財富的同時，也

在對他人和社會做著貢獻。

隨著現代社會的不斷發展，我們對生活水準的要求不斷提高。現實生活中，我們每個人都承認，金錢不是萬能的，但沒有金錢卻又是萬萬不行的，我們每個人都需要擁有一定的財產：寬敞的房屋、時髦的家具、現代化的電器、流行的服裝、小轎車等，而這些都需要錢去購買。

我們的消費是永無止境的，當你擁有了自己朝思暮想的東西之後，你會渴望得到新的更好的東西。在現代社會中，金錢是交換的手段，金錢就是力量，但金錢可用於做壞事，也可以用於做好事。

亨利・福特（Henry Ford）、威廉・里格萊、約翰・洛克菲勒（John Rockefeller）、湯馬斯・阿爾瓦・愛迪生（Thomas Alva Edison）、愛德華・菲倫和朱利葉斯・羅森沃德（Julius Rosenwald）等人建立的一些基金會，直至今天還在為人類的慈善、宗教和教育做著貢獻。這些基金會為上述事業捐助的金額每年超過了兩億美元。

金錢好嗎？我們認為它是好的。

再沒有比荷包鼓鼓更能使人放心的了，或者銀行裡有存款，或者保險櫃裡存放著熱門股票，無論那些對富人持批評態度的人怎樣辯解，金錢的確能增強憑正當手段來賺錢的人的自信心。想想吧，你只要錢包裡有一張支票，或幾捆美鈔，你就可以環遊世界，買任何錢能買到的東西。

實際生活中的許多事情告訴我們，隨著我們財富的增長，我們的自信心也隨之增強。

口袋裡有錢，銀行裡有存款，會使你更輕鬆自在，你不必為別人怎麼看你而過多憂慮。如果有人不喜歡你，沒關係，你可以找到新的朋友。

你不必為幾百塊錢的開銷而操心，你可以瀟灑地逛商品市場，自由地出入大酒店。

常常感到拮据的人往往怕掌握他收入的人，有家的男人怕被解僱，當他為自己的某種嗜好花了好幾塊錢時，會有一種犯罪感。因為這筆錢對他的家人來說可以買到其他必不可少的東西，因缺錢而產生的壓力阻止他做自己想做的事，他的慾望受到壓抑，他被縛住了手腳。

如果你渴望自由，如果你渴望表現自我，就把它們作為賺錢的動力吧！這種動力也是強有力的刺激源。

總之，金錢不是萬能的，但沒錢卻是萬萬不能的。擁有金錢的人不一定就幸福，但是沒有金錢的人一定不會幸福，當一個人連最低的生活需求都無法滿足的時候，一切都無從談起。

錢是貨幣的一種世俗化的稱謂，是充當一般等價物的一種特殊商品。它之所以能和一切商品進行交換，並表現一切商品的價值，並不是由於它本身具有什麼特殊的力量，而是因為它可以充當交換媒介的標準與象徵物。

人，不能沒有錢。為了家庭、為了事業、為了理想、為了能夠在社會上立足，沒有錢是萬萬不能的。

常常感到拮据無錢的人，往往怕那些掌握著自己收入的人解僱自己。當我們為自己的某種嗜好花幾塊錢時，心裡總感到不踏實，會有一種犯罪感。這幾塊錢如果在家裡，夠一家人吃幾頓飯呢！因此，缺錢使人的慾望受到限制，使自己想做的事不能做，使人的個性受到極大的摧殘。

貼心小提示

　　你的金錢欲望是不是很強啊？現在我們用一個小小的玻璃杯做一個測試吧，相信你很快就能知道自己的金錢欲了！

　　參加友人的婚禮，由於不喝酒，所以選擇果汁，但是吧臺上有四個玻璃杯，玻璃杯的果汁分量各不相同，你會選擇哪一杯？

1. 七分滿。
2. 空杯（自行倒果汁）。
3. 滿杯。
4. 半杯。

診斷書：

　　選 1 的人：你在金錢的處理上，這種人最令人心安了。這種人懷有強烈的金錢欲望，可是並不會把這種慾望表面化。自我控制自如，不會一心想賺大錢以致鋌而走險做出像賭博般的冒險行為，是個小心翼翼，踏實派的人。

　　選 2 的人：這種人懷有強烈的金錢欲望，可是卻沒有仔細了解有關金錢上的安排。情緒不定，反覆無常，因此所抱持的價值觀也就會時常改變。

　　選 3 的人：選擇果汁滿杯的人對於金錢的執著十分強烈，也是極端的金錢至上者。所謂守財奴型的人，多會選擇此杯。

　　選 4 的人：對於金錢的處理十分小心，甚至在處理任何事情的時候均抱慎重的態度。這種人並沒有很大的金錢欲。只不過是在處理金錢一事上，顯得非常慎重罷了。

▶ 第三節
安全感是健康生活的基礎

在心理學的字典裡，安全感是一種擺脫恐懼和焦慮之後的淡定感覺，是在滿足一個人各種不同層次需求之後產生的自信和滿足的感覺。

心理學家認為，安全感是心理健康的基礎，有了安全感才能有自信、有自尊，才能與他人建立信任的人際關係，才能積極地發掘自身的潛力，從而更好地實現自身的價值。

1.認識安全感的重要性

我們生活在社會上，難免會受到各種傷害。這裡所說的傷害不僅包括感受疼痛的神經所受的實際刺激，同時也可以指對於自尊心、理想、尊嚴的打擊。

我們面臨傷害的威脅時，會體驗到憂愁、擔心、焦慮等種種消極情緒。

大家都知道，在一件可怕的事將要發生之時，去預期它的發生，比處在實際可怕的情況之下，更為痛苦；將要發生的事，比正在發生，或已經發生的事有更大的威脅力量。精神醫學上稱之為「不安全感」。

隨著時間的推移和工作經驗的增加，我們會越來越意識到安全感對於自己的重要性。

不安全感會使我們感到不舒服。我們都相信這個世界是安全的：我們預期太陽早上會出來；冬天來了，我們知道春天也將隨之而至；我們坐上椅子時，料定它會支持我們；踏上油門，料到汽車就會發動；如果事情發生的次序一旦錯了，或是我們認為它將有混亂，我們就會像嬰兒在突然失去支持時一樣地害怕。

不安全感能使我們的行為產生很多變化。比如我們很久沒有從床上掉下來過，當然也不怕今晚會掉下來。但是，假如把我們的床移到十層樓頂的邊沿上，我們的不安全感就產生了，我們會採取措施，盡力去避免這種感覺。

由此可見，安全感對我們的心理健康是絕對重要的。我們應該對社會、對自然有可依賴感，對他人有可信任感，對自己有接納感。這樣，我們的生活環境才會更和諧，我們的心靈才會更安全，我們才會更健康。

2. 提高安全感的方法

安全感是我們能夠正常、健康生活的基礎，也是我們能夠順利完成任務，獲得成功的基礎。我們該如何提高自己的安全感呢？

（1）提高能力

有句老話：「滾石不生苔，轉業不聚財。」這話指的是無論做什麼都必須專心致志，不能這山望著那山高。這話是一位前輩告訴我的。他在一個領域內埋頭鑽研了十幾年，其間有很多同行因為熬不住產業的景氣低谷而離開了，但只有像他這樣堅持下來的人看到了勝利的一天。

（2）提高延展度

我們都參與過外展訓練，其中有一個遊戲很值得深思：培訓師讓你盡量把雙腿併攏，然後找人搖晃你的身體，你會感覺到很容易就失去平衡；老師再叫你把雙腿分開一定的距離，這時你會發現在別人搖晃時保持平衡變得容易得多。

這個遊戲告訴我們，延展度決定了安全感。對於職場人來說，所謂的「延展」就是專業技能、學識、人脈資源、工作和社會經驗等可以給你安全感的東西。

這兩種方法所揭示的是同一個道理：安全感是自己給自己的，除了讓自己更加強大之外，提高安全感並沒有其他的捷徑。

（3）讓上司放心

如果上司交給你任務以後，還需要他再三提醒如何完成，或者督促你完成的時間，那麼上司會因此而對交任務給你無法產生安全感，那你的安全感如何便可想而知。

因此，你要讓上司隨時知道你的行為，知道你的關注點，知道你對他交付的任務的投入程度和進展程度。當上司要求不明確的時候，超額、超品質的完成任務，會讓上司對你產生信賴感。上司有了安全感，下屬自然會安全。

（4）大膽去做

把你最恐懼的事情仔細寫在一張紙上，至少要寫 10 條，而且盡可能的詳細，要到挖空心思想不出來再多為止！

找一個信任的人，或者一個很安全的地方，做你的恐懼保險箱。把這張紙疊好放到這個地方，確保沒有其他人知道。

告訴自己，我擔心的事情有可能發生，但是我要去做我自己的事情，所以我要先把我的恐懼安全地存在這裡！等我做完以後，我會回來取走我的恐懼。

這個時候你會覺得心裡舒服很多，然後大膽的去做吧！回到你的保險箱，看看有多少擔心發生了，有多少沒有？

貼心小提示

你有足夠的安全感嗎？你有足夠駕馭情緒的能力嗎？不妨透過下面的測試來感受下自己的心理安全度吧！

首先請回答下面 9 個問題：

1. 你是否經常對世事不滿？

2. 你是否感到生活對自己不公平？

3. 你是否容易受傷害？

4. 你是否缺乏自信、對自己不滿意？

5. 你是否感到別人不尊重、不喜歡自己？

6. 你是否對未來隱有恐懼感？

7. 你是否感到別人不可信任？

8. 你是否容易不安？

9. 你是否經常還以別人議論自己並對他人的評價敏感？

如果上述問題你的答案基本上都是「否」，那麼恭喜你，你是一位安全感很強的人，有很高的心理穩定性。如果你的答案以「是」居多，那麼必須提醒你，你很可能是一位缺乏安全感的人，要多加注意了！

▶ 第四節
情感需求是心靈的美好會意

在生活中，只要是對這個世界還有感覺的人，就一定有情感需求，並懂得情感需求才是生命的本質。

我們每一個人都希望得到相互的關心和照顧，感情上的需求比生理上的需求來得更細緻，它和我們的生理特性、經歷、教育、宗教信仰都有關係。

情感上的需求動機主要指友情、愛情等方面。可以說，情感需求是心靈的美好會意。

1.了解友情的重要性

友情本意是指誠摯的友情，現多指人們與接觸較親密的朋友之間所存在的感情，是人們願意為朋友付出一些或全部自己所有的思想。

友情通常情況下大於人情也大於親情。友誼是不論時間的長久，不論地方的長遠，心總是在一起的，一輩子不曾改變過。

友誼是我們一生當中最珍貴的財產，朋友的贈與是一生最珍貴的禮物。在一個人的成長路上我們會交到各種的朋友，從互不相識到一起談天說地，朋友間的了解也會一步步加深。

朋友讓我們的生活變得更加充實，讓我們感到幸福。因為朋友，美好的生活會變得更加美好，而不幸也會在朋友的幫助下漸漸遠離我們。

朋友是一種相遇。大千世界，紅塵滾滾。於芸芸眾生、茫茫人海中朋友能夠彼此遇到，能夠走到一起，彼此相互認識、相互了解、相互走近，實在是緣分。

在人來人往，聚散分離的人生旅途中，在各自不同的生命軌跡上，在不同經歷的心海中，能夠彼此相遇、相聚、相逢，可以說是一種幸運。緣分不是時刻都會有的，應該珍惜得來不易的緣分。

朋友是一種相知。朋友相處是一種相互認可、相互仰慕、相互欣賞、相互感知的過程。對方的優點、長處、亮點、美感都會映在你腦海，盡收眼底。

哪怕是朋友一點點的可貴，也會成為你向上的能量，成為你終身受益的動力和源泉。朋友的智慧、知識、能力、激情，是吸引你靠近的磁力和力量，同時你的一切，也是朋友認識和感知你的過程。

朋友就是彼此一種心靈的感應，是一種心照不宣的感悟。你的舉手投足、一顰一笑、一言一行，哪怕是一個眼神、一個動作、一個背影、一個回眸，朋友都能心領神會。

不需彼此的解釋，不需多言，不需廢話，不需張揚，都會心心相印的。那是一種最溫柔、最愜意，最暢快、最美好的意境。

朋友是一種相伴。朋友就是漫漫人生路上的彼此相扶、相承、相伴、相佐，是你煩悶時送上的綿綿心語或大吼大叫，寂寞時的歡歌笑語或款款情意，快樂時的如痴如醉或痛快淋漓，得意時的一盆善意的涼水。在傾訴和聆聽中感知朋友深情，在交流和接觸中不斷握手和感激。

朋友是一種相助。風雨人生路，朋友可以為你擋風寒，為你分憂愁，為你解除痛苦和困難。朋友時時會伸出友誼之手，是你登高時的一把扶梯，是你受傷時的一劑良藥，是你飢渴時的一碗白水，是你過河時的一葉扁舟，是金錢買不來，命令下不到的。只有真心才能夠換來的最可貴情感。

朋友是一種相思。朋友是彼此的牽掛、彼此的思念、彼此的關心、彼此的依靠。思念就像是一條不盡的河流，像一片溫柔輕拂的流雲，像一朵

幽香陣陣的花蕊，像一曲餘音裊裊的洞簫。她有時也是一種淡淡的回憶，淡淡的品茗、淡淡的共鳴。

朋友就像是夜空裡的星星和月亮，彼此光照、彼此星輝、彼此鼓勵、彼此相望。朋友也就是鑲嵌在默默的關愛中，不一定要日日相見，永存的是心心相通。朋友不必虛意逢迎，點點頭也許就會意了。有時候遙相呼應，不亦樂乎！

總之，友情是一種最純潔、最高尚、最樸素、最平凡的感情，也是最浪漫、最動人、最扎實、最永恆的情感。

我們都離不開友情。你可以沒有愛情，但是你絕不能沒有友情。一旦沒有了友情，生活就不會有悅耳的和音，就死水一潭。友情無處不在，她伴隨你左右，縈繞在你身邊，和你共度一生。

2.認識愛情的重要性

男歡女愛是人之大慾，它令我們無數人獲得極大的人生趣味，也令我們無數人陷入極深的痛苦中。

愛情是我們人與人之間的強烈依戀、親近、嚮往，以及無私專一並且無所不盡其心的情感。在漢文化裡，愛就是網住對方的心，具有親密、情慾和承諾的屬性，並且對這種關係的長久性持有信心，也能夠與對方分享私生活。

愛情是我們人性的組成部分，狹義上指情侶之間的愛，廣義上還包括朋友之間的愛情和親人之間的愛情。在愛的情感基礎上，愛情在不同的文化也發展出不同的特徵。

愛是生命的渴望，情是青春的暢想。愛情的意義在於：讓智慧和勤勞釀造生活的芳香，用期待演繹生命的樂章，用真誠和理解還有包容和信任

譜寫人生的信仰。

愛情是一種情感依賴，愛的文化進程就是博弈，它的結果是情，愛與情是一個像物又像魂的物勢影像，定義為愛情，通常是指人們在戀愛階段所表現出來的特殊感情。

愛情也是人際之間吸引的最強烈形式，是指心理成熟到一定程度的個體對異性個體產生的高級情感。

愛情是男女間基於一定的社會基礎和共同的生活理想，在各自內心形成的傾慕，渴求發展親密關係並渴望對方成為自己終身伴侶的一種強烈、純真、專一的感情。

性愛、理想和責任是構成愛情的三個基本要素。女性通常會愛上健康、平和、有趣、善良和大度的男性。男性選擇短期伴侶的時候則傾向於忽略女性的智慧，以及教育程度、忠誠度、幽默感和年齡。但男性選擇長期伴侶則看重基本的美德。

愛情觀在人生的不同階段，特別是婚姻的不同階段也會產生變化。男性容易愛上女性的年輕美貌，而女性容易愛上男性的財富地位。但是，每個人尋找的愛情是不同的，青少年時期的經歷對一個人選擇愛人的影響最為重大。

愛情的本質是化學反應，由激素和荷爾蒙所散發出特殊的氣味經大腦識別，知其喜好，而產生的一種感覺。有些感情是與生俱來的，比如父母對孩子的感情；有些感情是後天發展的，比如戰友情、手足情、愛情、愛國情等。

愛情是一種相互依偎，是付出而不是一種單向索取。男女之間相互愛戀的感情，是至高、至純、至美的美感和情感體驗。好的愛情是雙方以自由為最高贈禮的灑脫，以及絕不濫用這一分自由的珍惜。

　　愛情往往透過男女之間的接吻、擁抱、愛撫以及性的行為表達出來。愛情最重要的表現是一個人對愛人無所不盡其心。愛情會給戀愛的雙方帶來心理的變化。

　　首先是理想化，熱戀中的兩人會忽略對方的缺點，而誇大對方的優點。理想化可以促使雙方相信自己是做了最正確的選擇。

　　其次是忍受痛苦。即使被喜歡的人拒絕，這個人也會透過忍受痛苦的方式來使毫無回報的行為正當化。

　　第三是幻想。戀愛中的人會對未來抱有某種幻想，甚至是不切實際的幻想。

　　另外，愛情也會使一個人高度敏感，特別是對對方的行為產生情緒化反應。這不僅帶來不安全感，但也伴隨著滿足感。

　　透過以上特徵可以判定愛情的品質。

　　愛情使一個人對另一個人產生了情感及肉體上的依賴。而失去愛人的時候往往伴隨著胸悶、無食慾、失眠、憤怒、沮喪、懷舊、空虛、寂寞、絕望、鬱悶、疲勞、反胃、哭泣以及失去信心。

　　治療失戀最好的方法是轉移注意力，強制自己把注意力集中在擅長的事情上面，以提高大腦多巴胺濃度，增加自信心和希望。

　　此外，運動和陽光也是治療失戀的好方法。同時，幫助失戀者確認愛情能帶來的獎賞和代價也至關重要。

貼心小提示

你能與朋友們相處得很融洽嗎？現在我們一起做個小測試吧！

如果今天是你的生日，你興致勃勃的請一些同學和同事來參加你精心準備的生日宴會。新朋舊友齊聚一堂，其中有一個傢伙居然穿著一身「乞丐服」出場，使你覺得渾身不自在。請問你將如何處理這件事？

1. 直接對他說：「你不覺得破壞了今天的盛會嗎？」

2. 在背後貼個標語整整他。

3. 調侃著說：「不錯嘛！這身打扮很適合你。」

4. 一句話都不說，一笑而過。

5. 間接的提醒他，並說出自己的感受。

選擇 1：你的個性十分直爽，做事從不拖泥帶水，也不會像一些敢怒不敢言的變色龍一樣心口不一，頗具「將相本無種，男兒當自強」的氣魄。可是這種性格最顯著的缺點就是不給自己和別人留後路，容易得罪人。

選擇 2：你的方式總是很特別，而且你容易和周圍的人打成一片。這個「打」字有兩種意義：第一是熱烈的意思，第二是真的「打」起來。無論如何，你的開放性格，是這個社會動力的源泉，值得提倡。不過要注意場合和分寸，方式不能太過激。

選擇 3：你總是喜歡故作神祕狀，但是任誰也不知道你在諷刺他，但也只是心照不宣。幸好，你善於和顏悅色，頗有人緣。你的危險之處在於說話時流露出的惡意的諷刺，這樣很容易傷人的。

選擇 4：你總是含蓄地不肯表達對別人的看法，讓人覺得很冷。不善人際關係是你的隱憂，因為你的本質較為內向，行事太過保守，無法給別人特別的幫助。不過你的本質是非常善良的。

選擇 5：你始終無法和親戚朋友以不拘小節的方式進行溝通，人際關係雖好，但不見得真實。即使是再親密的朋友，總給人一種刻意經營的感覺，不夠自然，不夠真實。乍看之下，你好像是真心對待朋友，時間久了，就會讓人產生疏離感。

測試過了我們的友情，現在我們再來測試一下我們的愛情吧！

如果你有男女朋友了，你覺得底下哪件事會是你們最喜歡做的事呢？現在讓我們來做選擇！

1. 一起在沙灘漫步。

2. 一起逛街買東西。

3. 一起在咖啡廳喝下午茶。

4. 一起聊天或是看電影。

如果你選擇 1，你會遇到的戀情在兩次以下。你是個很重情的人，也很珍惜目前雙方的感覺，所以你不會主動背叛。若是順利美滿，這輩子可能就此相偕到老，廝守終生。只是死心眼的你也最無法承受情人的背叛，一旦對方對不起你，你便有可能放縱自己，甚至可能因此輕生尋短。

如果你選擇 2，你會遇到的戀情可能連自己都數不清。你喜歡結交不同的異性朋友，常常是看對眼就在一起，不順眼就分開，所以你總是戀情不斷，卻幾乎從來沒有一段感情是真正讓你有印象過。也許隨著年紀大了，或是婚姻的承諾與束縛，你才可能收起那份放蕩不羈的輕狂歲月。

如果你選擇 3，你會遇到的戀情是 3 至 5 次。你不習慣跟異性聊天談心，即使有了對象也是一樣，讓人捉摸不定你的想法，對你始終沒有安全感。所以一旦發生誤會，即便你心裡再怎麼不願意，對方都

可能因為你總是不解釋原因而憤然離去。你的戀情都很長，卻不容易妥善維持。

如果你選擇 4，你會遇到的戀情 5 次以上。你太習慣定義愛情，也喜歡對另一半頤指氣使，不肯真正用心去關心他的感受。唯有失去之後你才可能恍然大悟，想要好好珍惜，對方卻不再給你任何機會。有一次經驗學一次乖，一般來說大概 5 次，你便知道如何拿捏異性的心理情緒。

▶ 第五節
尊重能體現一個人內在的修養

人的內心裡都渴望得到他人的尊重，但只有尊重他人才能贏得他人的尊重。尊重他人是一種高尚的美德，是個人內在修養的外在表現。

尊重的需求動機是指我們都希望自己有穩定的社會地位，要求個人的能力和成就得到社會的承認。

尊重需要得到滿足，能使我們對自己充滿信心，對社會滿腔熱情，並能體驗到自己的快樂和價值。

1.認識自尊的重要性

在日常人際交往中，我們都會把自尊看得很重要。其實，自尊是一種主觀感覺，是一種覺得自己是重要的、有價值的自我心理體驗。

自尊屬於自我的情感成分，是我們對一般自我或特定自我積極或消極的評價，也是我們對自我行為的價值與能力被他人與社會承認或認可的一種主觀需求，是人對自己尊嚴和價值的追求。

這種需求與追求如能得到滿足，我們就會產生自信心，覺得自己有價值。否則就會使我們產生自卑感、軟弱感、無能感。

自尊是個體人格的核心因素之一，對我們的生活來說，自尊是你能夠給予孩子們的最好禮物，也是我們自己所能得到的最好禮物。對於獲得健全的頭腦、豐富的學識及幸福的生活來說，自尊至關重要。

心理學界一直很關注對自尊的研究，因為自尊是一個人身心健康的重要因素。認識自尊對於避免焦慮有著重要意義。

自尊的心理特質是後天逐步培養起來的，我們的兒童期是培養自尊心

理的重要時期。

心理學界曾經有人做過 500 次的實驗，來探究我們的自我感和自尊的形成規律及其功能。

最終得出的結論是：他人的期待，往往會導致相應對象變成期待的狀態。可見，自尊是非常依賴外界影響的。

我們在兒童期，如果家長和老師用充滿期待的、尊重的態度來對待自己，就有助於我們培養自尊。如果我們有了較高的自尊水準，以後就較容易表現出自覺、勤奮和認真的特質。

自尊既表現為自我尊重和自我愛護，也包含期待他人、集體和社會對自己的重視。在文明社會，一個人的自尊心理必須要依靠自己的努力來維持，依靠自身的能力來支持。

但我們的能力不是無限的，假如我們的努力遇到局限，我們的自尊和自信遇到壓力，我們就會感到焦慮。

尤其是時間一長，我們的人格也容易發生一些變化。這種變化常常表現為尖刻和攻擊性。

有趣的是，我們當事人往往沒有意識到這一點，但只要聽說心理學界有這樣的分析，當事人就會有相當大的可能性來調整自己。這就是心理衛生普及的意義。

大量的實證研究證實，自尊與我們心理健康的關係極為密切。自尊乃是我們心理健康的核心，是心理幸福的根源。

這個核心的狀態如何直接關係著心理健康的狀況：高自尊由於良好的社會適應而衍生出心理健康的各種表現，包括健康的認知、健康的行為以及健康的心態；低自尊由於對社會的適應不良則導致了不健康的心理狀態及其行為表現。

保持或恢復自尊的方法其實很簡單，我們只要迴避一下原來導致焦慮的空間，轉而投入有意義、有愛、有建設性的事情中去就行了。

假如這已經是客觀現實的話，我們就該承認自己的變化，承認自己的局限。用**轉移並替代**的方式重新讓自己的生命和時間充實起來，自尊和自信就有可能獲得新的平衡。

2．懂得尊重他人的重要性

尊重指敬重、重視。我們的內心裡都渴望得到他人的尊重，但只有尊重他人才能贏得他人的尊重。

尊重他人是一種高尚的美德，是個人內在修養的外在表現。為明星運動員吶喊與喝彩是尊重，給普通運動員以鼓勵和掌聲同樣是尊重。

在生活中，對各級上司的崇敬是尊重，對同事、對部下、對普通的平民百姓以誠相待、友好合作，傾聽他們的聲音，同樣是尊重。

當他人功成名就時給以讚揚而不是貶低，是尊重；對情趣相投的人真誠相待，是尊重；對性格不合的人心存寬容同樣也是尊重。

尊重他人是一種文明的社交方式，是順利開展工作、建立良好的社交關係的基石。

對上級、同事、下級、平民百姓尊重，有利於對上負責和對下負責一致性，有利於團結合作，提高工作效率。

對家人的尊重，有利於和睦相處，形成融洽的家庭氛圍；對朋友的尊重，有利於廣交益友，促使友誼長存。

總之，尊重他人，生活就會多一分和諧，多一分快樂。

現實生活中，我們有的人常常有意無意做出不尊重他人的行為。比如說，我們往往認為朋友關係密切，就不給對方留下足夠的心理活動時間，與

人交談時，只顧自己侃侃而談，不給對方插話機會；在聽別人傾吐心事時，東張西望，左顧右盼，心不在焉；對誠懇批評自己的人耿耿於懷，做出不文明不符合身分的舉動，讓對方感到難堪等。這些都是不尊重他人的表現。

我們的內心裡都渴望得到他人的尊重，但只有尊重他人才能贏得他人的尊重。

尊老愛幼是漢文化的傳統美德，老人是我們的長輩，沒有他們的辛勤勞動，就沒有我們幸福的今天；沒有他們的精心培育，就沒有我們的健康成長；老人為社會做出過貢獻，值得我們尊重和愛戴。

父母是生我養我的人，也是我最親近的人。父母為我遮風擋雨，為我劈波斬浪，為我掃除前進的障礙。我們應報答父母，這種報答最起碼的方式就是尊重。

生活因友誼而精彩，真正的友誼裡含有一分尊重。有人認為，我和對方已是多年的朋友了，還存在什麼尊重呢？可是，如果你不顧及朋友的感受，說了不該說的笑話，那麼，多年的友誼就可能破裂，甚至失去朋友。一分尊重，一分友誼，讓我們為友誼學會尊重吧！

人有地位高低之分，但無人格貴賤之別。不論是偉大的科學家，還是普通的清潔工，只要是勞動者，都值得我們尊重。

世界萬物生機勃勃，他們本該生活得自由自在，而現在卻不一樣了：曾經的綠地變成了荒漠，而很多動物更是提心吊膽，有苦難言，牠們生活得一點也不開心。朋友，讓我們學會尊重生命吧！

生命是永恆的，生命是短暫的。尊重生命就要關愛生命，讓有限的生命煥發無限的光彩。從現在起，我告訴自己，絕不辜負生命，絕不讓他從我手中流失。不論未來遇福遇禍，或喜或憂，我都願意為他奮鬥。尊重生命，從我做起，大家趕快行動吧！

其實，我們還應該學會尊重自己，就是不要瞧不起自己；有自信，是對自己最好的尊重。要趁著年輕，學好本領，這是對歲月的最好尊重。

尊重是一朵花，一朵開在心間的花；尊重是一條路，一條通往美好的路；尊重是一團火，一團溫暖你我的火。

尊重是一縷春風、一泓清泉，一顆給人溫暖的舒心丸、一劑催人奮進的強心針。它常常與真誠、謙遜、寬容、讚賞、善良、友愛相得益彰；與虛偽、狂妄、苛刻、嘲諷、凶殘、勢利水火不容。給成功的人以尊重，表明自己對別人成功的敬佩、讚美與追求；給失敗的人以尊重，表明自己對別人失敗後的東山再起充滿信心。

尊重是一種修養，一種品格，一種對人不卑不亢、不俯不仰的平等相待，對他人人格與價值的充分肯定。

任何人都不可能盡善盡美，完美無缺，我們沒有理由以高山仰止的目光去審視別人，也沒有資格用不屑一顧的神情去嘲笑他人。

假如別人某些方面不如自己，我們不要用傲慢和不敬的話去傷害別人的自尊；假如自己某些方面不如別人，我們也不必以自卑或嫉妒去代替應有的尊重。一個真心懂得尊重別人的人，一定能贏得別人的尊重。

貼心小提示

　　尊重是一種智慧。生活中，我們都想得到尊重，不過我們首先得學會尊重他人。現在讓我來教你一些實用的方法吧！

　　首先要在態度上尊重別人。比如父母老師講課、發言、他人談話時，我們要注意傾聽。

　　還要從禮儀上尊重別人。如果我們蓬頭垢面，不僅有損自己的形象，也是對別人的不尊重。站著和別人交談時，不要用腳連連打地。與長輩交談時，勿翹「二郎腿」。

　　守時也是一種尊重。和朋友約好聚會，就應當準時赴約。

　　尊重別人還要注意場合。別人辦喜事，就別說不吉利的話；人家辦喪事，就不要興高采烈。

　　只有在心理上有尊重別人的想法，才可能做出尊重別人的行動。所以，我們必須牢記：「每個人在人格上都是平等的。」不因自己家境好、成績好就輕視他人。

　　尊重他人還要學會見什麼人說什麼話，也就是要了解對方的年齡、身分、語言習慣等。

　　假如對方是位年長者，在稱呼上要禮貌，在語氣上要委婉，在語速上要舒緩，在話題上要投其所好。

　　打招呼時我們不要「喂、喂」地叫個不停，或者叫綽號，交談時不談對方不願講的話題，不揭對方的傷疤。

　　如果我們能夠做到了這些，相信自己也就能得到別人的尊重了！

▶ 第六節
學會正確看待權力需求動機

　　權力欲是人的本性，相對來說，它是跟人所處的地位、環境、條件分不開的。它可以有褒貶兩種解釋：褒義方面可以理解為理想、抱負、志向；貶義方面那就是攬權、武斷、野心。

　　權力欲掌握得當能使人產生動力，增強信心，做出一番事業來。如果失去控制，就會走向犯罪，毀滅人生。所以我們必須學會正確地看待權力需求。

1. 了解權力欲的實質

　　權力欲是我們人類最基本的慾望之一。動物為了生存和繁殖的需求，也會有凌駕於同一種群的現象。但人類不為上述目的，仍然強烈希望能夠控制別人。

　　權力欲是一種無限的支配慾望。我們每個人都希望自己能夠成為上帝，希望別人無限制的崇拜自己。

　　權力欲是一種可以轉化的慾望。只要條件滿足時，能夠支配別人的人，總是希望能夠支配更多的社會資源。

　　權力欲是獲得榮譽感最直接的動力。獲得榮譽最簡單的辦法就是獲得權力。

　　權力欲不會被物質需求所左右。當我們擁有較好的物質生活條件時，還會繼續追求物質和財富，實質上我們是在追求權力。為了權力，我們往往可以放棄奢侈和舒服的生活。

權力欲強烈的人往往能夠獲取權力。但獲取權力的途徑卻各不相同，有的是依靠世襲，有的依靠宗教，有的依靠民主，有的依靠戰爭，有的依靠財富。

權力欲表現出兩種背向形式。在強悍者身上，權力欲體現為支配別人的衝動，是明顯的；在怯懦者身上則偽裝成服從長官的衝動，是隱含的。怯懦者服從強悍者，他們將強悍者透過權力獲取的勝利，視為他們自己的勝利。

權力欲的產生是教育的結果。教育使兒童從小就產生權力的理想，並向他們展示獲得權力所具有的愉快。

權力欲能夠實現的人必須具備一定的傑出特質，如自信心、迅速決斷並採取正確措施、能夠讓追隨者信服的才能。

權利即強力。一旦擁有權力，我們是應該更謹慎行事，還是更大膽地行事呢？心理學家對這一問題進行了調查，結果多數贊成後者，就是人只要有了權力，就會充分使用它。

事實說明，越有權力的人就越愛使用權力。而且，他們不能對那些沒有權力的人做出公正的評價，只是一味地誇耀自己的指揮能力。而且一般說來，人只要有權力，就會充分使用這些權力，這樣就使自己與被管理者之間的權力差距越來越大。

人們如此渴望權力，那麼權力缺少制約會怎麼樣呢？心理學家發現，權力如果缺少制約，就會使我們本性中「惡」的一面迅速膨脹。一個用權力的人，當沒有受到恭維、抬舉，就會覺得丟面子，受到莫大的屈辱而無法忍受，他就會罵人、打人甚至殺人。

2.認識權力欲的表現

我們都試圖調整周圍環境的事物，來滿足自己的需求。無論從何種意義上說，我們都擁有控制環境的能力，也就是我們所擁有的權力。

例如，我們一進屋子，就徑直將空調的溫度調高或者調低，這時，就運用了你的權力。

當然，我們還可以透過其他方式來控制環境。如果我們足夠幸運，自己能給自己放一整天的假，那麼我們就很有權力。

你是否在任何時候都可以開著自己的車子，去你想去的任何地方，你也擁有一定的權力。

如果我們每天都工作，每週7天，卻僅僅只為了生存，那麼我們就沒有任何權力了。

如果我們的職業讓我們每週工作5天，而且能為我們提供生活所需要的大多數東西，那麼我們就是很有權力的了。

進一步，如果我們還有自己的房子，更進一步，如果我們擁有自己的度假別墅和其他投資，不用擔心年老以後無法工作的生活，那麼我們就擁有很大的權力了。

權力是擴展我們的影響力和控制你周圍的世界能力。現在現實社會生活中，不同職業的人，手裡多多少少都能握有權力，甚至本來應該是提供服務的雇員，在有些人的眼裡也會把提供服務當作一種權力。

具體來說，我們的權力欲經常會以什麼方式表現出來呢？

（1）高估自己

我們往往過高評價自己，總喜歡報喜不報憂，好像從來沒有失敗的常勝將軍。成績歸自己，錯誤歸別人。無論什麼事，以為自己都懂，總想發表自己的看法。遇到真正需要做的工作時，又嫌麻煩或無能為力，就逃

避。這說明我們很多人只想做指導者，不願做服從者；不服別人的勞動，自己又做不好。

（2）有支配慾

別人若不按自己的意圖去做，我們就很不高興，往往易發怒，並指責別人的缺點。而我們要做的事如果別人不支持、不認可，就很不高興。我們做事不希望別人干預，特別不喜歡別人對自己指東道西，希望別人都聽自己的。

（3）不擇手段

許多人經常會考慮誰是自己的敵人，誰是自己的同盟，很喜歡找同觀點的人拉幫結派。雖然我們會積極主動與人交往，但交往的動機帶有強烈的目的性，而不是真誠情感與意見交流。不信的人，有很多手段。大都是教導性的，而不是請教徵求性的。有徵求也是表面的。

（4）很愛面子

有些人對別人的評價很在乎、很敏感，對會恭維自己的人印象特別好，對不恭維自己的人印象很差。這實質上也是我們權力慾的一種體現。

貼心小提示

你的權力慾有多重，現在我們來進行一下自測吧！

下班後，你跟一群同事去吃自助火鍋，你最想吃哪一種肉？

1. 牛肉。
2. 雞肉。
3. 羊肉。
4. 豬肉。
5. 鴨肉。

選1：野心指數95％。你可說是頭號野心分子，對事業雄心勃勃，表面上看來是個好相處的人，可是從一進公司那天起，無不處心積慮想要向上爬，力求個人表現，爭取權力高層的注意。

選2：野心指數30％。這類人的野心指數不高，IQ卻很高，EQ則略欠；因為害怕被權力中心遺忘，而容易成為八卦女王或王子，被野心分子利用，成為辦公室鬥爭放話的傳聲筒。

選3：野心指數50％。你的才能與人緣都不錯，在辦公室頗有人緣，渴望成功，也有些野心，但卻無法堅持，和人拼到底時常後繼無力，所以最後往往還是敗下陣來。

選4：野心指數70％。你認為自己的才能足以領導大家，很嚮往得到有權有名的滋味，會花上許多時間去爭取，得到後還會擺高姿態，卻不知自己才能其實平平，根本無法服眾。

選5：野心指數65％。你熱衷於凸顯自我能力，可惜弄巧成拙的可能性更高，工作也不夠專心努力，做事總是想得太多，深怕野心外露而引起旁人議論，是典型愛吃又怕人知的代表。

▶ 第七節
求知欲是人生發展的重要基石

　　求知欲是我們兒童時期認知發展到一定階段出現的一種對知識的渴望，當我們接觸到新事物或新技能時，往往會表現出強烈的興趣。

　　求知欲加上完美的注意力，會讓我們擁有強大的學習動力，它是人生發展的重要基石。

1.認識求知欲的重要性

　　求知欲是指我們探求知識的強烈渴望，我們在生活、學習和工作中面臨問題或任務，感到自己缺乏相應的知識時，就產生了探究新知識或擴大、加深已有知識的認識傾向。這種情境多次反覆，認識傾向就逐漸轉化為個體內在的強烈認知欲求，這就是求知欲。

　　求知欲是我們每個人學習時不可缺少的因素，它可以激勵我們不斷地努力追求，直至得到滿意的答案為止。沒有求知欲作為牽引和動力，任何學習都是被動和無意義的。

　　求知欲強的人會自覺地、積極地追求知識，熱情地探索知識，以滿足自己精神上的需求。

　　當我們懷著追求某個問題答案的強烈好奇心和求知欲而去學習時，我們獲得的每一點知識都會讓自己感到快樂和滿足，從而更加樂於追求越來越多的知識。因此，可以這樣說，好奇心和求知欲是我們主動學習的兩大法寶。

　　我們的求知欲是透過內因與外因相互作用形成的。由外因所導致的求知欲叫做外在求知欲，外在求知欲在我們學習過程中的作用呈不穩定的狀態。

我們在形成內在求知欲之前，隨著知識的增加、社會接觸面的擴大，外在求知欲的鞭策作用將由強變弱，如果在此過程中過分強調外在求知欲的作用，反而加速我們厭學，外在和內在的兩者相互作用，才能造成作用。

因此外在求知欲不是最終的目的，而應該是透過外在求知欲的誘發，最終讓自己形成穩定的內在求知欲。

所謂內在求知欲，就是我們有意識或者潛意識地運用已學過的知識進行推理、接受新知識，有意識或者潛意識運用知識進行學習，在此過程中找到動腦的感覺和自己智慧的存在，從而強化了能力的培養、意識的形成，心理感受到付出和回報之間的平衡，感受到知識的作用，領悟到學習的真諦，從而發自內心地想擁有更多知識的慾望。

我們五六歲時，初步的求知欲開始出現。隨年齡的增長，我們在生活、學習中，特別是在入學後系統地學習知識的進程中，求知欲得到了進一步的發展。

但我們的求知欲也並非隨年齡的增長而自然提高，它需要有適宜的環境和正確的引導與培養。

經驗證明：教師表現出來的強烈的求知欲，會對學生產生潛移默化的作用，助長學生求知欲的發展。此外，透過其他途徑和措施培養學生正確的學習動機也有助於求知欲的激發和培養。

作為內在精神需求的求知欲一經形成，就又成為構成學習動機的一個重要心理因素，從這一點說，求知欲將有利於促進學生對學習過程本身發生興趣，從而提高學習的效果。

但是，只靠求知欲還無法保證取得最良好的學業成績。如果我們僅僅對特定的知識有特別強烈的求知欲，則不一定有利於知識的全面掌握。

　　對有不同程度求知欲的學生採取哪種類型的教學，效果也不一樣。對求知欲高的學生來說，學生控制型的教學效果高於教師控制型的教學效果；對求知欲低的學生來說結果則相反。因此教師採取的教學方法與措施對培養和發展學生的求知欲有密切關係。

　　現在我們許多的孩子只是為了考試而學習，為了父母的要求而學習，而不是在好奇心的驅使下為了追求知識而去學習。讀書在我們眼裡變成了一種機械的工作，我們沒有好奇心，缺乏求知欲，只希望把知識記住，卻沒能從學習中體會到半點樂趣。

　　求知欲和好奇心是我們最為寶貴的財富，沒有求知欲的驅使，我們學到的只是死知識，我們把各種條條框框裝進大腦裡，不會學以致用。這樣學習到的知識，也是最容易被遺忘的。

2.影響求知欲的主要因素

　　求知欲作為一種本能，其表現年齡、持續時間、強度和效果等不僅和兒童的先天遺傳有關，還和環境及家長的教養方式有很大的關係。具體來說，影響求知欲的因素有哪些呢？

（1）遺傳因素

　　從 19 世紀末開始，發展心理學就認為遺傳與生物學因素，以及生活中的社會各方面因素，對我們的發展是很重要的。

　　從遺傳上來說，不同的孩子在不同的階段，求知欲的強弱和表現形式都是不一樣的。

　　早慧的兒童可能在很年幼的時候就表現出同齡孩子沒有的求知欲望，比如中國古代的曹沖、方仲永，外國的莫札特（Wolfgang Mozart）、維納（Norbert Wiener）、高斯（Carl Gauss）等；而晚熟的人可能到進入中

年甚至晚年才表現出異於常人的知識渴求，比如達爾文（Charles Robert Darwin）、齊白石、姜子牙等。

雖然說遺傳提供了我們個人發展的規定性，讓我們有了早熟與晚熟之分，但遺傳並不是萬能的，正如前面說到的，環境也會影響我們個人遺傳基因的表達方式。

（2）環境因素

我們出生時，遺傳基因已經確定，但神經系統發育還不完善。分娩後，我們的突觸之間的連接就由遺傳和環境共同決定。遺傳基因決定了大腦結構的組織訊息，但是成長的經歷與環境決定了哪些基因得到表達、如何表達與何時表達。

遺傳和環境對於求知欲同樣重要，遺傳決定了腦皮層神經細胞的數量，而環境決定了這些細胞之間的連接。求知欲作為一種先天的潛在本能，其後天能否得到強化和最大化的發展，和環境有著密切的關係。有利於求知欲發展的環境，對孩子的生理和心理也會造成積極的促進作用。

（3）教養方式

在東方文化環境下，我們大家普遍認為成績好和因此獲得的較高社會地位才是成功的標誌，因此，學習過程本身並不重要，重要的是結果。

而西方文化環境下，大家更重視在學習或工作過程中的快樂體驗、成就體驗，認為在自發求知欲驅動下的學習才是有意義的。

求知欲屬於內在動機，指我們內在的學習動力，我們由此獲得的滿足感，會使我們把學習本身等同於獎勵。

而外在動機是指學習者希望透過學習去獲取學習以外的目標或利益。比如馬戲團的小狗，學習跳火圈、算數學、跳障礙，並不是因為牠們覺得

這些活動很有趣，而是為了獲得食物獎勵或者避免挨打，換句話說，牠們學習的動力不是求知欲的內在推動，而是由獎懲這樣的外部因素引發的。

實際上，在學習中，內外動機並非彼此孤立，而是可能並存的，有些人外在動機多些，有些則剛好相反，而且兩種動機之間也可能互相轉化。

總之，影響我們求知欲的因素有很多，只有對這些因素進行科學地認識，才能更好地讓我們邁向成功的道路。

貼心小提示

在家庭教育中，如何對待孩子的求知欲和好奇心是一個非常重要的問題。你是怎麼對待這個問題的呢？現在讓我來給你一些有效引導孩子的方法吧！

1. 引導孩子多觀察

激發孩子的好奇心，其實很簡單，引導孩子多觀察身邊的現象就是一種很好的方法。許多父母常常陪在孩子身邊，送他們去上補習班，陪他們練英語口語，總認為只有這樣才是學習。事實上，如果父母能夠有意識地引導孩子觀察身邊的人和事，引發他們思考生活中的各種現象，自然就能激起孩子的好奇心，讓他們產生強烈的求知欲。

平時父母應該多陪孩子出去散步，引導孩子觀察自然界的一些現象，例如雲、雨等的變化，並且讓孩子注意觀察這些自然現象發生時動物都有一些什麼反應等。同時，父母也可以多帶孩子參觀一些人文景觀如各種名人故居等，讓孩子了解這些人文景觀的來歷和名人的故事，以激發孩子強烈的求知欲望。

2. 鼓勵孩子提出問題

有問題是孩子好奇心的重要表現。作為父母，應該鼓勵孩子提出

問題,這是尊重孩子的一種表現,更是激發和保護孩子好奇心的一種方法。孩子有問題,說明他們在思考,而不是像有些父母想的那樣沒認真學習。

父母要經常鼓勵孩子多提問題,讓他們帶著尋找問題的心態進入學習狀態,這樣才能激發孩子的好奇心,讓孩子產生追求知識的動力。在平時的生活中,父母要以寬容、開放的態度對待孩子提出的每一個問題,尤其不能粗暴地對待孩子提出的問題,那樣只會扼殺他們的好奇心。

3. 認真對待孩子的提問

對於孩子的每個問題,父母都應該認真地對待。如果父母不認真對待孩子的問題,不僅會讓孩子喪失好奇心,更有可能失去一個傳授給孩子知識的大好時機。

父母應該蹲下來,認真傾聽孩子的提問,對於他們那些不著邊際的提問,一定要問清楚原因,不能敷衍地對待。對於自己也不懂的問題,父母可以直接告訴孩子自己也不知道,並且和孩子一起查閱科普雜誌或者相關書籍,去弄清楚原因。

4. 培養孩子的探索精神

在人生的漫漫長路中,探索精神是孩子成功必不可少的特質。一個孩子如果沒有探索精神,那麼他對周圍的事物便會漠不關心,難以發現問題,更談不上運用發明創造來解決問題了。

因此,父母應該培養孩子的探索精神,經常鼓勵他們接觸那些在學校不常接觸到的知識,並引導他們進行深入細緻的思考和探索。

5. 指導孩子學以致用

知識來源於生活,也可以用於生活。孩子在學校學習到的知識之

所以變成了「死知識」，其根本原因就在於他們認為知識沒有用處。父母指導孩子將知識用在生活當中，可以在一定程度上激發孩子的求知欲。

當孩子學到與日常生活有關的知識後，父母可以鼓勵他們在生活中進行運用。當遇到與書本知識講述不合的地方時，父母還應該積極指導他們去找出這種現象的原因，激發孩子強烈的好奇心和求知欲，讓孩子學習起來更加主動和積極。

總之，好奇心和求知欲是追求知識不可缺少的動力。如果沒有好奇心和求知欲的驅使，任何學習都只是無意義的機械運動。

▶ 第八節
要正確看待審美的心理需求

審美心理是指人在審美實踐中，面對審美對象以審美態度感知對象，從而在審美體驗中獲得情感愉悅和精神快樂的自由心情。

這種心理體驗是人的內在心理生活與審美對象之間交流或相互作用後的結果。

1. 了解審美需求的重要性

人類之所以需要審美，是因為世界上存在著許多的東西，需要我們去取捨，找到適合我們需要的那部分，即美的事物。

動物只是本能的適應這個世界，我們則可以透過自己的指揮發現世界上存在的許多美的東西，豐富自己的物質生活和精神家園，以達到愉悅自己的目的。

我們之所以審美，除了愉悅自己的目的之外，在很大程度上也是為了完善自己。透過一代代人對周遭世界的評判，不斷進化，形成了更為完善的對事物的看法，踢出人性中一些醜陋的東西，發揚真、善、美。

在當今社會中，我們需要透過對美好事物的欣賞，尤其是對人性中存在的友情、親情、愛情的審美，不斷為我們鋼筋水泥中的生活提供心靈的慰藉，滿足我們因為物質豐富而帶來的心靈空虛。

將人生的痛苦當作一種審美現象來看，同時也就意味著是一種從藝術的視野而不是從道德評價的視野來觀察和感悟生命的審美人生態度。

如果我們能夠化悲痛為力量，換一個角度來審視人生的挫折和痛苦，將這些人生歷練作為一種難得的財富並加以咀嚼和收藏，則能夠從人生的

風浪中，變得成熟，或許這樣的人生才算真正的有意義，能夠真正做到這些的人才算真正的活過。審美的最高境界或許就在這裡吧！

2. 認識審美的心理機制

當你閱讀一部文學作品，到動情的時候，或者怦然心動，或者潸然淚下。我們都有過這樣的審美感受。當你欣賞一幅藝術名畫，比如說描繪大自然背景的油畫，這個時候你可能瞬間地感到物我合一，感到你與大自然的一種契合。這是什麼原因呢？這是藝術審美的心理機制在起作用。

人的心理活動不是單一的，是相當複雜的。由於我們大腦各種功能的整體發揮，感知、理解、想像、聯想、情感等活動此起彼伏、相互連繫、彼此促進，就形成了人的審美心理機制。

第一，審美過程當中的感受和理解。我們人類的一切認知活動，都離不開對客觀事物的反應。但是，我們人在認知不同對象的時候，他所經歷的心理過程並不是完全一樣的。

從心理學的意義上來說，人的感覺器官，如果不受到一定程度的刺激，就不可能感知任何事物。這個刺激是的確存在的。

審美活動也不例外了，藝術作品或者其他一個美的事物，它之所以能成為審美的對象被感知，那就是因為這個作品、審美對象，它給了審美主體的感覺器官一個美的形象刺激，所以才能夠帶來不同感官、不同程度的生理上快感和精神、情感的愉悅。

第二，審美主題要運用自己本來就有的生活經驗和知識，把它參加到審美對象當中去，和它的內容連繫起來，從而獲得對對象的深刻理解。

第三，審美過程中的聯想和想像。審美過程當中，由於我們面對的是很富有吸引力的、啟發性的一種美的形象，所以，會自然地喚起對事物的種種聯想和想像。

這些聯想和想像是在對審美對象有所感受、有所理解的基礎上產生的。它們反過來又會加深感受和理解。

在審美的過程當中、聯想和想像當中，有一個較為特殊的問題需要專門論述，就是我們欣賞語言藝術，是要透過再造想像的。想像包括創造想像、再造想像、自由想像。

什麼叫再造想像呢？再造想像就是根據語言、符號、圖樣的描述和指示，你在頭腦中構想相應的形象。譬如一個建築師拿到一個建築設計圖，想像未來的高樓大廈是什麼樣的，這就叫再造想像。

語言藝術的審美必須要透過再造想像。有的人看書囫圇吞棗，根本沒有抓住再造條件是什麼，腦子裡也沒出現有關的人物或人物形象；走馬觀花，囫圇吞棗，那就不叫藝術欣賞。

特別是讀中國的詩詞曲賦，這些語言藝術作品，它含有更大的特殊性，因為它有很多典故。如果你的文化素養能夠通曉，你看這個典故不但有形象感，而且還能夠聯想想像。

特別是唐代以後用的典故，它都是意向化的。它用典故本身就是構成形象，它的本身就有形象，但同時也有典故。

第四，審美過程當中的情感活動。情感活動是審美心理當中極為重要的組成部分。

因為任何審美過程，如果不能動人以情，那就無法使人產生美感，或者至少這個美感是不深刻的。你對客觀事物產生了態度，態度變為生理感覺，生理感覺又被你體驗出來，這就叫情感。

在美感引起的情感活動當中，有兩種基本的情感，就是「驚」和「喜」的結合。「喜」就是審美愉悅、賞心悅目，是一種快感。「驚」是對藝術作品的驚異之感、敬佩之情，它在意識的深層，你往往無所覺察。但

是，卻是審美評估裡的很重要的因素，因為藝術美當然屬於多種因素的和諧結合，其中最重要的因素就是一個創造力量的外化，人的本質力量是人所特有的。

美源於生活，源於對事物的審美感知，源於人心靈深處的體驗和無限創造力。美無所不在，只要我們有善於發現美的眼睛和善於感知美的心理。

貼心小提示

你的審美能力怎麼樣呢？現在我們一起來做個有趣的測試，看看你的審美能力如何吧！

根據下列 10 組測驗題，選擇最佳答案。

1. 小李高 163 公分，重 91 公斤，怎麼說他都是很肥胖的。你認為他該穿什麼樣花紋的套裝呢？

　　a. 大方格。b. 暗細條紋。c. 間隔適當的粗直條紋。

2. 再為他選一套最適宜的服裝。

　　a. 寬鬆、隨便的。b. 不寬也不緊。c. 貼身。

3. 在一間古色古香的房間裡，再置一套新式椅子和沙發，能算得體嗎？

　　a. 是。b. 否。

4. 假設你有一間長方型房間，充滿各種色彩，還掛有幾幅大花窗簾。你會用一塊也有大花的彩色地毯與之相配，還是會選一塊既無色彩又不起眼的地毯？

　　a. 彩色的。b. 無色彩。

5. 畫家的真正使命並不是僅僅去作畫，而是把照向大自然的鏡子，也就是說，盡力忠實地再現特定物體。

　　a. 是。b. 否。

6. 在穿著方面，人們應該迅速接受最新款式的時裝，假如它們貨真價實的話。

      a. 是。b. 否。

7. 按照某一優秀古典建築代表作的式樣建造起來的一幢建築物，將永遠是風雅的。

      a. 是。b. 否。

8. 在小房間裡布置大家具，會使房間顯得大些。

      a. 是。b. 否。

9. 身材嬌小的女性穿齊腰短上衣，要比身材高眺的女性穿齊腰短上衣好看。

      a. 是。b. 否。c. 是的，假如是件灰鼠皮短上衣。

10. 一般來說，要使懸掛著的大小形狀不同的圖畫顯得好看些，只有當

      a. 它們的鏡框頂端連成一線時。

      b. 它們的鏡框底邊連成一線時。

      答案：1.b、2.b、3.a、4.b、5.b、6.b、7.b、8.b、9.b、10.a。

      你是不是大部分都答對了，如果你大部分都能答對，說明你的審美能力還是不錯的。如果很少答對，那就要努力提高自己的審美能力了！

▶ 第九節
自我實現是一種積極的追求

　　所謂自我實現，簡單地說，就是一個人透過自身努力而達到一定的目標。自我實現需要挖掘自身的潛力，並充分發揮自己的才能，可以說，它是一種積極的追求精神。

　　自我實現並不是空中樓閣，它是茫茫大海中指引我們航向的燈塔，它是精神恍惚時啟迪我們智慧的靈光。任何時候，都不應放棄對自我實現的追求，只有這樣，我們才能不斷地擁抱成功。

1. 了解自我實現的重要性

　　自我實現是最高層次的需求，它是指我們實現個人理想、抱負，發揮個人的能力到最大程度。達到自我實現境界的人，接受自己也接受他人，解決問題能力增強，自覺性提高，善於獨立處事，要求不受打擾地獨處，完成與自己能力相稱的一切事情。

　　這也就是說，我們必須做稱職的工作，這樣才會使我們感到最大的快樂。

　　為滿足自我實現需求所採取的途徑是因人而異的。自我實現的需求是在努力實現自己的潛力，使自己越來越成為自己所期望的人。

　　任何人都期望擁有輝煌的人生，其實，自然界的生物都在追求自身價值的實現。

　　春天，百花競放；秋天，碩果纍纍。植物在成長的特定階段所表現出來的生機和活力也是一種實現，但作為自然界中的智者，我們人類顯然有更多表現自己的機會。

我們從離開母體後便開始自強自力的奮鬥歷程，從無法支配自己的行動到靈活地使用四肢，從完全沒有語言到熟練地使用人類語言，從意識的混沌狀態到對自己的清晰認識。

這一系列的過程，顯示了我們人類個體在追求自身充分發展時，所表現出來的巨大潛能。

人是萬物之靈，在我們的成長中，我們之所以能使自身存在的優秀特質得到充分的發揮，並在日常生活中表現出這些優秀的特質，是因為自我實現是人之本質具有的最高需求。也可以這樣說：我們存在於現實生活的意義就在於追求自我實現。

純粹意義上的自我實現對於每一個人來說都是不可能的，這正如人們對智慧的追求，每個人都希望自己能領會各種知識，而這顯然是不可能的，但這並不妨礙我們對於知識的興趣，我們仍會使用多種手段盡可能多地獲取各種知識技能。

對於自我實現的追求也是這樣，雖然完全的自我實現對於我們來說是不現實的，但我們仍應向這個目標努力，因為越接近這一目標，我們的人生便越有意義，我們自身的潛能也就越能得以發揮。

自我實現並不是空中樓閣，它是茫茫大海中指引我們航向的燈塔，它是精神恍惚時啟迪我們智慧的靈光。任何時候，都不應放棄對自我實現的追求，因為只有這樣，我們在生活中才不會迷失航向，才不會混沌。

2. 認識自我實現者的特質

自我實現者運作的功能層次，與一般人或正常人的運作層次完全不同。

自我實現者很容易滿足自己所有的需求，但他們特別關心較高層次的需求。具體來說，自我實現者有哪些特質呢？

（1）適應環境

自我實現者具有透視虛偽、表面或掩飾事物的神祕能力。無論對藝術、音樂、科學、政治或社會事務，我們的認知都比較清楚與準確，因而提高了解決問題的能力。

我們較少受到自己的希求、願望、恐懼、焦慮、偏見的影響，因而能透視事實的真相。

我們非但能忍受曖昧不定的情形，而且喜歡它們。我們接受現實，而不反對它們。當我們與人生必然的經歷和諧相處時，我們才能真正更有效地控制展現在我們前面的事物。

（2）寬容大度

對於自己與他人不可避免的優點與缺點，我們自我實現者能視為理所當然而不抱怨。

改變他人以符合自己的願望時，常會破壞與他人的社會關係，因此，我們自我實現者尊重每一個人實現自我的權利。

即使曉得自己有某些缺點，自我實現的人仍然會接受他基本的自我。我們不會因未符合文化所界定的理想的美、地位、聲譽或其他等等，就產生莫須有的罪惡感和羞恥感，因而也不會受到這些感覺的折磨。

我們自我實現的人不矯揉造作，不權充派頭人物，而且我們可以很快察覺別人的這些虛偽作風。我們接受隨成長而發生的生理變化，且不會念念不忘往日的歡樂與做事的模式。

我們可能偶爾有罪惡感，但是這種感覺只有在自己有某些可改而未改的缺點時，才會發生。

（3）率真自然

要實現內心相當的自由，行為也要率真自然。相反的特性則是處處防衛，不敢自我流露，並且經常懼怕他人的批評。我們自我實現者與人交往時不矯揉造作，也較易超脫習俗或慣例的影響，而表現純真的天性。

（4）有使命感

自我實現的人比較能心平氣和地處置自己的問題。他們把自己的問題視為與其他問題一樣。解決問題的活動使他們特別高興。因而也使他們熱心參與自己的職業。馬斯洛發現自我實現者的一項顯著特徵，是熱愛一種職業，他感覺他的工作是重要的，他的人生有某種使命待完成，不論它是養育小孩或經營大公司。

（5）喜歡獨處。

許多人發現獨處是一項很不愉快的經驗，但我們自我實現的人喜歡享受自己的經驗，並且追尋獨處的時刻。

（6）獨立自主。

我們自我實現的人較不受環境的影響，而且不是我們無法控制的環境變遷底下的犧牲者。

我們即使面臨許多挫折、打擊也能保持比較快樂且寧靜的心境。我們能自給自足，並依賴自己的潛能和資源來成長並發展。不需要他人的好評來支持自己。

（7）善於發現

對於同一事物，我們能夠一再欣賞而不覺厭煩，好像每次都可看出一點新的東西，都會有一些新的感受。在日常生活中，一般人視若無睹的生活細節，也會使我們感到愉快、驚奇、敬畏，甚至心醉神迷。

對自我實現的人而言，任何一次日落都如第一次那麼壯麗，任何一朵花都具有令人屏息觀賞的可愛性，即使我們已見過一百萬次花朵；我們見到的第一千個嬰孩，就像我們初次看到的嬰兒一樣是奧妙的傑作。

自我實現者與一般人不同，不會把生命的種種奧祕視為理所當然。而且，我們也能夠從自己已擁有的、過去的成就中吸取靈感。我們不會不眠不休地尋求更新奇的事物和刺激。

（8）高峰經驗

許多自我實現者，曾經歷過很強烈的個人經驗。諸如觀察一個小孩嬉戲或欣賞音樂等經驗，都能完全吸引我們的注意力，且產生高度的愉快狀態。自我實現者所描述的歡樂類型，迥異於一般人所謂的歡樂，這就是所謂的高峰經驗。

這種歡樂不會因為反覆發生而削減，我們可以用驚奇、敬畏、心醉神迷、崇敬、靈感、讚嘆，和其他措辭來描述它。

高峰經驗的另外一些例子是愛的感受，如四海之內皆兄弟、美、靈感等的感覺，徜徉於自然的經驗和宗教性的意識。

（9）恆久友情

真正的友誼需要投入許多心力和時間，因此，一個人事實上不可能有許多親密的朋友。

自我實現的人把自己的友誼看得很重要且誠心培養它。雖然我們熱愛和關懷的對象只有少數幾個，但我們幾乎對每一個人都較友善、慈悲、喜愛。

這種愛並不是毫無區辨性的，我們也會嚴厲地批評那些罪有應得的人，尤其是那些吹毛求疵、裝模作樣及狂妄自大的人。我們會為了對方好而指責他。由此看來，我們的敵意是情境性的，並不會成為人格特徵之一。

（10）民主性格

自我實現者為人比較謙虛，因為我們覺得，不管是什麼種族、家世、性格、職業、性別，每個人都有可取可學之處。

我們可以坦然與迥然相異的人交往和學習，這是一種不可多見的特性。我們對任何人都存有幾分敬意，就只因為對方是個人。

（11）頭腦清醒

自我實現者很清楚自己所要追求的目標，而且知道我們先要完成什麼才能達到目標。

大體而言，我們追求的目標較為固定，當達成目標的手段遇到挫折時，我們也會靈活變通。

不過我們手段的變更卻是以不違反個人的道德與他人的福利為原則。同時，對於很多經驗和活動，常人只視為不得不用的手段，而我們卻能予以欣賞與享受。即使在做例行性的工作時，我們也會設法稍事變換，以自得其樂。

（12）有幽默感

表示優越感的幽默，帶有敵意的幽默，以及猥褻淫穢的幽默，常是一般人所喜愛的，但卻不為我們自我實現的人所欣賞。

自我實現者能在有意義的生活事件上，找到幽默的題材，譬如事實與自己所預期的不符合時。我們對自己的缺點和獨特性也會自我解嘲。例如，我們重閱一篇很早以前的期末報告，或許會發現該文語氣狂妄自大，而覺得自己很滑稽。

（13）有創造性。

自我實現者比較具有創造性，並不是我們具有偉大的才華，而是我們的心靈像小孩子那樣純真自然，對任何事情或遊戲，都會因為想出一套新奇方法而興奮不已。我們大多數人似乎已經喪失了純真小孩的新奇眼光。

（14）兼容能力

自我實現者的行為中，表現出能夠兼容對立的特性。我們既老成持重又童心未泯，既重視智慧又感情洋溢，既純真坦率又自我克制，既態度嚴謹又嬉戲風趣。

當然，如果我們人格存在過多的對立性，並不一定是好現象。人格內的對立狀態往往是不成熟的一種跡象。

貼心小提示

你自我實現的心理夠強嗎？現在我們來一起做個小測試吧！看看你的自我實現能力有多強大。

以下題目，分別有 4 個不同的選項：不同意、比較不同意、比較同意、同意。現在我們開始進行選擇。

1. 我不為自己的情緒特徵感到丟臉。
2. 我覺得我必須做別人期望我做的事情。
3. 我相信人的本質是善良的、可信賴的。
4. 我覺得我可以對我所愛的人發脾氣。
5. 別人應讚賞我做的事情。
6. 我不能接受自己的弱點。
7. 我能夠讚許、喜歡他人。
8. 我害怕失敗。
9. 我不願意分析那些複雜問題並把它簡化。
10. 做一個自己想做的比隨大流好。
11. 在生活中，我沒有明確的要為之獻身的目標。
12. 我恣意表達我的情緒，不管後果怎樣。

13. 我沒有幫助別人的責任。

14. 我總是害怕自己不夠完美。

15. 我被別人愛是因為我對別人付出了愛。

現在開始計算我們的分數，1、3、4、7、10、12、15 題，不同意計 1 分，比較不同意 2 分，比較同意 3 分，同意 4 分。

2、5、6、8、9、11、13、14 題，不同意計 4 分，比較不同意計 3 分，比較同意計 2 分，同意計 1 分。

然後把 15 道題的分數相加，如果在 45 分以上，說明你的自我實現能力較強。分數越高，自我實現的可能性越大。

▶ 第十節
摒棄虛無的完美主義心理

所謂完美主義，實際上是虛幻的另一個代名詞。世界上本來就沒有完美的東西，就連科學賴以發展的公理，也總是有著某某假設、某某前提。你越是爭取絕對完美，就越會陷入失望。

所以我們不要總是以挑剔的眼光來看待世界、看待他人，如果這樣，往往會弄得我們自己身心俱疲，也會讓別人十分厭煩。對此，我們要摒棄可望而不可及的完美主義心理。

1. 正確地看待完美

追求完美是我們人類永恆的目標，現實生活對任何人來說都是不完美的，完美只是一種追求。

因其存在不完美，我們才有動力，才能促使我們思變。因為不完美，你才會有改變、創造和進步的衝動，才能體會到改變和創造給你帶來的幸福和快樂。

現實之所以不完美，是由於我們的欲望沒有盡頭、永無止境，人與人之間有很大的差距，每個人的需求又千差萬別，並且誰也沒有權利和能力要求別人、乃至社會按照自己的預定目標走。

人生一味的要求完美，必然造成對自己苛求，對他人不寬容。從古至今，追求完美的人不計其數，但上下幾千年沒有一個最終成為完美的聖人。

我們追求完美，雖然達不到目標，但我們絕不能放棄，絕不能有厭世頹廢的心態，也不能把一切寄託於烏托邦之中。

現實生活中，我們要承認不完美，實際上是擺正了心態，把自己真正回歸到了一個正視現實、承認現實的健康心境，有嚮往才有動力，有追求人生才有滋味，我們要戴著放大鏡看待生活，不要戴著有色眼鏡鄙視生活。

我們要始終保持一個樂觀向上的心理，在追求完美中尋找快樂，在不夠完美中尋找差距，砥礪奮進。

我們之所以從懂事那天起就開始奮鬥，就是因為我們生活的過程中存在著很多不完美的地方，就是因為我們的人生中存在很多坎坷，我們奮鬥的過程就是彌補我們的不完美。我們的一生可能沒有完美，但只要我們畢生努力去追求了，那就是完美。

世間沒有任何事情是十全十美的，完美無缺只是一種追求，真正的完美是相對的也是短暫的，它不可能是長久存在，就像一個企業，創業時大家齊心合力努力奮鬥，使企業一天天發展，真正到了完美的巔峰，任何一個企業家絕不可能使企業始終保持在這個完美的巔峰，到達巔峰就意味著該走下坡路了，這就是事物發展的規律。

一個家庭也是一樣，不完美時夫妻團結努力創業，追求完美；一旦基本完美，就會出現揮霍享樂，不思進取，有的家庭就該出現破裂，不是離婚就是家庭出現敗家子；最後又回到當初的一無所有，又重新開始奮鬥。

這就是人，這就是社會。貧賤憂戚的境遇，往往使你成就美好的事業。富裕以後往往會出現貪圖享樂、荒淫無度。

我們可以追求完美，但不一定能達到完美，也不需絕對的完美，一生當中只要我們追求了，我們自己感到值了，也就算完美了。

2. 認識極端完美主義的危害

我們追求完美的心理是正常的，但是完美主義卻是一種極端的完美心理，是我們應該反對的。

極端的完美主義對於我們的生活有很多不良的影響，也會給自己身邊的人帶來危害。具體來說，完美主義有哪些危害呢？

（1）影響心理狀態

完美往往是可望不可即的，我們的目標越高壓力越大，而完美的目標往往無法達到，這時就會有一種挫敗感，壓力和挫敗感導致自我否定等消極思想，這樣就削弱了一個人自信樂觀的精神。

完美主義者具有強迫型人格，總是強迫自己達到完美的目標，這點有些像潔癖，潔癖就是一種對衛生過分要求完美的自我強迫性行為，完美主義者的自我強迫的範圍更廣。

（2）影響思維方式

完美主義者總是喜歡說：「我要麼不做，要麼就做最好。」我們看問題往往只有完美或不完美，成功或失敗兩個點，這是一種容易走極端的思維方式。

我們一味追求完美，將思維局限於自己的完美計畫，忽略別人的建議。這就導致我們容易固執，鑽牛角尖。

完美主義者總是喜歡說：「這件事情我本應該做得更好。」我們對自己的要求過高，在很多時候無法達到完美標準的客觀情況下，總是喜歡強調「應該如何」而不是強調「事實如何」。

（3）影響行為方式

完美主義者喜歡制訂繁多周密的計畫以做到萬無一失，而執行計劃卻

往往半途而廢。這是由於我們只知道追求完美，不善於選擇取捨，從而導致了計畫的實施總是無法達到預想的完美標準。所以說一個完美主義的計畫並不是一個完美的計畫，過度計劃會導致行為癱瘓。

（4）影響人際關係

完美主義者往往對別人的能力不夠信任，認為別人無法達到自己所要求的完美標準。

而且完美主義者在對個人嚴格要求的同時往往也會嚴格要求別人，以強迫性人格影響自己的同時也以強迫性人格影響別人。對別人的苛求導致了別人的反感，對個人的人際關係產生消極影響。

3.消除極端完美主義的方法

具有極端完美主義性格的人，通常在思考方面上會有許多不合理的想法。

有時，完美主義的傾向是我們從小在家庭中培養出來的，如我們的父母過於嚴苛地要求自己，我們常常也會不由自主地以同樣的高標準來要求自己。我們平時該如何克服或減輕自己的完美主義傾向呢？

（1）認清事實

我們現在可以在一張紙上列出試圖變得完美的好處和壞處，當你列出代價和好處時，你可能發現代價太高了。人際關係、過分沉迷於工作、食物和物質至上等問題，事實上超過了你所堅持的完美主義帶來的益處。

（2）學會放鬆

我們要努力學習各項放鬆技術，當心中追求完美的念頭再次出現時，告訴自己要放鬆，來個深呼吸，暗示自己已經做到很好了，即使有缺陷那也是在所難免的，誰還沒有缺陷呢？

（3）確定目標

尋找一件我們自己完全有能力做好的事，然後努力去把它做好。這樣你的心情就會輕鬆自然，辦事也會較有信心，感到自己富有創造力和成就感。事實上，你不追求出類拔萃，而只是希望表現良好時，你會出乎意料地取得最佳的成績。

（4）接受現實

我們一定要清楚，世上沒有十全十美的人，沒有十全十美的事，這就是客觀現實，不要逃避，要接受。

（5）埋頭做事

你很希望能夠證明你的能力，只要盡心盡力地去做就夠了。如果開始任何事之前，你都需要一個完美的計畫才行動，你就會一事無成，因為很多事情都沒有完美的答案，或者是當你開始做了之後，才知道什麼是最合適的。相反，盡心盡力地去行動，你將獲得成功的機會。

（6）改變認知

你要小心，不要總是指出別人的錯誤，讓別人反感或緊張。也不要因為別人做事不合你的要求而全部攬下來，尤其是對你的孩子或者親人。你喜歡乾淨整潔，但小心不要讓家人和朋友在你的家裡感到待在哪裡都不合適。

（7）限制時間

當時間到時，繼續前進，參加另一個活動。這個技巧尤其會減少導致完美主義的拖沓。

（8）接受批評

完美主義者經常把批評當作人身攻擊，並過激回應。更客觀地看待批評和你自己。如果別人批評你犯的錯，那就承認錯誤並聲明你有犯錯的權利。

貼心小提示

　　你是不是很想判定自己是否是一個極端的完美主義者，現在讓我來教你一些有用的方法吧！

1. 當你在工作的時候，別人說話或打岔時你的注意力是否會被破壞，並且由此你感到慍怒？

2. 當你在計劃購物時，你是否不想理睬對你促銷的人，而是去找一些你需要的訊息然後再做定奪？

3. 你是否對那些隨隨便便的人感到非常厭惡，並且暗自批評他們對自己的生活太不負責？

4. 你是否不停地想，某件事如果換另一種方式，也許更加理想？

5. 你是否經常對自己或他人感到不滿，因而經常挑剔自己所做的任何事或他人所做的任何事？

6. 你是否經常顧及別人的需求，而放棄你自己的需求和機會？

7. 你是否經常認為做任何事都是全力以赴的，卻又常常希望你自己能夠再輕鬆些？

8. 是否常常心裡計劃今天該做什麼明天該做什麼？

9. 你是否經常對自己的服裝或居室布置感到不滿意而時常變動它們？

10. 你是否不斷地為別人沒能一次就把事情做好，而親自去重做這項工作？

　　這些問題，若你都回答是。無疑你與完美主義者相去不遠。

▶ 第十一節
不要被投機心理所操縱

所謂投機心理是指對事物缺乏嚴密的思考、分析和推理，而採取僥倖的手段，並由此希望獲得理想化效應的想法和行為。

投機心理是一種幼稚的思維方式，也是一種危險的行為，它猶如一顆可怕的烈性炸彈，說不定何時突然爆炸，會將一切都化為煙雲。所以我們最好不要被投機心理所操縱。

1.了解賭博的投機心理

賭博是一種最普通、最常見的投機行為。除了那些變相的賄賂行為，凡是上了賭博戰場的，沒有人是願意輸錢的。賭場沒有父子情，是極其普遍的現象。

所有賭徒最初對賭博大多表現出湊熱鬧式的圍觀，在觀望中使自己的好奇心和尋求刺激的慾望得到滿足。

隨著我們對賭博規則的熟悉，加上對自己的能力和運氣的自信，逐漸滋生出躍躍欲試，親自體驗的衝動，在別人的慫恿和召喚下，我們便半推半就地參與其中，走出了賭徒墮落的第一步。

雖然所有走了第一步的人不一定都會成為賭徒，但所有賭徒都是從第一步開始的。要避免成為賭徒，關鍵在於把持自己不開戒，不要有第一次經歷。

我們有的人認為，賭博只是一種娛樂而已，大多數人都可以享受賭博的樂趣，而不會導致什麼問題。這種認識是極其錯誤的。賭博有哪些重要的危害呢？

（1）傷性命

賭博成癮的人往往不分晝夜、不顧飢寒，不斷消耗、疲憊精神。長此以往，控制不住而呈病態賭博，必定會損害我們健康，甚至自殺、殺人。有的老人賭博時受到刺激，當場死在賭桌上。

賭博時我們高度緊張，贏錢了就會強烈興奮、情緒激動，輸錢了就會心煩意亂、脾氣粗暴，情緒反差極大。長此以往會引起神經系統和心腦血管系統疾病，也容易誘發腦出血和心臟驟停而危及生命。

（2）生貪欲

賭博容易使我們產生貪欲，也會使我們的人生觀、價值觀發生扭曲，使人妄想不勞而獲。

（3）離骨肉

賭博讓我們忘記了勤奮工作，忘記了父母妻子互相疼愛，失去了天倫之樂，變成了苦海，只顧自己的豪爽，不顧家人的怨氣，至使骨肉分離，妻離子散。

特別是賭博為我們進行各種刑事犯罪活動提供了溫床，常常是贏了錢，就要腐化、墮落，輸了錢，就要打架鬥毆、偷竊、詐騙、貪汙。這樣使我們家庭不和以致夫妻離婚，家庭破裂。

（4）生事變

賭博時經常是通宵達旦，盜賊每每乘機偷盜，煤氣忘關，常常因此而發生了火災、毒死人。甚至歹徒乘機而使計，壞蛋窺伺以為奸。有的因賭博反目成仇，使用暴力；有的造成企業破產；有的因缺賭資而參與偷搶等犯罪活動被銀鐺入獄。

（5）壞心術

一旦賭博，我們心中千方百計地在想要贏對方的錢財，雖然是至親至朋對局賭博，也必定暗下戈矛，如同仇敵，只顧自己贏錢，哪管他人破產。

（6）喪品行

在賭場之中，我們只是問錢少錢多，易產生好逸惡勞、爾虞我詐、投機僥倖等不良的心態。

（7）失家教

賭博最易誘發進行父子賭、哥弟賭、親戚賭，沒有長幼、尊卑的之分，彼此任意嘲笑，隨便稱呼。

（8）費資財

開始賭博時，我們氣勢豪壯，揮金如土，面不改色，到後來輸多了因而情急，就把家庭財產甚至集體財產、國家財產做為賭注，必然害人害己。

（9）耗時間

賭博會浪費我們大量的時間，有的通宵達旦，以至於嚴重影響學習、工作、生活，玩物喪志。

（10）毀前程

法律禁止賭博，賭博違反法律法規。違法會受處罰，也將毀掉我們的前程。

總之，我們一定不要有賭博的投機心理，賭博是犯罪現象的又一誘因。我們每一個人都應自覺地抵制賭博，這是保證家庭和睦與安全的一個重要條件。

2. 認識股民的投機心理

我們現在很多人期望透過股票一夜暴富，甚至為了購買股票，不惜賣房賣車，不惜把自己養老的錢、救命的錢都拿出來買股票。可是我們卻忘記了，如果股市暴跌，走得最慢的，或者走不掉的，就是我們這些小股民。

股民盲目入市的心理是一種非常典型的投機心理。我們該如何克服投資股票時的盲目投機心理呢？

（1）不要自己欺騙自己

許多人都存在自欺行為，比如高估自己、狂妄自大，還有典型的貪婪和從眾心態。鑑於此，在做每個投資決定時，我們必須謹記，智勝自己。

我們投資者在做出決定前，一定要先制訂一個嚴謹的投資程序，避免高估自己的能力，隨後，蒐集與個人意見相悖的資料，並與持相反觀點的人討論，這樣能避免我們過度的自我肯定。

（2）學會自制

我們要定期查看個人金融資產，這樣可以大大降低受損時逃避現實的心理和不敢面對問題的懦弱行為。

處於決策關頭時，我們不妨整理一下自己的情緒狀態，想想自己是否因為喝了咖啡而興奮不已？或是因為連續的資本投資報捷而剛愎自用？

最簡單的方法是考慮一晚，留待第二天再做出影響深遠的決定，在第二天早上仍然能吸引你的選擇，才值得加以研究。

（3）控制風險

面對瞬息萬變的資本市場，將投資風險限制在我們可控的範圍之內是至關重要的，對於我們訊息有限的一般投資者而言尤為如此。

亞洲股市相對年輕，投資者應切忌以賭徒心態入市，入市之前，確保資產中充足配置了儲蓄、保險等低風險的投資形式。建議投資者分散投資風險，優化投資組合，不要過於注重短期可得利益，而是應該把握未來。

（4）眼光長遠

永遠不要嘗試去抓住市場，沒有人能夠在最低價買入股票，並在最高價位賣出。對於過去的訊息不要盲目相信，做投資決策時，不要只是關注過去的業績，而更應該關注現在，關注未來，收集更多訊息。

（5）不要從眾

有的投資者有典型的從眾心理，容易受某些掌握熱門情報的自稱是專家的影響。事實上，如果談論的越多，消息的準確度就越差。試想一下，如果當賣菜的大媽都在跟你推薦一支股票的時候，你可就要小心了。這時候，就應該把從眾行為當成是一個反向信號。

3. 認清彩民的投機心理

在當今拜金主義、享樂主義等某些浮躁社會風氣的影響下，少數人看到別人成為「富豪」，就沉不住氣，有的利慾薰心，但又不願意自己付出辛勞，只想投機致富，不勞而獲。

一些商店、生意人則採用摸彩、中獎、有獎銷售等經營方式，迎合大眾的投機浮躁心理。使得更多的人熱衷於買樂透、中大獎等，他們熱切地參與各種大「賭」小「賭」，熱心於各類大「炒」小「炒」。

而可悲的是其中不少人不但沒有如願以償地發財，反而是越套越深，越虧越多；當然越虧則越想收回成本，結果使得部分人不由自主地變得如同賭徒一般，奔走於各種彩券、股票、樂透之中，越陷越深，無法自拔。

有些不法商甚至利用大眾的投機賭博心理來操縱市場，他們所謂的摸

彩、中獎純粹是為了吸引顧客。許下的諾言往往無法兌現，致使不少原本想發一筆意外之財的投機顧客大呼上當受騙。

這些投機顧客本想來占點便宜，意料不到強中更有強中手，反而落個「偷雞不著蝕把米」的下場，或導致其他不良後果。

那些參與地下六合彩買號碼的人也同樣是存在上述投機心理，無非是想發橫財，而買號碼被吹噓成能一夜暴富的發財之路，而且在各種欺騙的宣傳中，它的中獎率比公益彩券和運動彩券要高得多。

所以，我們深信不疑，雖然買號碼的錢一輸再輸，但我們依然執迷不悟，想撈回成本，有的直至是輸得傾家蕩產、家破人亡而仍不罷手。

教訓是慘重的，我們急需對自己所存在的某些投機取巧心理進行一番反思，對自我某些浮躁賭博行為進行一些調整。

首先我們不能因存在僥倖心理而對中獎的期望值過高，因為樂透的中獎與投入之間沒有必然連繫，所以不能認為自己投入了很多就堅信一定中獎，以免因為失望而出現嚴重的心理落差。

我們如果將樂透視作賭注，就更不是健康心態了，尤其當我們所選的號碼越接近大獎反應就越強烈，繼續加大投入，甚至不惜血本以求一夜暴富，或者中了小獎就全部拿出來，去買更多的樂透，以期中得大獎。

這樣的人一方面會因為投入的精力和財力過多而影響了正常生活，另一方面也會因為對於暴富的期望過高，而出現心理疾病。因此我們在購買樂透時，必須對不中獎的可能性做好心理準備。

總之，妄想一夜暴富、浮躁、投機心理是不良心理狀態，它促使我們產生一系列盲目、衝動或虛假行為，最後可能造成各種危害。可以說具有浮躁與投機心理的人似乎是生活在一連串肥皂泡沫之中，儘管費盡心機，最終將一無所獲。

因此，在目前存在的一些急功近利、浮躁浮誇的社會現實面前，我們須保持一分寧靜和清醒，冷靜地分析各種社會現象，在各種潮流面前，不要喪失自我。

貼心小提示

我們每一個人都或多或少有一定的投機心理，只要拿捏分寸，這也不一定就是壞事。但是過分依賴投機，後果必將是慘痛的。現在我們來一起做個投機心理的測試吧！

在以下 4 個選項中，選擇你認為最符合自己的一項：

1. 我的智力非常高超，遠勝過多數人；

2. 我的智力並不算特別出色，只是中等偏上水準；

3. 我的智力比較弱，只能算是中等偏下水準；

4. 我的智力非常差勁，遠弱於多數人。

絕大多數人都會選擇選項 2。可是既然我們絕大多數人都是中等偏上的智力水準，那麼什麼才是平均水準呢？

平均值謬誤在於，多數人都會認為自己比平均水準更高。在一項調查中，有 82% 的人認為自己的駕駛技術比平均水準更高，很明顯，其中有很多人是錯誤的。

這一謬誤在股市上更加誇張，因為每個人跑去炒股都是認為自己能夠賺到錢，沒有人會認為自己將虧錢再去炒股的，而且多數人對自己盈利的預期都是跑贏大盤，事實上連多數基金都做不到跑贏大盤。

第二章
理想與目標的心理定位

　　理想是人生談不完、道不盡的話題，是一個熠熠閃亮的字眼，一個充滿熱情的名詞。理想既不同於幻想，也不同於空想和妄想。

　　俄國的文學家列夫・托爾斯泰（Leo Tolstoy）說過：「理想是指路明燈。沒有理想，就沒有堅定的方向；沒有方向，就沒有生活。」理想作為一種思想意識，是一個人的世界觀，人生觀的集中表現。

　　目標是個人、部門或整個組織所期望的成果。夢想、理想通常是大目標的另一稱呼。

　　人生的目標應當是多種多樣，千差萬別的。那些異想天開者，企圖將所有人的理想整齊劃一，以顯示萬眾一心，顯然是極其荒唐，可悲又可笑的事情。

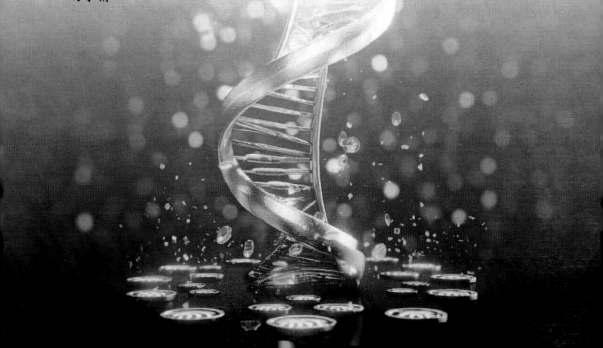

▶ 第一節
理想是照亮人生前程的明燈

人生理想是指我們對美好未來的嚮往和追求，它是人生觀的集中體現和核心內容。

理想是航燈，指引船舶航行的方向；理想是曙光，照亮夜行者的路；理想是沙漠中的一眼甘泉，讓乾枯的行者看到生的希望。理想是一把利劍幫你掃清障礙，理想是一盞明燈給你照亮前程。

1. 認識人生理想的意義

生活在世界上的每一個人，都有自己的人生理想。有什麼樣的理想，就有什麼樣的人生。不同的理想抱負，決定著不同的人生軌跡。那麼理想對人生究竟有什麼意義呢？

（1）指路明燈

如果把我們的人生比作在茫茫大海中航行，那麼，理想就是前進的燈塔，照亮人生的火炬。歷史上，許多傑出的人物之所以偉大，之所以為人們所敬仰，就是因為他們有崇高理想。

現實生活中，有的人在「我從哪裡來、到哪裡去」地感嘆中茫茫不知所然。像這樣沒有理想追求的人生，或是只能為一己私利忙忙碌碌，或是只能在有什麼浪頭趕什麼時髦中隨波逐流，或是只能在「今朝有酒今朝醉」中消磨時光，終將一事無成。

（2）前進動力

我們的人生道路不可能萬事如意，一帆風順。如果沒有崇高的理想，面對困難和風浪，就可能喪失前進的勇氣，失去對事業的信心。

我們生活中常有這樣的情況：做同樣的工作，有的人堅韌不拔、不折不撓，最終能創造出成績來；有的人一遇挫折便唉聲嘆氣，怨天尤人，打退堂鼓。究其原因，不僅僅在於意志上的差異，更重要的是有沒有崇高的理想。

事實證明，偉大的目標必然激發起忘我的獻身熱情和無窮的奮鬥勇氣，崇高的追求必然帶來堅定的信念和頑強的毅力。遠大理想所產生的巨大力量，是金錢和物欲的驅動作用所無法替代的。

（3）精神支柱

有了崇高理想，我們在人生道路上，才能既經受得住順境的考驗，也經受得住逆境的考驗；既經受得住成功的考驗，也經受得住失敗的考驗。不管別人怎麼冷嘲熱諷、說三道四，否認遇到多麼大的壓力和打擊，都矢志不渝，不改初衷。

2000 多年前的古人孟子說，生活富裕時不能驕奢淫逸，生活貧寒時不能動搖志向，強暴面前不能屈膝變節。要做這樣的硬骨頭，就必須有崇高的理想。

2.設計人生理想的方法

理想是我們人生前進的總方向，可是我們許多人卻往往因為找不到這個方向，最終徘徊不前，迷失在自己的人生道路上。

我們該如何設計自己的人生理想呢？

（1）想像人生

有很多的方法來設計理想的人生，但是最好的方法是，想像當你真正知道所要的東西的內在和外在後，那是什麼樣子，你有什麼感覺。

（2）理想量化

可以很簡單地開始，想像在將來的某一天，例如：2020 年 1 月 1 日，

你正在做什麼。把日常的事情具體化：你住在哪裡？和誰在一起？這一天有多忙碌？你看起來怎麼樣？和他人在一起的時候你表現如何？你們的關係怎麼樣？

在你的設計中，人生中的方方面面都應該包括進去，如職業、朋友、家人、環境、健康、個人成長、金錢、娛樂、消遣，其他有意義的事物。如果你的人生中很有意義的部分沒有包括進來，再加一個類別或者替換一個類別。

（3）重視細節

一旦你知道了自己想要什麼，很有必要把每一個目標分解成更小的每一天的目標。例如，如果你希望明年是健康的，能把馬拉松跑下來，那麼你今天就去跟體育館簽約，開始有規律地進行，或者找到賽跑團體加入進去，然後開始小規模的跑步活動，直至跑步成為你生活的一部分。

當然，要使夢想成真，不只是做到身體鍛鍊，為了達到健康的目標，你還必須要健康地飲食，睡眠好而且睡眠充足，能夠調節精神壓力等。

（4）現實起來

計劃後的生活遇到阻礙的一個原因是完全無法做到：當你把人生計畫的每一個大目標細分的時候，每一個類別都大得難以忍受。保持動力，不要苛求自己，真的很重要。

如果你還在要求自己在每天30分鐘的時間裡完成4個小時的工作量，那麼不要沮喪，要現實些。你可能發現如果一天做一件事，就比你想的做得要快，並且可以超前於計畫，再找另外的一件事情來做。

（5）靈活起來

生活中的另一個討厭之處是沒有預料到的曲折：這就是要使你的計畫靈活到可以實施的程度。根據生活給你的條件，有不同的方法來做到靈活。

你要控制好你的計畫，而不是讓計畫來控制你。每月、每季度、每年的回顧對於保證計畫適應於生活中真實發生的事情很有用，這種預防系統可以幫助你用最好的方法預見和處理沒有預料到的情況。

（6）不怕改變

如果你要改變計畫中的某一部分，可不可以？沒問題。只要有必要，你多少次重新設計你的計畫都沒有關係，因為這是你的計畫。回到設計板前重新考慮，你可能會意識到改變其中的一點會影響到其他的部分，而不僅僅是改變這一點。

重要的是你要記住，這是你的人生，任何事情都有可能發生，所以如果重新設計也不理想，就想像一下你想成為什麼樣子，然後馬上開始行動。

（7）對己誠實

不管你計劃什麼，都必須適合於你，這點很重要。如果你把沒有能力做到的事情和不想做的事情都納入到你的計畫，那麼你必須回顧一下你想要什麼，坦誠地接受你確實能夠完成預設行為的可能性有多大。

生活總在變化，你怎樣適應這些變化，在追求理想時你怎麼表現，這些對於實現理想生活的影響是有差異的。在實現夢想的軌跡上，不管生活給你什麼，擁有一個計畫都能使你有所準備。

人生的真正歡樂是致力於一個自己認為是偉大的目標。我們常說：「人生短暫，我們要過一個充實而有意義的人生。」有意義的人生也就是用自己畢生的心血去實現那心中最美好、最遠大的理想。

貼心小提示

　　如果生活總在妨礙著你，你對能否擁有想要的生活喪失信心，那該怎麼辦？或者你連想要什麼也無從知曉，因為你對頭腦中的每一個想法都感覺不好，那該怎麼辦？你必須把比較基本的需求和生活中的實際情形記錄下來。

　　這種情況下，你需要一個顧問來幫助你理清生活中的各種方面，包括你沒有看到的和忽視了的。顧問能幫助你了解到你的真實價值所在，幫你指出怎樣把它體現在你的現實生活當中。

　　如果你真的打算找一個顧問，要看看需要什麼風格的顧問。大多數的顧問會提供一個免費的諮詢，從這個諮詢就可以在決定是否採用之前了解到他的性格和工作風格。

▶ 第二節
不要迷失在不切實際的幻想中

　　幻想是指違背客觀規律的、不可能實現的，荒謬的想法或希望。由於它具有虛無性、縹緲性，所以人們不能迷失在這樣的虛幻之中。

　　否則會徒耗精力，事與願違，勞而無功。

　　例如，根據客觀規律辦事，努力種好田，爭取獲得最好的收成那是理想。而那些不想去種田，天天無所事事，遊樂終日，卻希望自己能一夜暴富，那是幻想。那些以為能透過揠苗助長取得好收成的想法也是幻想。

1. 認識過度幻想的危害

　　我們許多人在遇到挫折或難以解決的問題時，便脫離實際，想入非非，把自己放到想像的世界中，企圖以虛構的方式應付挫折，獲得滿足。例如，我們小時候覺得處處受大人的限制時，往往會沉溺在「孫悟空式」的白日夢中，認為自己如果有 72 變的能耐，那就好了。對能力弱小的孩子來說，以幻想方式處理其心理問題，是正常的現象。

　　但如果我們成人仍常常採用這種方式應付實際問題的話，那就是問題了。特別是當我們將現實與幻想混為一談時，就淪為病態了。

　　理想化是幻想作用的表現之一。理想化是指對另一個人的性格特質或能力估計過高的現象。

　　當我們對父母理想化時，便樹立了一種典範並且確信自己同樣偉大。我們自傲地感受到，我們的父親是世界上最偉大的，我們的母親是最美麗動人的。理想化作用對我們的安全感有幫助，但會釀成虛幻的自尊，因為理想化作用帶有濃厚的自我陶醉色彩。

和其他心理防衛術一樣，幻想作用有其積極的一面。比如他能使人獲得滿足感，使人感到精力充沛和鬥志旺盛等。

但幻想作用也容易形成人的情緒陷阱，因為幻想作用往往透過誇大他人的優良表現，從而寬容自己對失望和挫折的反應，形成以他人的成就來代替自己的努力實踐的傾向。

若幻想作用嚴重影響了您的正常生活，就請您及時到專業的心理諮商機構，做正規的心理輔導。

2. 克服過度幻想的方法

過度幻想讓我們沉湎於自己的思想中無法自拔，嚴重影響我們的實際行動，從而導致無法正常生活。

那麼我們如何克服不切實際的過度幻想呢？

（1）音樂替代法

專心致志地欣賞音樂，可使你的心靈得到淨化，使你的過度幻想融入音樂的旋律，讓青春插上翅膀高飛，你便有了一個平靜如水的清醒頭腦。

（2）日記記錄法

寫下你的幻想和思念，你會發現，過度幻想只不過是水中月、夢中花，它不過是使你的大腦稍事休息的小小插曲。除此之外，它對你只是一個使你分心的夢境。不要糾纏於它，做自己應該做的事情，你會發現你有能力控制自己。一個現實生活中的人，不能生活在空想和夢幻中，日記可以使你學會約束自己，為所當為，即可使心情平靜。

（3）運動釋放法

要非常投入地參加到運動中去，還要做較激烈的運動，這樣會使人堅強自信起來，因為疲勞和汗水可以沖洗身心的內耗。當你吃飯很香、睡眠

充足、精力充沛時，你就會感到不切實際的幻想只不過是庸人自擾，都是多餘的了。

（4）專注興趣法

專注和成功感會使人意識到自己存在的價值。從事實際的活動，可幫助你擺脫虛幻和空想。

（5）朋友解圍法

觀察和感受你的朋友在做什麼，把你的苦惱說給你的知心朋友聽，朋友會給你新鮮的生活目標，使你走出自己苦思冥想的怪圈，就會有一個新的生活天地。

（6）心理諮商法

如果以上方法收效不大，你就應主動向心理醫生求助。寫信、打電話或面談都可以，千萬不要把自己封閉起來折磨自己。對過度幻想不必自責，但也不要放任，生活就是這樣充滿矛盾。

貼心小提示

過度幻想是不好的，但是適當的幻想卻是非常有意義的。所以你不能因噎廢食，從此告別了幻想。從心理學角度看，幻想對我們心理健康究竟有哪些積極作用呢？

激發潛能。幻想的題材多為個人關心的事情，由於不受傳統思維形式限制，往往會迸發出意料不到的解決方案。美國心理學家彼特說：「想像力是解決問題的鑰匙，當人們百思不得其解時，『白日夢』能為你提供答案」。

在經典藝術創作過程中，我們也常常見到幻想的影子，文豪巴爾札克（Honoré de Balzac）就常與他小說中的人物對話；作曲家布拉姆

斯（Johannes Brahms）也不止一次地說，只有當他冥想時，構思才會不間斷地從腦海中跳出。

面對現實。現實生活中，我們的言談舉止大都中規中矩，心理學稱此現象為「人格面具」。而幻想往往超越現實，伴有一定的欣慰感，讓人們的心緒變得更寬廣。當人們沉浸其中時，現實世界變得很遙遠，我們也不由自主地進入了一種夢幻般的陶醉狀態。

平時由於受自尊、面子的影響，人常常會欺騙自己，但在幻想中卻會面對現實。因此幻想可以提供一個全方位看待自己心理、人格的機會。你可以根據幻想的提示，找到更適合自己的行為方法。

但幻想畢竟不是現實，如果我們把大把時間都用來幻想，並以此作為逃避現實的手段，則顯然是心理障礙的表現了。所以，我們還應面對現實，把幻想作為輔助手段，發揮其積極作用。

▶ 第三節
夢想是一個人心靈的翅膀

　　夢想，是我們心中最美好的願望，是我們心靈中放飛的翅膀，也是我們為之奮鬥的目標。有夢想的人生是光明的，是精彩的；而沒有夢想的人生卻是黑暗的，乏味的。

　　夢想對於我們人生的激勵作用非常大，如果我們能夠把自己的夢想與現實結合起來，變成我們人生的目標追求，我們的動力就會更加強勁，也更容易成功。

1. 認識夢想的意義

　　生活中我們每一個人都有夢想，不管這夢想是大還是小。有夢想的生活是多彩的，是奮發向上的。夢想是心靈的翅膀，前進的動力，是經過不懈的努力而變成的現實。

　　有了夢想，我們才更清楚怎樣去走未來的路，才會懂得珍惜轉瞬即逝的光陰，才會找到一個讓自己不停步，跌倒再爬起的理由。

　　夢想是我們人生的一面旗幟，指引著我們的方向。能進也能退，苦中也可以作樂，酸甜苦辣應有盡有，皆因有夢想的支撐。

　　我們很多人在塵世間白走了一趟，因為不知道自己活著是為了什麼。我們來去匆匆，沒帶走什麼，也沒留下什麼。

　　小時候的我們總是快樂的，因為當時嘴裡的糖果、手裡的玩具就是我們的夢想，這些夢想容易實現，所以我們常常夢想成真。

　　隨著時間的流逝、年齡的增長，我們懂得了水晶鞋、南瓜車、七個小

矮人，還有那起死回生的一吻都是畫夢的彩筆，它們可以在童話中大放異彩，卻難以在生活的書頁上留下痕跡。

隨著時間的流逝，我們的夢想也由小變大，不再像兒時那樣容易實現，我們學會用另一種實際的方式來實現夢想，於是我們努力、奮鬥，每天辛勞地工作，弄得自己身心俱疲、精疲力盡後，發現夢想還是悠然地高掛在雲端，依然那麼遙遠。

夢想和現實總是有一定的差距，我們希望擁有美麗的外貌、健康的身體、智慧的頭腦、浪漫的愛情、幸福的家庭，這些或許目前尚未擁有，但是我們可以想像它們的美麗，因為夢想的美麗，不在於能不能成為現實，而在於我們可以由著自己的性子，憑著自己的想法編出各種美麗的圖像寄存在腦中，所以夢想的意義是存在而不一定是實現。

用來實現的不叫夢想，叫目標。夢想之所以那麼美好，就在於它不涉及現實中的種種麻煩。

天天想著怎樣實現夢想，實現當然皆大歡喜，如果實現不了，夢想就變成了思想的包袱，非但一點也不浪漫，累死了也沒人同情，搞不好還被說自虐。

夢想是天上的星星，是用來看的，不是用來摘的；夢想是寫意花草、潑墨山水，不是一絲不苟的建築圖，要的就是隨心所欲的糊塗勁，無形勝有形，貴在傳神；夢想是專屬自己一個人的快樂，因為別人無法奪去你的想法。

與其鬱悶的守著夢想，不如放開手把夢想輕輕放上天，手裡抓牢被牽著走的線，當撐不下去、沉不住氣時，抬頭望望高飛的夢想，然後繼續帶著一顆會做夢的心，真實地生活、認真地生活、踏實地生活，做人做事都剛剛好，這樣既美又真，不也是美夢成真了嗎？

2.實現夢想的方法

夢想是美好的，但夢想並不是永遠不可能實現，只要你用心，夢想一定會成真。

我們該怎樣為實現夢想而努力呢？

(1) 學會自我分析

首先一定要了解自己到底要成為什麼樣的人？人生目標是什麼？最適合什麼樣的工作？接著要分析自己的優點與缺點，同時學習成功者的長處，不斷地改正自己的缺點，這樣夢想實現的機會才會越大。

(2) 要建立使命感

你來到社會上最主要的目的就是使命感，擁有一個符合自己價值觀和人生意義的使命都是最重要的，當你把你的使命確立好以後，成功的機會才大。

(3) 有明確價值觀

價值觀和目標夢想一定是要一致的，否則就很難實現。人的價值觀和思想都表現在行動上，有正確的價值觀，才會有好的行動力。

(4) 尋找學習榜樣

每一個成功的人，都有一個學習的榜樣，你必須先跟第一名學習，你才知道，他為什麼能實現成為第一名的夢想。

(5) 做好時間管理

時間管理的關鍵是，你一定要知道什麼事對你是最重要的、生產力最高，把它設定期限，這樣你才能永遠做最重要的事情。

(6) 要建立人脈關係

成功＝知識＋人脈，擁有良好的人脈是成功的基礎。每一個成功的人是因為他有別人的幫忙、支持和肯定。

（7）勇敢地行動

有行動必定會有結果，要有不同的結果，必須有不同的行動，即：成功＝方向正確＋持續行動。

貼心小提示

為了幫助你測試自己的夢想，我們設計了這個夢想測試。你可以根據自己的情況，回答夢想測試題下面的答案是否屬實。

1. 歸屬問題：我的夢想是否真的是我的？

　　（1）如果我實現了夢想，我就是世界上最快樂的人。

　　（2）我已經和其他人公開分享了我的夢想，包括那些我愛的人。

　　（3）別人懷疑過我的夢想，但我依然堅持。

2. 清晰問題：我是否清楚地看到了夢想？

　　（1）我能用一句話來概括我的夢想。

　　（2）我能回答幾乎所有關於我的夢想是什麼的問題。

　　（3）我已經清楚詳細地寫下了我的夢想，包括主要特徵和目標。

3. 現實問題：我是否在依靠自己掌控的因素實現夢想？

　　（1）我了解自己最大的天賦，而且我的夢想非常依賴這些天賦。

　　（2）我現在的習慣和日常行為對於我實現夢想非常有益。

　　（3）即使我不夠幸運，即使一些重要人物忽視或反對我，即使我遇到了巨大的障礙，我的夢想還是可能實現的。

4. 熱情問題：我的夢想是否在驅使我追隨它？

　　（1）我最想做的事情就是看到夢想實現。

　　（2）我每天都在思考我的夢想，睡覺和醒來時都在想著它。

　　（3）這個夢想對我的重要性已經持續了至少一年。

5. 途徑問題：我是否擁有實現夢想的策略？

（1）我已經寫好了關於如何實現夢想的計畫。

（2）我已經和我敬重的 3 個人分享了我的夢想，以得到他們的反饋。

（3）為了實施我的計畫，我已經對我的生活重心和工作習慣做了很大的調整。

6. 人的問題：我是否招募了實現夢想所需要的人？

（1）我已經將自己置於那些能夠激勵我的人當中，他們會真誠地對待我的優點和缺點。

（2）我已經召集了那些能夠幫助我實現夢想的人，他們所擁有的技能可以相互補充。

（3）我已經將我的夢想畫卷傳遞給了他人，讓他們也能夠擁有。

7. 代價問題：我是否願意為夢想付出代價？

（1）我能詳細說出為實現夢想我已經付出的具體代價。

（2）我已經考慮過我願意用什麼來交換，以實現我的夢想。

（3）我不會為了實現夢想而改變我的價值觀，損害我的健康，或者破壞我的家庭。

8. 毅力問題：我是否正在向夢想邁進？

（1）我能說出我在實現夢想的過程中已經戰勝了的困難。

（2）我每天都在做一些事情——即使是非常小的事情——去靠近我的夢想。

（3）我願意為了成長和改變去做一些特別困難的事情，以實現我的夢想。

9. 實現問題：我是否能在實現夢想的過程中獲得滿足？

(1) 為了使我的夢想成真，我願意放棄我的理想。

(2) 我願意為了實現夢想而奮鬥幾年甚至幾十年，因為它對我來說如此重要。

(3) 我享受追求夢想的過程，即使失敗了，我也覺得我為追求夢想所付出的努力是值得的。

10. 意義問題：我的夢想是否有益於他人？

(1) 如果我的夢想實現了，我能說出除我之外將受益於我的夢想的人的名字。

(2) 我正在建立一個由與我想法接近的人組成的團隊，以實現我的夢想。

(3) 我現在為了實現夢想所做的事情在 5 年、20 年，或者 100 年之後還是有意義的。

如果你對每個問題下面答案的回答都是肯定的，那你就很有可能看到你的夢想結出果實。如果你對每一個問題下的一個或一個以上答案的回答是否定的，那你就要考慮一下，你是否坦誠地對待了那個問題所提及的你的狀況。

第四節
善於把興趣與目標合一

在追求人生目標的時候，我們經常缺乏應有熱情，其中的重要原因就是我們的目標並非我們真正的興趣所在。如果我們把興趣與目標合一，那我們就會感受到很多奮鬥的樂趣。

因為興趣是成功的一個重要推動力，它能將你的潛能最大限度地調動起來。只有將能力和興趣愛好結合起來考慮，才更有可能實現目標，從而取得事業上的成功。

1.認識興趣的重要性

興趣是我們對事物特殊的認識傾向。這種特殊表現在興趣上總是有快樂、喜歡、高興等肯定的情感相伴隨。

我們對某種事物發生了興趣就會特別喜愛它，就會優先地去認識它。

興趣是我們最好的老師，我們都會因為興趣而執著於某一樣活動，並在最後取得或小或大的成功。

興趣是指一個人經常趨向於認識、掌握某種事物，力求參與某項活動，並且有積極情緒色彩的心理傾向。例如，對心理學感興趣的人，就會把注意傾向於心理學，在言談中也表現出心馳神往的情緒。

興趣和愛好可以使我們熱愛生活，適應環境。我們的興趣和愛好可以成為我們的一種向上的精神支柱。在這種支柱的支配下，我們會感到生活充實和覺得人世間的美好，會產生一系列積極的情緒體驗，繼而促進他們熱愛生活，珍惜時光。

我們會在興趣和愛好的驅動下，去尋找興趣知音，結成朋友，相互幫助，並對生活的環境感到滿意和適應。

我們的興趣和愛好，可以使我們克服各種各樣的困難和險境，培養出頑強毅力，並沿著既定的目標奮勇前進。

我們的興趣和愛好，可以開發我們的智力，可以促使我們產生積極的情緒，並給我們無窮的力量，對學習中遇到的難題，我們能認真思索、鑽研，直至攻破。

我們的興趣和愛好還可以逐漸培養我們的觀察力、思維力、想像力、注意力和意志力，而在這樣的力量支配下，會使我們迸發出無窮的智慧，促其成才。

我們的興趣和愛好，可以成為我們人生的一項事業。因此，我們既能獲得事業的成功，又能用自己的專長服務於社會，成為社會一個有用之人。世界上很多哲學家、文學家和科學家的成功，都是從興趣和愛好開始的。

總之，我們的興趣和愛好，對我們的學習、生活和成長有很重要的作用，因此，我們要培養適合自己的興趣和愛好。

我們可以根據自己的實際條件和能力，選擇某項專業作為自己的興趣和愛好，慢慢地培養持之以恆地追求下去，終會有收穫的。如果我們沒有什麼專長，但又希望改變這種狀況，那我們就要從實際出發，選擇一項切實可行的專業知識作為自己的興趣，去參加這項專業的學習班，系統地學習這方面的知識，最後，把它作為自己的愛好，持之以恆地追求下去。

2.培養目標興趣的方法

我們的興趣是多種多樣、各有特色的，在實踐活動中，興趣能使我們工作目標明確，積極主動，從而能自覺克服各種艱難困苦，獲取工作的最大成就，並能在活動過程中不斷體驗成功的愉悅。

那麼，怎樣培養良好的目標興趣呢？

（1）奠定興趣基礎

知識是興趣產生的基礎條件，因而要培養某種興趣，就應有某種知識的累積，如要培養寫詩的興趣，就應先接觸一些詩歌作品，體驗一下詩歌美的意境，了解一點寫詩的基本技能，這樣就可能誘發出詩歌習作的興趣來。可以說，知識越豐富的人，興趣也越廣泛；而知識貧乏的人，興趣也會是貧乏的。

（2）培養直接興趣

所謂直接興趣，就是我們對事物或活動本身的外部特徵發生的興趣，是我們對新鮮的事物或內容在感官上產生的一種新異的刺激。這種刺激反應表現為強烈但比較短暫。

直接興趣是對活動本身感興趣，因而要培養這種直接興趣，應使活動本身豐富而有趣。

（3）培養間接興趣

所謂間接興趣，就是人對活動的結果及其重要意義有著明確認識之後所產生的興趣。這種興趣是由於意識到學習的意義和價值而引起了求知的慾望，既有理智色彩，又有情感需求，且不會偶遇挫折便輕易悔改。

間接興趣是對活動的結果或意義感興趣，因而，要培養我們間接的穩定的興趣，我們就要明確活動的目的與意義。

（4）培養優良興趣

由於我們所處的環境、所受的教育及主體條件各不相同，所以我們的興趣都帶有個性特點，因而我們要根據自身條件進行興趣愛好的自我培養，這樣才能讓我們每一個人的潛能得到最大程度的發揮和優化。

貼心小提示

　　我們很多人可能並不是很清楚自己的興趣所在，現在我們一起來做一個潛在興趣的小測試，看看我們有什麼樣的潛在興趣吧！

　　請對下面的題目回答「是」或者「否」：

1. 當你讀一本關於謀殺案的小說時，你常能在作者沒有告訴你之前便知道誰是罪犯嗎？

2. 你很少寫錯字、別字？

3. 你寧願參加音樂會而不待在家閒聊？

4. 牆上的畫掛歪了，你會想著去扶正嗎？

5. 你寧願讀一些散文和小品文而不去看小說？

6. 你常記得自己看過或者聽過的事嗎？

7. 你願少做幾件事，但是一定要做好，而不願意多做幾件馬馬虎虎的事？

8. 願意打牌或下棋？

9. 對自己的預算均有控制？

10. 喜歡學習機械知識？

11. 喜歡改變日常生活中的慣例，使自己有一些充裕的時間？

12. 閒暇時，比較喜歡運動，而不喜歡看書？

13. 對你來說數學很難？

14. 你是否喜歡與比你年輕者在一起？

15. 你能列出你認為夠朋友的人嗎？

16. 對你可以辦到的事，是樂於幫助別人還是怕麻煩？

17. 不喜歡太瑣碎的工作？

18. 看書看得快？

19. 你喜歡新朋友、新地方與新的東西？

這個答案沒有對錯之分，只是看你的傾向。

首先圈出全部答「是」的答案。然後算算前 10 題中有幾個「是」的答案，作為第一組。再算算後 9 題中有幾個「是」的答案，作為第二組。

最後，比較兩組答案，如果第一組的「是」比第二組多，那麼表示你是個精深的人，能從事具有耐心、謹慎、研究的瑣細工作。

如果第二組的「是」比第一組多，那麼表明你是個廣博的人，最大的長處在於與人交往。

如果你在兩組的「是」大致相等，那麼表明你不但能處理瑣細小事，也能維持良好的人際關係，你可以適應多種工作。

▶ 第五節
好的人生離不開好的規劃

　　人生規劃就是指一個人根據社會發展的需求和個人發展的志向，對自己未來的發展道路做出一種預先的策劃和設計。

　　人生如大海航行，人生規劃就是人生的基本航線，有了航線，我們就不會偏離目標，更不會迷失方向，這樣才能更加順利和快速地駛向成功的彼岸。

1.認識人生規劃的重要性

　　我們的人生需要規劃，正如錢財需要打理。不懂規劃者，無法明白「工欲善其事，必先利其器」的道理。

　　好的人生離不開好的規劃，成功人生離不開成功的規劃及在正確規劃指導下的持續奮鬥，這樣才能收穫成功的果實。

　　茫茫人海之中，我們大多數人所度過的一生是無意義、無目標，沒有規劃的人生。我們只是日復一日、年復一年地打點光陰，我們除了一天老似一天外，別的什麼變化也看不到。我們在自己所建造的牢房裡迷惘、焦躁。

　　人生的失敗者在其一生中從未達到過自我解放，從未給自己做過以人身自由的決斷。即使在最自由的社會裡，我們也不敢決定自己的人生如何度過。

　　我們去工作是為了看看世上又發生了什麼事情。我們寶貴的時間和精力，都浪費在觀看別人如何規劃人生之路，實現自己的目標上了。

　　曾經有兩名瓦工，在炎炎烈日下辛苦地建築一堵牆，一位行路人走過，問他們：「你們在幹什麼？」

「我們在砌磚。」一個人答道。

「我們在修建一座美麗的劇院。」他的同伴回答。

後來，將自己的工作視為砌磚的瓦工砌了一生的磚，而他的同伴則成了一位頗具實力的建築師，承建了許多美麗的劇院。

為什麼同樣是瓦工，他們的成就卻有著如此巨大的差別？

其實，我們從他們兩人不同的回答中，已經可以看到他們之間不同的人生態度。前者把工作僅僅當成工作而已，後者則把工作當成一種創造；前者在那裡只知道把一塊塊磚砌到牆上去，別的一概不知不問，後者不僅是在把磚砌到牆上去，而且他的目的很明確，要修建一座美麗的劇院。

兩個人在做同樣的工作，一個有目標，一個無目標，這就是造成兩個人成就不同、命運迥異的根本原因。

然而，有了規劃，就一定會有成功的人生嗎？也不一定。成功人生管理三部曲還缺少不了最後一部知行合一，持之以恆地實施人生規劃，方能真正創造出如你所願的美好人生。

2.掌握人生規劃的方法

我們人生的最大悲哀，就是做了一輩子自己不喜愛的工作。人最大的失敗，就是忙碌到死一事無成，還讓後人看不到希望。沒有規劃的人生，就像是沒有目標和計畫的航行，燃料完了，陷在太平洋喊救命。花謝了還會開，人誰有來生？活不出個人樣來，最對不起的是自己。

我們該如何設計自己的人生規劃呢？

（1）個人志趣分析

人生規劃要從自我認識開始，首先你必須了解自己真正的思想和情緒。要認真和實事求是地分析，自己的興趣愛好和厭惡之物是什麼，要分

析自己內心真正的想法和願望，明明白白地找出自己真正想要的，對自己來說有意義和價值的東西。

（2）社會需求分析

任何人都不是孤立地存在於世上，而是生存於現實的特定社會環境之中。個人的成功、幸福、發展，必須以社會的某些客觀條件為前提，成功幸福的人生往往是領先超前或同步融合於當代社會發展大潮。個人人生的價值和意義，只有放在廣闊真實的社會背景之下，才能顯示出其真諦。

（3）家庭需求分析

對於正常人來講，成功人生還必須考慮一下家庭對自己人生的需求。尤其對於華人來說，家庭對人生成功具有十分重要的意義。當然，事實上我們存在著對於家庭需求的多種處理方法。你可以選擇獨身，也可以選擇特定的對於雙方來說都有意義的婚姻。但絕不能因為家庭的需求，犧牲自我發展的基本方向。

（4）確認人生定位

確認自我必然引向人生定位。人生定位即表明在我們一生當中，我們希望自己並且能夠使自己成為一個什麼樣的人。

人生定位是人生發展規劃的重要一步，人生定位是確認自己人生的理想和目標，即確認你自己應當成為什麼樣的人。

不同的人、不同的情形會有不同的定位。人生定位很重要的一個工作是找到你的理想人格、理想人生的榜樣人物，即為自己樹立一個代表追求目標的典型。比如說，我個人的偶像是孔子、歌德（Goethe）、莎士比亞（William Shakespeare）、曹操、拿破崙（Napoleon Bonaparte），在這幾個人的身上集中了我想要自己實現和達到的人生目標。

（5）策劃發展策略

人生發展策略規劃也是我們人生規劃很重要的一步。人生策略規劃指的是我們透過什麼樣的方法或途徑取得成功。舉個例子，諸葛亮先是長期躬耕隴畝，然後是結交至友，借助師友和自我宣傳推廣自己，以便聲播天下，擇良主而侍。「淡泊以明志，寧靜以致遠」就集中概括了諸葛亮的成功人生策略。

（6）做到規劃分解

光有人生規劃還不行，還必須像策略規劃一樣，將人生的大目標、大方向和大策略，分解成為人生不同發展階段的階段目標及其具體措施，整個人生規劃才能初步完成。

另外，我們還必須制訂詳細的年度奮鬥計劃。整體而言，在不同的時期，需要實現的階段性目標不同，實現目標的措施也不同。我們應該盡量將不同性質和類別的目標清晰化，分成技能學習目標、文化修養目標、職業目標、經濟目標、生活目標、情感目標、政治目標等，目標越清晰越好，對目標的界定越明確越好。

貼心小提示

我們的人生規劃究竟應該是什麼樣子，我們能不能來設想一下呢？好吧！現在我們就來進行一下設想。

20 歲以前，大部分的人是相同的，讀書升學，建立自己基礎。在父母親友，社會價值觀影響及誤打誤撞的情況下完成基本教育。

選擇讀書，應該一鼓作氣，在您尚未進入社會時，能讀多高就多高，畢竟何時進入社會，您都是社會新人。如果您認定一輩子要當上班族，學歷對您而言相信是很重要的。

20 歲至 25 歲，您要懂得掌握與規劃自己的未來，決定了就是一條無悔的不歸路。

剛得到法律賦予您的種種權力，相對的您要盡您的義務及學習面對責任的承擔。

這時候的您，是喜悅、矛盾與痛苦交戰，喜悅來自於開始被賦予一些自主權，矛盾來自於與父母割不斷的臍帶關係，痛苦的是開始要嘗試錯誤。

您要開始為自己的未來規劃，拿回自己對人生的主控權，而非一直受人左右影響的去搖擺自己的未來。

25 歲至 30 歲，您像一塊海綿，努力吸收也甘心被壓榨，為的只是自我的成長。

這時候的您，應是工作取向、薪水待遇、升遷調職，您應該是斤斤計較。因為唯有努力付出，相對的您才敢積極爭取，社會新人的動力應該讓您衝出自己的一片天，也因為沒有經驗，所以不懂挫折。

因為資源不多，所以一切盡人事，聽天命。現在的您：領取別人的薪水，學習別人的經驗，付出自己的青春，建構自己的未來。

30 歲至 35 歲，您要學習判斷機會、掌握機會，不能再有嘗試錯誤的心態。

這時候的您，應有事業取向和家庭取向，工作應該從體力轉換為腦力。您應該看到的是遠景，而非現況，面對的是寬廣人生，而非局限於自我。

結婚是許多人面臨人生第一次的重大抉擇，面對婚姻，很多人以為結婚就是一個責任的結束，殊不知正是學習的開始。

人的本業就是經營自己的家庭，賺錢的目的就是希望給家人更好

的生活，但這可不能成為忽略家人的藉口。一個無法把家庭經營好的人，縱使賺到全世界，他得到的只是表面的掌聲，在他人生的這個圓，永遠有一個缺口。家應該是您最大的精神支柱、動力來源和堅強後盾！

35 歲至 40 歲，您要享受給人希望，功德無量的格局。

這時候的您，應有企業取向，工作只是一種休閒，更可轉化為對他人的責任。

讓我們現在一起靜心思考，我們現在所有努力的目的是什麼？我們一定要記住，工作不應該等於人生，更不應該是需要經營一輩子的事。因此，無論我們的人生規劃如何，都不應該忘了自己應有的幸福、快樂、家庭、健康、感情。

▶ 第六節
成功需要確定好自己的目標

所謂目標，就是要達到的一種狀態或者想擁有的東西。要想獲得人生的成功，首先要有明確的目標，目標有長期目標和短期目標，有大目標和小目標等，倘若沒有目標一切都是空想。同時須知，目標不明確是盲目，目標偏離真理是錯誤。所以說，一定要界定好自己的目標。

1.認識目標的重要性

我們很多人從小到大虔誠地讀完高中讀大學，讀完大學再讀研究所，甚至留學出國讀研究所。

但悲劇是我們很多人在拿到他們苦苦追求默默等待的那張文憑後卻發現，我們找不到工作，或者即使找到了工作卻遠遠低於我們當初的期待值，被工作拋棄，被機會拋棄，被社會拋棄。

這其中的原因在那裡，最根本的一點就是我們太盲目，只是在一味蠻幹，沒有把自己的行動和明確的目標結合起來。

我們每天都感到很忙，但是很多時候卻不知道自己在忙什麼，沒有目標，只是瞎忙，最後才發現自己什麼都沒有得到。相反，如果我們做事能夠有明確的目標，那麼就能領先別人半步，將來領先的可能是幾十年，這個差距就會體現得很明顯。

所以我們一定要找準自己的位置，始終向自己的目標前進。沒有明確的目標，我們就永遠達不到成功的彼岸。沒有明確目標的指引，我們很容易走向盲目，費時費力地做一些無用功。

普通人的人生可悲之處在於，我們僅僅認為自己能夠成功，卻無法為

成功制訂相應的目標或計畫，沒有了目標和計畫，做起事來只能東摸西摸，什麼事也不會真正成功。

當我們明確了自己的目標後，還要一步一腳印地朝著目標努力，這樣，目標才有可能在將來得到實現。

在向自己的目標邁進的過程中，我們不可能總是一帆風順的，當遇到難題的時候，絕不應該一味盲目去做，要多動些腦筋，看看自己努力的方向是不是正確。正確的方法比盲目的執著更重要。我們應該調整思維，盡可能用簡便的方式達到目標。

2. 設定目標的方法

在現實生活中，我們許多人整天默默工作，辛勤勞動，但卻由於沒有設定自己的奮鬥方向、奮鬥目標，做了一輩子，還是在原有的職位上工作，用一個詞來形容，碌碌無為。

那麼該如何設定明確的目標計畫呢？

（1）設定目標

方向就是策略，就是目標，做人做事業都是這樣，只有我們的策略明確了，方向正確了，思路清晰了，然後透過努力，才能達成人生的目標。

有了明確的目標，就已經是成功的一半了。我們不能天天只在羨慕著別人的成功中生活，白白浪費自己的大把時間。我們一定要沉下心來，為自己設定一個明確的目標。

（2）表述目標

使自己能集中精力的最佳辦法，是把自己的人生目標清楚地表述出來，說到底，我們每個人都希望發現自己的人生目標，並為實現這個目標而生活。

把人生目標清楚表述出來，能幫助你時時集中精力，發揮出高效率。在表述你的人生目標時，要以你的夢想和個人的信念作為基礎，這樣做，有助於你把目標定得具體可行。

（3）分解目標

清楚表述未來之夢及人生目標之後，你就可以著手制訂長期和短期的目標了。

想到什麼目標立即寫下來，開頭不必判斷這些目標是否能實現，也別管它們是長期還是短期的。這個階段重要的是有創意、有夢想。

如果你發現這些目標之中有什麼與你的人生目標表述及你將來的理想不相符，你可以把它去掉，並重新評估你的人生目標表述，考慮改寫。

如果你看到你的理想要求你達到另外幾個目標，就把這幾個也寫下來，把目標都記下來後，就可以著手制訂成功的策略了。

（4）行動起來

你可以界定你的人生目標，認真制訂各個時期的目標，但如果你不行動，還是會一事無成。

苦思冥想，謀劃如何有所成就，是無法代替身體力行去實踐的，沒有行動的人只是在做白日夢。

（5）定期評估

定期評估進展是跟行動同等重要的。隨著你計畫的進展，你有時會發現你的短期目標並未能使你向長期目標靠攏。

或者，你可能發現你當初的目標不怎麼現實，又或者你會覺得你的中長期目標中有一個並不符合你的理想及人生的最終目標。無論是何種情況，你需要做出調整。你對制訂目標越陌生，越可能估計失誤，就越需重新評估及調整你的目標。

有些人會犯的另外一個錯是走到岔道上了。這些人制訂了目標，也寫下了要達到目標必須做的事情，然後把那些指導方針全忘了。有個辦法能防止這種事情發生，你可以把這句話貼在辦公室：「我現在做的事情會使我更接近我的目標嗎？」

（6）慶祝勝利

最後，要抽點時間慶祝已取得的成就，拿破崙‧希爾（Napoleon Hill）歷來相信獎勵制度。當你取得預期的成就時，你獎勵自己，小成就小獎，大成就大獎。

如果要連續做幾個小時才能完成某項工作，你應對自己說，做完了就休息，吃點東西或看場球賽。但是絕不在完成任務之前就獎勵自己。當你取得一項重大成就時，一定要把慶祝活動搞得終生難忘。

貼心小提示

你還在盲目地生活著嗎？你還在為自己不知道如何做事而煩惱嗎？下面是一些有效的方法，透過這些方法，相信你會很快找到自己的方向，走向成功！

首先你要準備好紙和筆，寫下自己所想要實現的目標，然後列下實現目標的理由。當你十分清楚地知道實現目標的好處，以及不實現目標壞處時，你才會立即行動起來，向著自己的方向前進。

當明確知道目標之後，便要設下明確的實行時限。因為你如果沒有時限來讓自己集中注意力的話，便很難檢查出自己在不同時間段到底做到什麼程度了。

還有如果你不知實現該目標所需的條件時，如何去進行則會模糊。比如你想進哈佛大學就讀，卻不知哈佛的錄取標準，則進入哈佛

必定有所困難，如果明確知道它的錄取標準，則更能按部就班地達到它所要求的標準。再比如你的目標三年內當經理，接下來便把當經理的條件和能力列出來，明確告訴自己就是要成為那樣的人。

然後，你還要列下目前無法實現目標的所有原因，從難到易排列其困難度，自問「現在馬上用什麼辦法來解決那些問題」，並逐項寫下。列完解答之後，這些解答通常就是立即可以採取的行動，並且十分明確。

目標明確以後，那就馬上採取行動，從現在開始。你要經常提醒自己，也可以把它們寫在紙上，貼到自己最容易看到的地方。

這種提示會在我們的潛意識裡形成一個做事的尺度，從而使我們明白自己什麼時候該完成什麼事情，從而讓我們做起事來時刻保持著清醒的頭腦，向著自己的目標前進，而不是變得盲目。

總之，只有我們明確了自己的前進方向，才能讓自己走得更快更好，少走冤枉路，實現成功。當目標確定後，請你馬上下決心去努力實現吧！有了目標的指引，你的人生之船一定能夠駛向理想的彼岸！

▶ 第七節
學會克服盲目追求的心理

就人生來說，自己想要的東西卻得不到，固然是一種遺憾。但最大的遺憾，其實是盲目地追求。因為盲目會導致謬誤，會葬送許多機會，以至於到最後無法如願以償。

人生只有一次，沒有人希望自己活得渾渾噩噩。但是，我們若想活出生命的真意，享受神采飛揚、意氣風發的生活，就必須依靠自己掌握方向，克服盲目的追求。

1. 認識盲目追求的危害

很多時候，我們徘徊在人生的十字路口，不知道該向哪個方向走。我們經常以騎驢找馬的方式，應試過幾個不同的工作，結果可能都不順利。

於是，我們決定培養第二專長，參加了一次科技方面的實務研討會，又覺得學習到的技術十分有限，並不足以幫助轉職成功。接著，又想要參加國家機關考試，當公務員，也想要自行創業……

這樣的場景，很可能是我們在職場上不得意的人所遭遇到的典型問題之一。而問題的關鍵並不在於到底應該做什麼決定，因為他根本還不到做決定的時候。

最急迫待解決的問題其實是，我們自己喜歡什麼性質的工作，想要獲得哪一方面的成就？或者，我們更應該心甘情願地接受眼前的事實，停止對工作不滿的抱怨。

美國作家梭羅（Henry Thoreau）說：「我們的生命都在芝麻綠豆般小

事中虛度，毫無算計，也沒有值得努力的目標，一生就這樣匆匆過去，因此，國家也受到損害！」

書評家亨利甘拜也有感而發地附和：「壞就壞在他們從不停下來檢討一下，究竟那個目標是不是值得，更可憐的是他們根本不知道自己要什麼。」

研究自己的性格，了解自己的特質，總比搞不清楚東西南北就決定新的發展方向更要緊。先想清楚自己要的是什麼，這永遠是最重要的事。該怎麼做決定？如何做才能成功？反而是次要的事情。和前者比較起來，甚至還可以說是旁枝末節的小事呢！

弄清楚自己要的是什麼，當進行到要決定新方向的時候，不要因為害怕自己能力或經驗不足夠，就不敢痴心妄想，只要你弄清方向、下定決心，加倍努力學習，用心培養專長，就可以彌補現實和夢想中間的差距。

我們要永遠記住，成功的人都是在很早的時候就發覺自己真正喜歡做的事情，然後全力以赴。全球首富比爾蓋茲（Bill Gates）在少年時發覺了自己在撰寫程式方面的興趣，於是投入了畢生的心血，終於在這條路上做出了自己的成績，獲得了人生的成功。

2.克服盲目追求的方法

在實際生活當中，我們很多人都會被目的周圍的煙幕彈所左右，喪失目的或者看不清目的，變得盲目起來。一個人失去目的就像一艘船失去了方向，終其一生也不知道為什麼而活，這是一種極大的悲哀！

那麼我們該如何克服自己的盲目心理呢？

（1）不要盲目從眾

心理學的研究發現，在團體活動中，我們許多人存在著各種從眾心理，我們往往在團體的誘導或壓力下放棄自己的意見採取與別人一致。

比如，別人抽菸，我也學著抽菸；別人上網，我也跟著通宵達旦；別人說髒話，自己也去模仿；別人穿名牌服裝，自己不顧自己的經濟實力，也去購買；凡是所謂自己認為時尚的、新潮的，就情不自禁的跟上去，沒有自我，沒有思考。

在生活中，我們一定要經常用自己的頭腦去思考、去分辨、去判斷、去行動，不要讓別人的頭長在自己的脖子上，支配著自己的思維和行動。

（2）不要盲目信廣告

不加分析地順從某種宣傳效應，讓廣告牽著我們的鼻子走，這是不健康的心態。讓我們多一些獨立思考的精神，少受一些盲目鼓動，以免上當受騙，方為健康的心理。

（3）要提高思維能力

提高我們的創造性思維，能讓我們在做事時有自己的獨到見解和開拓性意見，提高我們的多向性思維能力，能夠讓我們對自己現在的行為是否適當提出質疑。可見，提高思維能力對於我們克服做事時的盲目性確實是有效的。

（4）要能夠獨立思考

努力培養和提高自己獨立思考和明辨是非的能力，遇事和看待問題，既要慎重考慮多數人的意見和做法，也要有自己的思考和分析，從而使判斷能夠正確，並以此來決定自己的行動。

（5）有堅定理想信念

一般說來，克服盲目心理主要靠學習科學文化知識，別人的意見和壓力並不是我們從眾的關鍵因素，關鍵的因素是我們的理想、信念和道德觀，它從根本上決定著我們是否盲目。

只要我們具有正確的理想、信念和世界觀，就不會輕易受到別人不正確觀點的影響，也不會因害怕孤立而屈服於壓力，甚至為了個人的利益而違心表態，討好他人。

貼心小提示

你是不是正忙得不可開交，如果我現在問你，你到底在忙些什麼，到底為什麼而忙？你是不是有些迷惘呢？

其實，我們的人生追求很簡單，只要在 4 個層面保持平衡，我們的人生就會完美幸福！

首先，生理需求。我們忙來忙去，初衷無非首先是要讓生活過得好一些，衣、食、住、行不斷改善，身體狀況保持良好，工作心情越來越主動、越輕鬆、越順利，這點很容易理解。

其次，愛的需求。也就是與自己息息相關的幾個關係：愛人、父母、孩子、同事、上級、朋友。

我們是不是應該相互提醒一下，我們工作忙了之後，對愛人、父母、孩子、朋友是否還顧得上關照，是否在工作之餘，能夠真正用心關懷一下這些人生中非常親密的親人。

也許他們最需要的並非是你能花多少時間來陪伴他們，也許僅僅是你的一句關懷的問候，或是結婚紀念日的一束玫瑰，或是一段耐心而真誠的談心。其實愛就是這麼簡單，只要真心對待，愛與被愛就會不斷昇華，只要有愛，家庭和事業完全可以雙贏。

再次，智的需求。人要有不斷更新、不斷學習的內心需求。只要抱著主動學習的態度，我們也就能享受獲取新知時的愉悅和幸福。

最後，德的需求。這是重要的，同時也是最易被人忽視的。它是

我們內心深層次的追求，其實關於這一點也有一個非常簡單的衡量標準，那就是當我們百歲之後，靜躺於遺體告別會時，我們周邊的親人、同事、朋友、上級、下級、合作夥伴們，他們所給予我們的內心深處的悼詞是什麼，也許這就是我們人生的終極追求吧！

人生的追求，是一種內心的平靜，只有在 4 個層面保持平衡的人才會擁有圓滿的人生。讓我們用健康的身體、幸福的家庭、成功的事業、崇高的追求，一起來體會這種內心的平靜！

每個人都有得到寶藏的機會，就看你是否有付出行動。上帝不會輕易讓不付出努力的人得到。

心動不如行動，說到不如做到，我們在做任何事情之時都要勇於實踐，勇於大膽的嘗試。

與其經常去立志，不如天天堅持，付諸於實踐。其實道理誰都明白，但是難在堅持，既然自己能夠意識到應該改變，應該努力，那不妨真正地從現在做起。

第三章
行動與實踐的心理潛能

「說一尺不如行一寸。」任何希望、任何計畫最終都必須要落實到行動上。只有行動才能成就事情。而在很多情況下，行動需要決斷，需要勇氣，需要我們摒棄優柔寡斷、猶豫不決的心理。

這個世界不乏一些擁有宏圖大志的人，他們有理想、有目標，心中有著一幅宏偉的藍圖。但是他們缺少的就是切實的行動，一切都是空談。因此他們的所謂「理想」就像水中月、鏡中花一樣虛無縹緲，永遠無法實現。但願我們這個世界多一些扎扎實實做事的人，少一些只說不做的「空想家」。

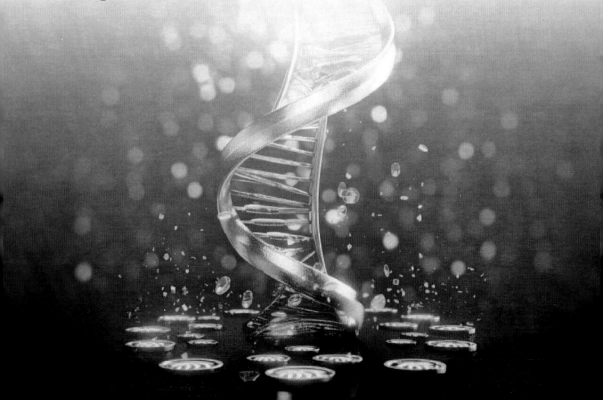

▶ 第一節
遲疑不決會喪失良好的機會

　　遲疑不決就是優柔寡斷，畏畏縮縮，遇事缺乏果斷的一種心理特徵。這是由於缺乏自信和魄力而造成的，這樣的人難以成就大事。

　　須知，如果我們在做事的時候經常瞻前顧後，那就會寸步難行，從而錯失良機。而決斷能夠讓我們的人生充滿信心，並能夠讓我們的人生充滿力量。

1.認識遲疑不決的危害

　　習慣於遲疑不決的人，會對自己完全失去信心，所以在比較重要的事情面前沒有決斷的能力。

　　我們有些人的優柔寡斷簡直到了無可救藥的地步，不敢決定任何事情，不敢擔負任何責任。之所以這樣，是因為我們不敢肯定事情的結果是什麼樣的？

　　我們對自己的決斷很懷疑，不敢相信自己有解決重要事情的能力。因為遲疑不決，很多人使他們很多美好的想法歸於破滅。

　　時光易逝，時機易失。如果我們還在遲疑中搖擺不定，那我們就是正在失去美好的東西，正在向失敗的邊緣滑去。兵貴神速，趕快行動，「花開堪折直須折，莫待無花空折枝。」

　　某軍事家也曾說過，成功就在決心，遲疑難成大事，果斷地下定決心，就意味著掌握了戰爭的勝利，稍有遲疑就會導致災難。

　　無數戰例和成功的人士都證明了這一點，拿破崙在滑鐵盧戰役中遲疑了5分鐘，結果戰敗，被送到了聖赫勒拿島上，有力地說明了「成在決

斷，敗在遲疑」這個戰爭法則。

上兵伐謀，無謀必敗，無決心也必敗，所以說，無論你有多聰明的腦子，但如果你沒有決斷的能力，是不會取得任何成績的。

打仗是這樣，做其他任何事也都是這樣，如果我們過於優柔寡斷，是辦不了任何事的。一個人怕這怕那，不敢決定事情，不敢擔負應負的責任，消極等待會出現什麼好的結果，機會就會在你遲疑等待中消失，你的前途也會在遲疑等待中喪失。

2 . 克服遲疑不決的方法

很多時候我們總因自己的猶豫而苦惱不已。稍不留神，這又將成為一個惡性循環。猶豫往往因為缺乏自信和習慣性擔心某些潛在的問題。主意不堅定和優柔寡斷，對於我們來說，實在是一個致命的缺陷。有這種弱點的人，就不可能有堅強的毅力。

那我們平時該如何克服遲疑的習慣呢？

（1）勇於抉擇

我們要知道，人生最重要的是如何利用做出的選擇，而不是選擇本身。或許，我們要在兩個不同的地方選擇去留，只要有正確的態度，無論去哪裡，都能創造幸福的。

如果一味地擔心自己的抉擇是否正確，那麼即使是做出了所謂正確的選擇，我們也是無法享受生活的，我們會在悔恨中失去自己的幸福。

（2）培養自信

缺乏自信，懷疑自己的能力，往往會讓我們遲疑不決。只要我們能夠增強自信心，就能在重大問題上選擇偏不遲疑，做出快速正確判斷，加以選擇，就能改善甚至改變自己遲疑的性格。

（3）走自己路

我們很多時候，過於關注別人會怎麼評價我們的選擇。面臨選擇時，我們往往會本能地選擇一個方向，但總會擔心別人對此會怎樣想，這是很錯誤的。

我們可以聽取他人的意見，但是，如果真的感覺自己的選擇是正確的，那麼就該去做。不要太看重他人的意見，畢竟，生活是你的，不是別人的。

（4）樂於交心

有時候，遲疑不決如同向下的螺旋纏繞在我們的腦海裡，揮之不去。出現這種情況時，我們最好找個自己信任的朋友討論討論，當然不必讓朋友替自己做決定。

但是我們一定要記著，我們只是與朋友討論一下，只是想有助於澄清問題，能從一個較好的角度去看問題，這樣也更容易進行選擇，而不是相反讓自己變得遲疑不決。

（5）道德指引

很難做選擇時，就想想你的動機。有時我們想採取一些自私的行動，但是良知不容許我們這樣做，就造成了遲疑不決。

在這種情況下，善良之舉不會讓我們遺憾，而且甚至可以說，永遠不會讓我們感到遺憾，那怕這個決定是錯誤，自己受到了損害。但是，若僅僅考慮個人利益而決定，往往會讓我們後悔不已。

（6）分清輕重

人生短暫，可能很多事情我們都沒有時間去做。我們要對家庭、人際、內心世界、運動等都要有一個很清晰的輕重認識，排排次序是很重要的。面臨抉擇，就能很快的選擇重中之重了。

或許，你的老闆想要你加班，而且補助也不錯，但是你很清楚你最看重的是與家人在一起的時間，那麼就會很輕鬆地立即拒絕了。世界上沒有萬全之策，不要期望可以為自己的事業奉獻一切的同時又可以和家人共享美好時光。

（7）發揮強項

一個能力極弱的人肯定難以打開人生局面，他必定是人生舞臺上重量級選手的犧牲品；成大事者在自己要做的事情上充分施展才智，一步一步地拓寬成功之路。

（8）立即行動

我們有些人是語言的巨人，行動的矮子，所以看不到更為實際現實的事情在他身上發生；成大事者是每天都靠行動來落實自己的人生計畫的。

（9）善於交往

我們不懂得交往，必然不會借助人際關係的力量。成大事者的特點之一是善於借力去營造成功的局勢，從而能把一件件難以辦成的事辦成，實現自己人生的規劃。

（10）重新規劃

成功只是一個過程，你如果滿足於小成功，就會推動大成功。成大事者懂得從小到大的艱辛過程，所以在實現了一個小成功之後，能繼續拆開一個個人生的「密封袋」。

（11）知己知彼

如果我們能夠全面地看待他人和自己，就會感覺自己沒那麼差，而是自己可能感覺狀態不是最佳或太在乎他人的看法或想法。其實他人的看法或想法往往存在片面性，只會引起我們不必要的自卑感。

我們要多多學習別人的工作經驗，將長處學來，觀察他們的不足，在這方面下功夫，我們就能勝過他們。我們要打起精神再次努力奮鬥。相信自己的能力一定能戰勝困難的，因為人定勝天！多給自己一些鼓勵，讓大家一起為你鼓勵，讓你振作精神，好好奮鬥。

（12）敢想敢做

良機已經出現，我們還在遲疑等待什麼呢？還不趕快出擊！果斷的錯誤勝過遲疑的正確，把我們的眼光放得遠些，做一些別人沒做過的，又不容易成功的事情。

我們要有自信心，認為自己做什麼事情都能成功，相信透過自己的努力，自己一定能達到目標的。從心靈上確認自己可以，自己給自己鼓勵。只要有心理準備，我們就不會為一點困難而退縮，就能充滿信心完成任務。

貼心小提示

你是不是由於經常喜歡猶豫，從而常常喪失良機呢？如果是的話，現在讓我告訴你一些有效的解決方法吧！

1. 盡可能的讓生活有規律。
2. 注意你的外表。
3. 在遲疑時候，仍然不放棄自己的計畫。
4. 不要壓抑自己的情緒，尤其是憤怒。
5. 每天都研究學習一些新的東西。
6. 迎接一切可能有的挑戰。
7. 不要談論你在某個特殊時期遇見的問題。
8. 以德待人，即使是件小事情。

9. 盡量以不同的方式對待不同的人。

10. 在能力方面，盡量發揮你的野心。

11. 記下生命中的美好回憶。

12. 做一些從來沒有做過的事情。

13. 嘗試與富有活力又充滿朝氣的人相處。

14. 不要讓他人左右你的思想。

15. 一旦做了就不要逃避，為自己的構思負責。

　　上面這些忠告，只要你能認真實踐，就能不再猶豫，變得果斷起來，那時你的生活必將更加精彩！

▶ 第二節
要改變誇誇其談的習慣

人生的成功最主要的是來自於務實，而不是誇誇其談、流於口頭。因為一切事情僅流於口頭是無法成功的。

在現實中，我們許多人喜歡誇誇其談，總以為自己是天下第一，什麼事情都比別人強。誇誇其談的人甚至會認為自己是全才、通才，是自己行業菁英中的菁英。

可事實往往正好相反，誇誇其談的人其實也就只有誇誇其談的本領而已。

1.認識誇誇其談的危害

我們各自談了一大堆理論，互相批評對方，話說得天花亂墜，不會對花園有好處；試想，如果我們中的一個人按照自己的方法去真實地做，花園現在大概已是芳草萋萋，鮮花滿園了吧！

其實，我們平時為人處事又何嘗不是這樣。甜言蜜語似口中的糖，能讓我們在聽說時歡喜，但實則無益。實做如一劑中藥，平淡樸素，但在我們困難時卻能救我們一命。

許多人是事後諸葛亮，喜歡自鳴得意地空談，卻沒有真本事，缺乏預見性，別人做時不伸手，別人做完了，卻說三道四，妄加評論。做得好，是早就料想到的；做不好，則是風涼話連篇，冷嘲熱諷不斷，更有甚者抓住人家的錯誤，橫加批判，讓做實事的人寒心。

我們做人應該要實事求是，不要只會逞口舌之強，凡事要腳踏實地，要爭千秋，不要只爭一時。越王句踐的臥薪嘗膽、諸葛孔明的隴中養精蓄

銳；多少人的十載寒窗，多少人的生聚教訓，都在說明從務實勤勞裡才能成功。

世界競爭日益激烈，歸根到底是人才的競爭。而人才就必須少些空談，多做實事。

我們與其空談將來的理想，倒不如從現在起，為自己的目標實實在在地做。空談只是我們失敗的藉口，努力學習，為夢想一步步地努力，多些務實，少說些空話。

擁有了務實，就擁有實現夢想後的喜悅。在未來的世界裡，不要讓空談占據了你生活的全部。我們要的是務實，而不是空談！

2.克服空談習慣的方法

喜歡空談的人，只不過是在做著自己那個黃粱一夢罷了！在不切合實際的「魔毯」上飛，我們最終一定會被摔下來。人生的確如此，只有腳踏實地，一點點耕耘，才能有一點點收穫，夢想並不會因為我們的空談而實現。

那麼我們平時如何做到克服空談呢？

（1）看清原因

從古至今，人類歷史上一直存在著喜歡空談，輕視務實的心理現象。這是因為在我們很多人眼裡，空談輕鬆容易，務實艱難辛苦。我們感覺空談沒有成本，不用負責，而務實是有風險的，是需要付出的。更主要的是我們有些人只有空談的能耐，但無務實的本事。

（2）認清危害

空談有很多害處，雖然別人一開始可能不知道我們的底細，但是一旦知道，就會失去別人的信賴，大家都會覺得我們不是一個可靠的人，從而與我們疏遠。

當空談者被人識破後，談得越多會越讓人覺得心煩，這樣還會破壞自己的形象，不利於工作的落實，不利於自己的發展。所以說，空談是一件害人害己的事，最後的結果只會讓我們後悔莫及。

（3）吸取教訓

空談並不可怕，可怕的是不吸取教訓。只要空談者，從此閉上嘴，多做實事，那麼在不久的將來，我們就會成為務實者。自然，成功和榮譽乃至愛情終究也會屬於我們。

（4）樹立理想

自我價值的實現不能脫離社會現實的需求，必須把對自身價值的認識建立在社會責任感上，正確理解權力、地位、榮譽的內涵和人格自尊的真實意義。

很多人能在平凡的職位上做出不平凡的成績，就是因為有自己的理想，同時做到自知之明。這就是說要能正確評價自己，既看到長處，又看到不足，時刻把消除為實現理想而存在的差距作為主要的努力方向。

（5）自知之明

人生逆境十之八九，我們總不能事事如意，有某方面達不到自己的要求或自己有某些方面比不上人家，這是正常的事，無需耿耿於懷，更不必用虛假的東西來掩飾。假的終究是假的，被人識穿以後會更加丟人顯眼。

（6）主宰自己

我們不要過於計較別人怎樣議論和怎樣看待自己，他們對於別人的言論和看法，往往採取批判接受的態度，對於那些無理的議論，他們會不聞不問，置之不理。

我們不能時時刻刻都以取悅別人為目的，把他人的言論作為自己的行

為準則，如果那樣，就會不知不覺地給自己套上一個無形的精神枷鎖，最終只會是不斷助長自己的虛榮心理。

（7）矢志奮鬥

　　虛假的榮譽不屬於自己，它終究會被人遺棄。我們與其追逐一個個轉瞬就破的肥皂泡，還不如立下大志，透過奮鬥創造出屬於自己的榮譽來。

　　經過奮鬥得來的榮譽，才是真實的和獲得自豪的，務實者會腳踏實地從今天做起，堅持下去，這樣真正的榮譽就會降臨到你的身上了。

　　總之，我們不要做整天空談大道理而無所事事的人，我們要多做一些實事，這樣人生才會更有意義。1,000 個「0」頂不上一個「1」，1,000 個願望頂不上一次實際行動。

貼心小提示

　　你還在別人面前空談嗎？你還沒有認真地做成過一件事嗎？假如你已經意識到了自己只會毫無意義空談，那麼請現在就來認真改正吧！

1. 樹立正確人生觀

　　作為一個社會人，你是否活得有價值，最主要的是看你是否盡了力、做了事，而不是看你說了多少空話。人生活三十六計，行行出狀元，讓我們從現在做起，而不是說起。

2. 要給自己訂計畫

　　每天訂個小計畫吧！等晚上看到的時候，就可以問問自己完成了沒有，如果沒有就懲罰懲罰自己。

3. 習慣從小事做起

　　你也許胸懷大志，滿腔抱負，但是成功往往都是從點滴開始的，

甚至是細小至微的地方。你如果天天只會空談理想，不去做任何事，必將一事無成。

4. 轉移注意力

　　選擇你自己除空談之外最擅長的事情，投入力量，爭取有所成就，這樣，你的信心就會逐步增強，空談就會步步退卻。

5. 增強意志力

　　當你忍不住空談的時候，運用意志力自我克制。在這個過程中，要學會自我暗示、自我命令。暗示、命令自己不要隨口瞎說，暗示、命令自己把精力調到學習和活動上去。如果不行，還可以離開現場去訪友或逛逛公園。

　　相信經過你自己的不懈努力，你一定會重塑自己的形象，讓別人看到一個全新的你！

▶ 第三節
探索是人類基本的思維方式

所謂探索就是敲開未知領域的一種進取精神，簡單地說，就是我們自己的好奇心和自己勇敢嘗試的過程。

自從人類出現在地球上，就有了探索精神，人類因為去探索，所以現在才有了火、有了電，有了舒適的衣服、有了手機、有了現代化的電腦。

1.認識探索精神的重要性

探索精神是我們人類基本的思維方式，並不是只有發明家、科學家們才會用到。找個最簡單的事例，小時候，你第一次拿到核桃，你看到別人在吃自己也很想吃，但核桃有硬殼，然後你可能用石頭等硬物去砸碎核桃，但你發現這樣果肉不完整，然後你又想其他的方法去打開核桃，這就是探索性。

人是有別於地球上的其他動物的，人是會不斷在學習、不斷在探索的，所以人擁有了一個地球上相對最大的大腦。有了這麼大的大腦，我們不可能放著不用，所以我們開始不斷學習，不斷探索，只是學習程度和探索積極性不同。

大千世界，無奇不有。世界上還有很多人類不解之謎正等待人們去探索、發現。

古老的時代，人們總是被一些奇怪的、自己無法解釋的現象所吸引住。好像日食和月食一樣，我們的古人就是認為是一種神獸在把太陽和月亮給吃掉了。其實這只是一種心靈上對自己無法解釋的現象所勉強賦予的一種精神寄託，但也從側面反映了人們對神祕世界進行探索的渴望。

明朝的萬戶是第一個想到利用火箭飛天的中國人，他偉大的探索精神更值得我們所有人欽佩。

14世紀末期，明朝的士大夫萬戶把47個自製的火箭綁在椅子上，自己坐在椅子上，雙手舉著大風箏。設想利用火箭的推力，飛上天空，然後利用風箏平穩著陸。不幸火箭爆炸，萬戶也為此獻出了生命。

雖然最後是失敗了，但是他的那種愛探索的精神使他在月球上的一座環形山占了一席「位置」。所以，一個人如果是有很強的探索意念的話，他將會更好地發現自己平時所忽略的東西。

諾貝爾（Alfred Nobel）是舉世聞名的化學家，黃色炸藥的發明者。他在臨終前把自己大部分財產交給信託公司，創立了國際科學界最高獎項諾貝爾獎。此獎從1901年開始頒發，至今未衰。諾貝爾不僅畢生致力於科學探索，而且以其頑強不息的探索精神激勵和鞭策著後來的科學家們在科學攀登中不斷踏上新的高峰。

諾貝爾初見硝化甘油是在聖彼得堡。當時，齊寧教授拿著硝化甘油給諾貝爾父子看，並放在鐵砧上錘擊，受擊的部分立即發生爆炸，引起了諾貝爾的極大興趣。

齊寧教授告訴他，如能想出切實辦法使它爆炸，在軍事上大有用處。從此，年輕的諾貝爾對此念念不忘，發誓要完成這一發明。經過長期認真思考，諾貝爾認為要使硝化甘油爆炸，必須把它加熱到爆炸點或以重力衝擊。

為尋求一種安全的引爆裝置，諾貝爾屢經失敗而不放棄，就連父親和哥哥都笑他固執，可他始終不急躁、不灰心，耐心分析失敗的原因，經過大小數百次的失敗，有時甚至被炸得鮮血淋漓，仍然繼續自己的探索，終於有了「雷管」的問世。

但他仍不滿足於已有的成就，繼續邁出了探索的新步伐，面對各種挫折毫不退縮，最終製成兩種固體炸藥和槍炮用顆粒狀無煙火藥，為軍事領域的武器變革做出了傑出的貢獻。諾貝爾在不懈的探索中，在失敗的反覆考驗中贏得了成功。

科學研究與發明，離開探索精神是不可想像的。科學實驗，是人們進行科學探索的偉大實踐。

2.培養探索精神的方法

科學家愛迪生說過：「世上一切都是謎，一個謎的答案即為另一個謎。」他不斷探索、不斷創新，最終成為一位擁有 1,000 多項發明的發明大王。

科學探索已隨著歷史的發展衍生出一種精神，引領人類不斷進步、發展。

嫦娥，一個神話的名字，牽起了中國人一個神話般的夢。飛天，一個夢一般的名詞，灑在了每一個華夏兒女的心頭。

要為炎黃子孫續上這跨越千年的飛天夢想，我們就需要有探索精神。那麼，我們如何培養自己的探索精神呢？

（1）不怕失敗

探索未知世界，創造發明專利，不可能一帆風順，必定會伴隨著坎坷、失敗與挫折。諾貝爾等科學家那種鎖定目標鍥而不捨的探索精神，是他們獲得成功的最重要因素之一。

今天，我們在社會變革的途程中，不管進行哪方面的改革創新，都需要繼續和發揚這種不懈探索與努力奮鬥的精神。有的人在工作和學習中，一遇困難與挫折，馬上就打「退堂鼓」，這樣又怎麼能有所發明、有所創造呢？

（2）善於總結

我們常說：「失敗是成功之母。」這句話成為現實是有條件的，即在科學探索、開拓創新中，不僅要有不怕失敗的精神和抗挫折能力，更要有善於從失敗中總結經驗教訓的智慧。吃一塹長一智，認真從失敗中獲取教益，在探索中改進方法，不斷走出失敗、超越失敗，最終才能獲得成功。

（3）堅定信心

探索精神要面對的一個新奇的世界，也是一個充滿風險的地方。如人類對於宇宙的探索，就要冒很大的風險。太空人在火箭發射前，往往有很大的心理壓力。因為火箭發射總是與風險相伴，一旦發射，任何小問題都可能讓太空人失去生命。

比如 1986 年，美國挑戰者號太空梭在升空後 73 秒後因為一個密封圈的故障而爆炸，7 名太空人全部遇難。而發射時產生的超重，對太空人的生理也是一個巨大的考驗。因此，一位太空人必須具有過人的勇氣與自信。

（4）實現理想

遠大的理想和崇高的信念是一切探索者的必備條件。馬克思（Karl Marx）和恩格斯（Friedrich Engels），懷著為人類解放而鬥爭的信念和理想，致力於社會發展規律的研究，發現並揭示了人類社會向前發展的本質因素，創立了馬克思主義。這說明了理想和信念是人類成功的強大驅動力。

（5）認真專注

作為工程師，在火箭發射前，發射中心的每一位工作人員依舊在不倦地檢查每一個細節。因為如果發射後出現問題，就沒有挽回的餘地。

探索就是這樣，必須高度地認真細心，才能把風險降到最低，成功率達到最高。任何一點的失誤，都有可能導致失敗。

我們應該滿懷信心，堅定信念，憑藉自己的勇氣與智慧克服一切艱難險阻，實現遠大的理想。用自己的實際行動來繼承、發揚這一能體現人類最寶貴、最偉大價值的探索精神。

貼心小提示

現在的孩子喜歡發問，愛思考，這對培養孩子的探索精神十分有利。那麼，我們作為家長應該如何有意識地在這方面對自己的孩子加以培養呢？

1. 鼓勵孩子提問題

某教育家盛讚小孩是再大不過的發明家，他提醒家長：「發明千千萬，起點是一問，人力勝天公，只有每事問。」孩子提出的問題，家長不一定全都能回答出來，但可以這麼對孩子說：「這些問題我不知道，不過，我們可以透過努力找出答案。」

2. 滿足孩子自尊心

孩子的發展有很大的可塑性，應盡力滿足他們在知識、能力、判斷力方面的自尊心，不要說孩子是「傻子」、「連這個都不懂」，也不要說「你不懂，讓我來告訴你」，而要在孩子面前表現出自己的謙遜，如：「我想，這個問題你是了解的，請你談一談你的看法。」這樣一來，由於孩子的自尊心得到愛護，他就會盡力探索問題，對什麼問題都會自己尋求答案。

3. 生活中現象

讓孩子在顯微鏡下看看他們的手指甲，他們就會懂得為什麼要堅

持飯前洗手；與其向孩子解釋什麼是發霉，不如讓孩子看看麵包上長的黴菌；如果能帶孩子到博物館或科工館去，不給他規定參觀路線，而是讓孩子帶路，這樣就知道他們最感興趣的是哪些東西。

欣賞孩子的愛好和成就。這是滿足孩子求知欲最重要的一點。孩子的愛好是其心理發展走向的表露。在稱讚自己的孩子時，應注意幾點：

一是稱讚要誠懇，發自內心。

二是要具體而不要抽象籠統。

三是拿捏分寸，不可言過其實。

四是經常採用間接稱讚的方法。

五是稱讚的時機要選擇得當，不可亂發議論，要自然，不要做作。

第四節
勇於行動才能造就成功

　　赫胥黎（Aldous Huxley）有句名言：「人生偉業的建立，不在能知，乃在能行。」設定的目標，如果不付諸行動，便會變成畫餅。

　　俗話說：「心動不如行動。」成功沒有捷徑，想達到自己的目標就要努力去做。所以如果想成為一名成功者，你就應該先學會勇於行動，主動出擊。

1. 認識勇於行動的重要性

　　凡事都需要勇敢的去嘗試。因為有好多時候、有好多事、有好多方法，你不去嘗試，你不去做，你就永遠不知道到底是行還是不行。

　　有想法就得勇敢地去行動，不要總是猶豫不決徘徊在做與不做之間。此時此刻你必須要明確地知道，勇敢的去行動才是你最佳的選擇。

　　你能估計一個人的能力嗎？你相信一個看起來普普通通的人也能創造出奇蹟嗎？如果你相信的話，那你就趕快給自己定一個遠大的目標，趕快地使自己行動起來，勇敢的去行動，不斷地去努力奮鬥，讓你的夢不會只是一場空想。

　　21 世紀是一個講究實戰的時代，它不需要紙上談兵，只需實踐行動。一個人不管他有多大的抱負，多麼遠大的理想，如果他只是觀想而不行動，那麼到最後他所想的一切都幾乎等於白想。

　　凡事都需勇敢地去嘗試，即使失敗了，也沒有什麼大不了的，至少遠遠勝過於那些因為害怕失敗而不敢向前跨進一步，始終原地踏步的人。

　　有些人對指正他人得失十分拿手，對人生的道理也能講得頭頭是道，但光憑一張嘴行動是沒用的。

　　真正的勇者應該是親身投入人生的戰場，即使臉上沾滿汗水與灰塵，也會勇敢地奮戰下去。遇到挫折或錯誤時，他會修正自己重新來過。為了達到自己崇高的目標，他會盡最大努力去爭取，即使未臻理想，他也不會喪氣，因為他知道勇敢嘗試，而後失敗，遠勝於畏首畏尾，原地踏步。

　　機遇對於我們每一個人來說都是平等。當你抱怨上天不給予你機遇時，請你多問一下自己，到底是上天不給予你機遇，還是機遇來了你不去爭取，不去把握或者說是你不敢去爭取罷了。

　　生命就在於奮鬥，行動可以創造出奇蹟，行動可以創就偉業，行動可以逆轉人一生命運。

　　也許今天你的心中抱有很遠大的抱負，但是不管心中抱有多麼遠大的抱負，如果你只想而不行動的話，那麼相信到頭來一切都只不過是你個人的空想罷了。

2.學會勇敢行動的方法

　　如果害羞、猶豫或者悲觀，那麼你的一生可能會過得單調乏味而且不會達到自己的目標。大多數的進步都由那些勇敢的人引導，科學家、政治家、藝術家，他們創造機會，創造成功。所以，如果你想勇敢的勇往直前，這裡有幾種方法教你如何開始。

（1）設想自己勇敢

　　假設你是那種要多勇敢有多勇敢的人，你覺得你會怎麼做呢？如果你認識一些勇敢的人，想像他們怎麼做，如果你不認識那樣的人，想像一下電影或書本裡面那些敢作敢為的角色。

　　每天花一個小時或者一週花一天假裝你是他們。當你要做這些的時候，到那些沒人認識你的地方，而且那些人不會因為你做了不符常規的事

而感到驚訝。透過行動來看會發生些什麼，你也許會發現勇敢之後會發生多麼驚人的事情，你可能會很堅定地將這種勇敢的行為融入你的日常生活中。

（2）勇敢邁第一步

當你感到猶豫時，特別是與人交流的時候，自信一點邁出第一步。下班後問問你認識的人要不要去酒吧喝點東西。告訴他們如果你買到了兩張新上映的電影票，你希望他們跟你一起去。如果一個月前你做過什麼過激的事情，那麼現在請給人家一個認真的擁抱和誠懇地道歉，對那些有魅力的人微笑。

（3）試嘗新的辦法

你做什麼事足以讓那些認識你的人驚訝呢？穿高跟鞋？高空跳傘？勇敢的人不會害怕嘗試新的事情，其中一個原因是，他們在某個領域中是如此地突出，如此地令人震撼，所以人們總是對他們進行猜測。

你可以從小事做起，可以穿一些與平常不同款式和顏色的衣服，去一些你平常不會去的地方。最後，你可能會告訴人家一些關於娛樂的新點子，當你提及這些的時候，會讓別人打開眼界！

（4）尋找你需要的

等待別人發現你的努力，或者期待別人發現你的需求，還不如自己去掌控和尋找。有些人認為索取等於貪婪、自私和無理。

是的，如果你索取的是你不應該得到的東西。但是，如果那些人將應該屬於別人的東西歸為己有，那麼他們是貪婪、自私和無理的。

（5）勇於冒一次險

魯莽與冒險是有所不同的。魯莽的人是不會冒險的，他們甚至想都沒

想過。從另一個方面來說，一個勇敢的人對風險有很強的意識，並且不論如何會想辦法度過危險期，做好準備並自願承擔後果。

想想一名運動員每一天都在冒險。他們輕率嗎？不，那是一種有計劃地冒險。

你也會錯誤地認為，我們都是這樣的。但不行動可能也是一種錯誤，它會導致空虛與後悔。對於很多人來說，冒險與失敗遠比什麼都沒做過好得多。

同樣的，不要把勇敢與好鬥同等。好鬥經常是講你自己的觀點或行為強加在別人身上。勇敢與你周圍的人一點關係都沒有，它用於克服你的恐懼，鼓勵你去行動。

記住，既然你有權利去嘗試新的事情，失敗也同樣有很多機會，因為你缺乏經驗。擁抱失敗，它並不是成功的敵人，它是必要的組成部分。

（6）重新審視自己

最終，勇敢與你發自內心的信仰息息相關。它不等於你做什麼或你是什麼。

如果你不知道你是誰，你就不可能真正的勇敢。開始挖掘你的獨特之處。找出什麼地方能讓你與眾不同，然後將其寫下來貼在你所能看到的地方，關注它並為此愛你自己，不管別人怎麼想，那就是勇敢的精髓。

貼心小提示

你想要你的生活更刺激，精神上和物質上都更充實嗎？可能你需要學會怎樣變得大膽，以下是一些建議！

1、制訂行動計畫

列出你一直想做，但由於一些原因一直沒做的事。假設你總是想

出國旅遊，但編造了很多藉口為什麼你不能這樣做。那麼再接下來的 6 個月至一年的時間裡設定個旅遊的目標。寫下所有你認為你無法做到的理由，然後想出怎樣擊破各個藉口，如果遇到困難，考慮請個教練。

2、多設幾個假設

決定你想要具備哪種新的性格特徵。比如更加外向，找出一些具備這個特徵的人，然後要麼模仿他們，要麼請他們指導你，幫你練習鍛鍊。

比如，向一個陌生人詢問路線或者在商店內哪裡能找到某個物品。改日，在一個聚會上，主動向你想要認識和進行交談的人打招呼。留意當每天採取小行動後自信心怎樣一點一點增強。和一個教練或有責任感的夥伴一起努力，從而當你受傷時能保持正軌而不會倒退。

3、改變你的風格

無論你將透過衣服或髮型來改變新面孔，或是改變說話、走路、行為，或與人打交道的方式，形成你認為是大膽的新風格吧。如果你外表看來非常好並且感覺很自信，那麼你內心的自信感也會增強。

如果你總是穿黑色和白色，考慮往你的衣櫃增加點顏色。如果你說話總是很溫柔緩慢，試著說話更大聲、更快，看看你是否感到更大膽！

4、冒一定的危險

走出你的舒適圈，做一些不像你個性的事。大膽的人都是勇敢的，因此無論你決定跳傘還是買輛車，看看那將感覺多麼的出乎意料。你可能總是會返回到你過去的生活方式中去，但是變得大膽一般意味著拓展自我並放棄過去。

大膽意味著不斷嘗試，可能是去新的地方吃飯度假，或者交一些與你現在生活圈完全不同的人。你不僅會讓你的朋友和家人感到驚奇，同時也會讓你自己感到驚奇。

▶ 第五節
果斷才能避開拖延的深淵

　　拖延是有礙成功的一種惡習，是對生命的浪費，只有果斷幹練，才能避免陷於拖延的深淵。須知，上天總是把機遇送給果斷而行的人。所以，成功需要你改變拖延的惡習，培養果斷的作風。

1.認識果斷的重要性

　　計謀之成，決心之下，速度之快，能使智者來不及進行謀劃，勇者來不及發怒。我們只有達到這樣的堅決果敢，才能穩操勝券。

　　對任何事物的存亡得失不能過分計較和擔憂。如果過分計較和擔憂，那對做任何事情也是不利的。

　　因為一切的事物存亡得失是不隨人的意志而轉移，其發展過程常會出人意料的，所以對於任何事物不能過分患得患失，優柔寡斷，或者前怕狼後怕虎，那就會什麼事情也辦不成功，只有果斷才能提高辦事的效率。

　　做人做事，就要拿出一點果斷來。特別是對於我們思想成熟的成年人而言。假如說，我們做人做事，都是那麼的猶猶豫豫，或是疑神疑鬼的，那麼，我們肯定做不成什麼大事。

　　果斷就要灑脫。如果我們無論做任何事，都能以一種瀟瀟灑灑和灑脫傲然的態度，去面對人生中所遇到的所有風吹雨打、日曬雨淋的話，那麼，我們就一定是個堅強無比的人。

　　果斷就要拿得起，就要放得下。一旦拿起來了，就要懂得如何放得下。拿得起是一種功力，放得下是一種修養。

　　拿起與放下是生命中最重要的修養之一，我們只有果斷清醒地放下應

該放下的，隨和且隨緣地看待人生旅途中遇到的利害得失、禍福變故，接納和融合所遇到的一切，才能騰出生命的空間，享有所擁有的一切。

我們的成功與自己善於抓住有利時機，果斷做出決策休戚相關。不管事情大小，果斷出擊總比怨天尤人、猶豫不決更為有益。

果斷決策，絕不拖延是成功人士的作風；而猶豫不決、優柔寡斷則是平庸之輩的共性。由此可見，不同的態度會產生不同的結果，如果你具備了果斷決策的能力，必然會在殘酷而又激烈的競爭中，創造出輝煌的業績。所以，只要你現在排除猶豫不決的工作態度，果斷採取行動，就能達到你預期的目的，你也會不斷地走向成功。

如果你想養成果斷決策的習慣，就要馬上從今天開始，永遠不要等到明天，強迫自己去練習，切勿猶豫。

2.做到果斷的方法

主意不堅定和優柔寡斷，對於我們來說，實在是一個致命的缺陷。有這種弱點的人，就不可能有堅強的毅力。

那麼我們平時如何做到果斷呢？

（1）做好準備

在你決定某一件事情之前，你應該對各方面的情況有所了解，你應該運用全部的常識和理智慎重地思考，給自己充分的時間去想問題。一旦做好了心理準備，就要果斷決定；一經決定，就不要輕易反悔。

（2）馬上行動

如果發現好的機會，你就必須抓緊時間，馬上採取行動，才不至於貽誤時機。不要對一個問題不停地思考，一會想到這一方面，一會又想到那一方面。你該把你的決定，作為最後不變的決定。這種迅速決斷的習慣養

成以後，你便能產生一種相信自己的自信。如果猶豫、觀望，而不敢決定，機會就會悄然流逝，後悔莫及。

（3）見機行事

還要見機行事，學會果斷應變。當好機會出現時，要勇於抓住時機，扭轉航向。當壞的消息傳到時，要勇於甩手拋棄。在職場能成功的人，就是在面臨決策抉擇時，能夠沉著、客觀、冷靜地分析各種情況並能果斷決策的人。

（4）勇於冒險

有時，在兩難的情況下做出決策確實不容易。但是，不管是對還是錯，你一定要速做決定。因為你必須採取行動。那些害怕做決定的人們，不管是怕老闆指責自己，還是擔心會丟掉工作，或者任何其他能找到的放棄對自己工作的控制權的理由，都得記住，你們在消極地選擇不做決定時，其實已經做出了選擇。與其決定被動地讓工作控制你，不如你做出決定來控制工作。

（5）放開思想

學會在做決定時拋開僵化的是非觀念，那你就會輕而易舉地做出決定。你不應將各種可能的結果看作對的或錯的、好的或壞的，甚至不應該視為更好的或更差的。

各種選擇的結果只是不同而已，沒有對錯的區別。只要你不再採用自我挫敗性的是非標準，你就會意識到，每當你做出不同的決定時，你只是在權衡哪一種結果。

倘若你事後後悔自己的決定，並且了解到後悔是浪費時間，下一次你就會做出不同的決定，以達到你的期望。但是無論如何，你絕不要以「正確」或「錯誤」來形容自己做出的決定。

（6）不怕錯誤

你最好了解到，果斷決策者難免會發生錯誤，但是，這無疑比那些猶豫者做事迅速，猶豫者根本就不敢開始工作。而且，就你由此所得到的自信力，可被他人所依賴的信賴感等來說，要比喪失決策力有價值的多。不做決定，你就會失去了向失敗挑戰的勇氣和決心。

當然，這種在兩難中做出選擇的勇氣必須伴隨著看清問題的敏銳洞察力。如果沒有經過思考，沒有看清問題，只有不顧後果的勇氣，以為即使下錯決定也無所謂，那就很危險了。沒有經過慎重思考就盲目決定的勇氣只不過是匹夫之勇而已。

在事業上為了獲致成功，並沒有什麼十全十美的方式，如果要說有的話，可從拼圖遊戲的經驗中看到，被證明為眾所周知的基本原則有二、三條，具有果斷力就是其中之一。

良機已經出現，我們還在遲疑等待什麼呢？還不趕快出擊！果斷的錯誤勝過遲疑的正確，把我們的眼光放得遠些，做一些別人沒做過的，又不容易成功的事情。

貼心小提示

你是個果斷、幹練的人嗎？面對重要問題，你能迅速做出結論、果斷地拿出解決方案嗎？現在請你以「是」或「否」回答下面問題，請在 8 分鐘之內完成作答。

1. 你能在一個待了多年的職位上，很快地適應與以前有很大變化的新規章、新安排嗎？
2. 到一個新的工作環境中，你能儘快熟悉並融入其中嗎？
3. 假設你對某問題的認識與長官意圖相背，你會直言相告嗎？

4. 如果有一份待遇更好的工作，你能毫不遲疑地放棄現有工作嗎？

5. 工作中出現失誤，你會千方百計地掩飾並拒絕承認是自己的問題嗎？

6. 你能直接說出拒絕某事的目的和原因，而並不試圖以謊話掩蓋真相嗎？

7. 經過深思熟慮之後，你會推翻或改變以前對某些事物的看法和判斷嗎？

8. 在未被允許前，你會以自己的想法修改你正在瀏覽的別人的文章嗎？

9. 你會購買你很喜歡，但對你並沒有實際用處的物品嗎？

10. 在重要人物或長官的勸告下你會改變你的想法或做法嗎？

11. 你是否會在休假到來前的一星期就做好了度假計畫？

12. 你能做到永遠對自己說的話負責嗎？

計分標準

　　以上題目中，1、3、7、12 題回答「是」得 3 分，回答「否」得 0 分；4、6、8 題回答「是」得 2 分，回答「否」得 0 分；2 題回答「是」得 4 分，回答「否」得 0 分；5 題回答「是」得 0 分，回答「否」得 4 分；9 題回答「是」得 0 分，回答「否」得 2 分；10 題回答「是」得 0 分，回答「否」得 3 分；11 題回答「是」得 1 分，回答「否」得 0 分，然後計算總分。

測試結果

　　0 分至 9 分：你很不果斷，遇到任何事你都無法在較短時間內做出判斷，即使你才華橫溢，也難有施展的地方，缺乏魄力成為你為人處世中最大的障礙。

10分至18分：你能夠在一定程度上做出決斷，但極其小心慎重，不過若遇到需馬上決定的大事時，你也不會遲疑，在你身上慎重並不代表猶豫。

19分至28分：你是個十分果斷的人。你在思考問題時，有較強的邏輯性和連貫性，再加上你的經驗，你可以非常迅速地對突發事件做出判斷，並採取有效的解決辦法。你很自信，一旦下定了決心就會堅持到底，但你並不一意孤行，發現錯誤也能及時回頭。

29分以上：你已經果斷到近似武斷了，你認為自己無所不能，唯我獨尊。如果你處在領導位置上，那這樣的做法顯然對你很不利，你急需改變這種工作作風。

▶ 第六節
學會靈活做事才能暢通

平時有不少人在做事的時候，喜歡堅持成見，不懂變通，這就容易導致人們在成功之路上遭受不必要的挫折。所以我們要學會靈活做事，這樣才能路路暢通，讓自己更容易走上成功之路。

1. 認識靈活做事的重要性

固執己見似乎讓人感到個性，但更多時候給人的感覺是頑固不化。我們太固執的人總會自以為是，很輕易地得出一個結論後，就認定是最終真理，如果別人有不同看法，就肯定是他哪裡出問題了。

太固執的人也很容易輕視別人，否定別人。太固執的人常常剛愎自用。三國名將關羽之所以最後敗走麥城，被俘身亡，最大的一個原因就是固執偏激。

太固執的人不易接受新事物。總認為自己的一套是最佳的，對新事物其實根本不了解，但卻煞有介事地說出一大堆憑空想像的局限和不足，儼然像專家。

太固執的人肯定沒有好的人緣。要想改變這種壞脾氣，首先得試著去理解人，試著從別人的角度來考慮問題。抱著一個信條：在不了解一個人或一樣東西之前，別妄下結論。

千萬不要吊死在一棵樹上。做一件事可以有無數種方法，只有一種才是最佳的，而你想到的可能是最差的。

打開腦筋，試著換種方法，你會感覺豁然開朗。有了這種換條路的思考方式，你會發現很多最佳的方法。

聰明人總在想著如何「偷懶」，別人做這件事花了 300 元錢，我能不能少花些；別人做這件事用了兩天，我能不能只用一天半。

很難想像一個只找到一種方法就當寶的人如何去參加奧林匹克數學競賽。辦法是人想出來的，即使你比別人笨一些，只要你多花些時間去想，就可能做得比其他人更好，在別人眼裡，你就是一個聰明人。

當我們發現自己環境不利的時候，那就試著去換一個地方。當你發現手下人不稱職時，就堅決地撤換。當你發現靠每天一封情書向人求愛效果不靈時，就試試一個禮拜不給她寫信。當你發現每天彌勒佛似地和人交往，別人還不領情時，你就試著換張陰陽臉。當你發現對兒子百依百順，但他卻更加無法無天，你就試著狠心些，冷峻些。

總之，發現不通的時候你就得變，而發現行得通時，你也得把想法變著更行得通。要想成功，就得時時刻刻想著：「是不是可以換種方法。」

2 . 提高靈活做事能力的方法

整個世界都處於變化之中，我們做事的時候也要懂得隨機應變，這樣才能把握機會，逢凶化吉，轉難為易。若不知道應變，則往往會碰得鼻青臉腫、頭破血流。

我們該如何提高自己靈活做事的能力呢？

(1) 克服固執

固執的人，絕大多數都是一些思想狹隘、看問題片面者；絕大多數都不願意多活動、多做工作，終日懶洋洋。

固執的人，絕大多數是頑固的人。這與為達到目的而「百折不撓」、「堅持到底」的精神有本質的區別。

要知道，固執既不是頑強的表現，也不是自信的象徵。它對人際交往是有害無益的。

因固執可造成朋友分手、夫妻不和、父子反目，如果不及時克服，久而久之還會發展成「偏執狂」。

另外，固執者不惜一切代價所要達到的目的，往往在客觀上是不正確的、不合理的，因此，非常荒唐可笑。應積極克服固執觀念，促進身心健康。

克服固執心理，要加強學習，提高修養。豐富的知識能使人聰明，思路開闊，遇事不致陷入教條和陳俗陋習之中。

（2）學會尊重

還應該注意越有知識越要謙虛，越應該尊敬、信任別人。要嚴以律己，寬以待人。不要過於欣賞自己的成績，議論別人之不足。不要計較微不足道的小事。

（3）情趣高尚

我們要克服虛榮心，培養高尚的情趣。因為誰都會有缺點和錯誤，我們當然也不例外。這是客觀事實，我們不要隱瞞和掩飾，要勇於承認錯誤。這樣不僅不會降低威信，相反會提高威信。更不要誇誇其談，不懂裝懂。

（4）自我調控

我們要加強自我調控，善於克制自己。自己的牴觸情緒、無禮的言行和慾望要善於自我控制、自我解嘲、下臺階，不要頑固堅持自己的觀點。

（5）接觸事物

養成善於接受新事物的習慣。固執常與思想狹隘、不喜歡接受新事物等有關。因此，不斷學習新知，接觸新人新事，可幫助克服固執心理。

（6）勤於實踐

我們平時可以多參加富有挑戰性的活動，在實踐活動中，自然會遇到各種各樣的問題和實際困難，努力去解決問題和克服困難的過程，就是增強人的應變能力的過程。

（7）擴大交往

擴大個人的交往範圍，無論家庭、學校還是小團體，都是社會的一個縮影，在這些相對較小的範圍內，我們會遇到各種依靠應變能力才能解決的問題。因此，只有首先學會應變各種各樣的人，才能推而廣之，應付各種複雜環境。

只有提高自己在較小範圍內的應變能力，才能推而廣之，應付更為複雜的社會的問題。實際上，擴大自己的交往範圍，也是一個不斷提高應變能力的過程。

我們要多與勤奮好學、謙虛謹慎、品德優良、靈活性強、隨和的人交往，少與固執的人交往，以防互相影響，使雙方變得更加固執。

（8）保持冷靜

加強自身的修養，應變能力高的人往往能在複雜的環境中沉著應戰，而不是緊張和莽撞從事。在工作、學習和日常生活中，遇事冷靜，學會自我檢查、自我監督、自我鼓勵，有助於培養良好的應變能力。

（9）克服壞習慣

假如我們遇事總是遲疑不決、優柔寡斷，就要主動地鍛鍊自己分析問題的能力，迅速做出決定。假如我們總是因循守舊，半途而廢，那就要從小事做起，努力控制自己，改變不良習慣。

貼心小提示

　　你做事的時候是靈活還是固執呢？現在我們一起來做一個檢測吧！請你做以下試題，每題只能一個選擇，然後根據括號內的分數累加起來，看看總分是多少，就能大致了解你的應變能力。

1. 你騎車闖紅燈，被警察叫住；後者知道你急著要趕路，卻故意拖延時間，這時你怎麼辦？

　　(1) 急得滿頭大汗，不知怎麼辦才好。

　　(2) 十分友好地、平靜地向警察道歉。

　　(3) 聽之任之，不做任何解釋。

2. 在朋友的婚禮上，你未料到會被邀請發言，在毫無準備的情況下，你怎麼辦？

　　(1) 雙手發抖，結結巴巴說不出話來。

　　(2) 感到很榮幸，簡短地講幾句。

　　(3) 很平淡地謝絕了。

3. 你在餐館剛用過餐，服務員來結帳，你忽然發現身上帶的錢不夠，此刻，你會怎麼辦？

　　(1) 感到很窘迫，臉發紅。

　　(2) 自嘲一下，馬上對服務員實話實說。

　　(3) 在身上東摸西摸，拖延時間。

4. 假如你乘坐公車時忘了買票，被人查到，你的反應是怎麼辦？

　　(1) 尷尬，出冷汗。

　　(2) 冷靜，不慌不忙，接受處理。

　　(3) 強作微笑。

5. 你獨自一人被關在電梯內出不來，你會怎麼辦？

　　(1) 臉色發白，恐慌不安。

　　(2) 想方設法自己出去。

　　(3) 耐心地等待救援。

6. 有人像老朋友似的向你打招呼，但你一點也記不起對方是誰，此時你怎麼辦？

　　(1) 裝作沒聽見似的不答理。

　　(2) 直率地承認自己記不起來了。

　　(3) 朝對方瞪瞪眼，一言不發。

7. 你從超市裡走出來，忽然意識到你拿著忘記付款的商品，此時一個很像保全的人朝你走過來，你會怎麼辦？

　　(1) 心怦怦跳，驚慌不斷。

　　(2) 誠實、友好地主動向他解釋。

　　(3) 迅速回轉身去付款。

8. 假設你從國外回來，行李中攜帶了超過規定的菸酒數量，海關官員要求你打開提箱檢查，這時你會怎麼辦？

　　(1) 感到害怕，兩手發抖。

　　(2) 泰然自若，聽憑檢查。

　　(3) 與海關官員爭辯，拒絕檢查。

　　現在我們開始計算一下你的分數吧！選第一種答案得 0 分，選第二種答案得 5 分，選第三種答案得 2 分。

測試結果：

　　0 分至 25 分，說明你承受壓力的能力比較差，很容易失去心理平衡，變得窘促不安，甚至驚慌失措。

25 分至 32 分，說明你的心態較好，性情還算比較穩定，遇事一般不會十分驚慌，但有時往往採取消極應付的態度。

32 分至 40 分，說明你的心態很好，幾乎沒有令你感到尷尬的事，儘管偶爾會失去控制，但你的應變能力很強，是一個能經常保持鎮靜、從容不迫的人。

▶ 第七節
冒險不等於莽撞和失控

　　冒險，曾經是一個不怎麼光彩的名詞。頭腦簡單者，曾給這個詞添上魯莽的色彩；其實，冒險絕不等於莽撞和失控，冒險和成功常常是相伴的。縱觀歷史，我們就會發現：如果缺乏這種心理意識，就會失去許多機遇並很難獲得成功。

1.認識冒險精神的真實意義

　　回眸人類嬗變演進的歷程，如果我們的祖先沒有冒險和想像，沒有勇於創新和勇於犧牲的博大胸臆和壯麗情懷，人類就不會用獨木舟去衝浪大海，去探索大洋對岸的無窮奧祕。

　　人類的好奇，產生冒險的衝動；人類的冒險，點燃了文明的火炬。

　　冒險，並不僅僅在於大自然的海洋與山脈、沙漠與沼澤間，更蘊含在人口密集的城市裡。

　　首先我們要分辨一下，什麼叫冒險精神？

　　從當今社會視角來看，冒險已是人類的進化與活力的象徵。近年來，自然科學和社會科學的發展，特別是人類對自身的認識有著前所未有的突破與深化，科學家和社會學家、心理學家們幾乎達到了前所未有的共識：

　　人與動物的區別，不僅僅在於有沒有夢想，更重要的是創造和自覺，有冒險天性和超越自我的能力！

　　冒險不等於莽撞和失控。21世紀的人們，更注重科學性、規律性和創造性。

我們反對一切不講科學、違反規律，無視教訓、危害生命的冒險。倡導在科學思維上建構與壯大的冒險精神。

這種精神必須給人以尊嚴，善待生命，這是不可動搖的前提。

否則，所謂冒險精神，便成了一種變態恐怖和自我毀滅的思想基礎。所以現代人的冒險精神，也是文明進程的正向推動，在現代城市中，冒險是成功者的利器，是文明集體不可缺乏的活力資源。

冒險在現代社會中，同時包含著一種道德觀念和生活態度。在 80 億人口共存的地球上，充斥著各種意識形態和生活需求的競爭。敢不敢去冒險，敢不敢於風險中從容應對、險中取勝，已成為現代人的必要答題。

然而，隨著時代的發展和社會的變革，我們青少年集體中那種勇於冒險、勇於奉獻的精神持續弱化。為什麼呢？

無非是因為獨生子女的性格特徵作祟、市場經濟的價值變化、物質生活的日益優厚、社會環境的日趨穩定，這些使冒險精神減弱了。

當社會需要我們的年輕人以挑戰者的姿態積極迎受風險、應對突變、善於脫圍、勇於犧牲時，恰恰是因為缺乏勇敢冒險的精神，而使社會上的怪現象屢屢發生。

冒險精神不可忘，城市活力需要它！我們當然應該正視風險，又善於化解風險，勇於搏擊風險，又能聰明地避開風險。讓我們高歌一曲「大自然沒有壞天氣，風霜雪雨都是太陽的賜予」，我們會生活得更快樂、更坦蕩、更堅強、更精彩。

2.培養冒險精神的方法

具有冒險精神就是要大膽、勇敢、不懼怕、自信和自我肯定。冒險精神增加了我們生活的勇氣和信心，增加了我們對於成功的體驗。

我們該如何讓自己具有冒險精神呢？

（1）樹立自信

自信自立是我們增強冒險精神的前提。要知道，每增加一分自信，我們就會多一分冒險的勇氣。特別是在恐懼面前，我們要多想克敵制勝的長處，多回憶自己努力後成功的事例，這樣就能勇敢地前進。

（2）勤奮苦練

我們要時刻牢記，冒險精神不是魯莽從事，否則那只會是自取滅亡。我們要注意在日常訓練中要對疑慮不解的問題耐心地找出正確答案，變疑慮為了解，增強制勝心理，從而做到成功地冒險。

當我們知識完備的時候，冒險的時候心理也就有了底，也才能最大程度發揮出自己的潛能。否則心裡沒有底，又怎麼會勇敢地冒險呢？

因此努力學習吧！學無止境，知識會給你力量和勇氣的。

（3）學習他人

榜樣的力量是無窮的，我們要善於用英雄人物勇敢無畏的精神激勵自己的勇氣，相信世界上沒有征服不了的困難，沒有克服不了的恐懼，從而在平時的訓練和生活中勇敢地面對恐懼，戰勝恐懼。

（4）心底無私

無私才能無畏，我們不能總是都以自己的利益為出發點，那樣不可能無畏。英雄犧牲奉獻時，若是想到自己的生命會失去太不划算，那他還能捨生取義嗎？

（5）磨練性格

性格堅強的人才會勇敢，所以我們平時要注意在艱苦的環境下磨練自己的性格，學會吃苦耐勞，不能自己嬌慣自己，有時需要咬牙堅持。

（6）道德修養

要注意培養我們的社會公德意識和正義感，是非分明、愛憎分明，明白哪些事情是值得自己出力出汗甚至獻身的，那些事情是不值得那樣做的。

這樣你的冒險精神才會用到正確地方，才能為正義、為社會、為大眾激發出勇氣，並大膽投入。

貼心小提示

你是一個勇於冒險的人嗎？現在我們來一起做一個測試吧！看看你的冒險精神有多強！

回答問題時，除了已經指出的條件，你不必考慮可能影響做出決定的具體環境和細節。

每個問題有可供選擇的五種答案，分別為「是」、「傾向於是」、「不知可否」、「傾向於否」、「否」，請從中任選一個。

第一題：電梯的載重量只限 6 個人，你敢和另外 7 個人坐這個電梯嗎？

第二題：驚馬狂奔，你敢抓住牠的韁繩嗎？

第三題：假如馴獸師事先告訴你保證安全，你敢和他一道進入關著獅子的鐵籠嗎？

第四題：外出旅行，駕駛汽車的是你熟悉的司機，不久前他出過嚴重的車禍，你敢坐他的車嗎？

第五題：上司告訴你裸露的高壓電線裡沒有電流，並吩咐你用手去觸摸它，你敢這樣做嗎？

第六題：河裡流水非常寒冷，你敢第一個下水泳渡嗎？

第七題：在時速 100 公里的火車上，你敢立在車廂門口的踏板上嗎？

第八題：聽過幾次駕駛直升飛機的技術講座，你認為你有把握駕機飛行嗎？

第九題：久病臥床需動手術，而手術有生命危險，你同意這樣治療嗎？

第十題：沒有經過訓練，你敢駕駛帆船嗎？

第十一題：站在 10 公尺高的樓房上，下面是張開的消防救護帆布大篷，你敢往下縱身一跳嗎？

第十二題：在有專門技術的工人帶領下，你敢爬到工廠裡高大的煙囪上去嗎？

現在我們來計算一下自己的分數吧！

選「是」得 5 分，選「傾向於是」得 4 分，選「不知可否」得 3 分，選「傾向於否」得 2 分，選「否」得 1 分。

你得了多少分呢？

假如你的答案累計分數在 50 分以上，那麼你就是一個敢冒風險的人。假如累計分數在 25 分以下，說明你過於謹慎，不敢冒險啊！

第四章
自信與自強的心理作為

自信即是肯定自己，自強即是設法讓自己變得日益強大。擁有自信，才能實現自強，才能走向成功的巔峰。因此，自信是萬事成功的基礎。

一件事情是否能夠成功，關鍵要看做事者對其可能與不可能的認識。即便你才智平庸，只要你有堅強的自信為後盾，你一樣可以成為百花園裡的一朵奇葩；如果你缺乏自信與自強，即使有再高的天分、再強的能力，成功對你來說也只是湖面上的那輪明月。

可以說，自信在我們取得成功的過程中起著至關重要的作用。朋友，讓我們成為時代的潮流，滿懷信心地向著輝煌的未來遠航吧！

▶ 第一節
自信是成功的第一祕訣

　　愛默生（Ralph Emerson）說：「自信是成功的第一祕訣。」一個人只有使自己自卑的心靈自信起來，彎曲的身軀才能挺直。有道是，心態決定一切，你的態度不僅決定著每一件具體事情的結果，更決定你將面臨一個什麼樣的命運。只有擁抱自信，成功才真正屬於你。

1.認識自信的重要意義

　　在社交中，我們許多人缺乏自信心。我們孤獨、離群、壓抑自信心和榮譽感，當我們受到周圍人們的輕視、嘲笑或侮辱時，我們更加沒有自信，甚至以畸形的形式，如嫉妒、暴怒、自欺欺人的方式來表現自己的自卑心理。

　　我們要學會自信，自信就是我們自己信得過自己，自己看得起自己。別人看得起自己，不如我們自己看得起自己。

　　我們常常把自信比作發揮能動性的燃料、啟動聰明才智的馬達，這是很有道理的。我們要確立自信心，就要正確的評價自己，發現自己的長處，肯定自己的能力。

　　如果我們只看到自己的短處，似乎是謙虛，實際上是自卑心理在作怪。尺有所短，寸有所長，我們每一個人都是平等的，只是分工不同。

　　我們每個人都有自己的長處和優點，並以己之長比人之短，就能激發自信心。我們要學會欣賞自己、表揚自己，把自己的優點、長處、成績、滿意的事情，通通找出來，在心中炫耀一番，反覆刺激和暗示自己。

　　當然自信不是讓我們孤芳自賞，也不是讓我們夜郎自大，更不是讓我

們得意忘形，而是激勵我們自己奮發進取的一種心理特質，是以高昂的鬥志、充沛的精力，迎接生活挑戰的一種樂觀情緒，是戰勝自己、告別自卑，擺脫煩惱的一種靈丹妙藥。

願我的朋友們充滿自信去面對生活，面對一切困難，面對新的挑戰，創造自己美好的明天。

2.提高自信的方法

我們要請記住一句話：「沒有永遠的困難，也沒有解決不了的困難，只是解決時間的長短而已。」困難與人生相比，它只不過是一種顏料，一種為人生增添色彩的顏料而已。

當你遇到困難的時候，不要逃避問題或是借酒澆愁，只要你對自己有信心的話，那麼什麼困難都難不倒你的。

那我們如何才能提高自己的自信心呢？

（1）克服自卑

我們首先要克服自卑的心理，才可能樹立自信心。別人能做到，我們也可以，大家都是人，都有一個腦袋、兩隻手，智力都差不多，只要努力，方法得當，那麼什麼事都能辦到的。

我們應該正確分析自己的自卑感形成的原因，然後對症治療。如果是家庭環境造成的，我們就應該告訴自己，長輩的挫折不能傳遞給我們。作為一個正直的人，應該開拓新的人生道路，而不應該總是心灰意冷地龜縮在長輩們留下的陰影裡哆嗦。

如果是因為父母錯誤的教育方式造成的，你就應該樹立起自信心，透過自己的努力和勤奮證明自己與別人一樣，有頭腦、能幹，可以像別人一樣取得成功。

（2）認清原因

　　你為什麼沒有自信心？是不是總覺得有人在背後責罵你？總是對什麼事情感到羞恥？找到這些使自己不自信的來源，給它們一個稱號，認識它。將這些來源告訴給朋友和愛人，大膽地表達出來。對別人說出來是對自己勇氣的提高，同時也可以獲取他們的幫助，找到問題的根源。

（3）認清自己

　　為什麼要沉迷於自己失敗的一面呢？沒有一個人是完美的，但是每個人都有自己優秀的地方。為你擁有的特長和優點感到自豪，畢竟自己還是挺厲害的嘛！

（4）朋友幫助

　　我們要有意識地選擇與那些性格開朗、樂觀、熱情、善良、尊重和關心別人的人進行交往。在交往過程中，你的注意力會被他人所吸引，會感受到他人的喜怒哀樂，跳出個人心理活動的小圈子，心情也會變得開朗起來，同時在交往中，能多方位地認識他人和自己，透過有意識的比較，可以正確認識自己，調整自我評價，提高自信心。

（5）暗示自己

　　我們要不斷提高對自我的評價，對自己做全面正確的分析，多看看自己的長處，多想想成功的經歷，並且不斷進行自我暗示，自我激勵：「我一定會成功的」、「人家能做的，我也能做到，也不比他們差」等，經過一段時間鍛鍊，自卑心理會被逐步克服。

（6）體驗成功

　　我們要想辦法不斷增加自己成功的體驗，尋找一些力所能及的事情作為起點，努力獲取成功。如果第一次行動成功，使自己增加了自信心，然

後再照此辦理，獲取一次次的成功，隨著成功體驗的累積，你的自卑心理就會被自信所取代。

（7）昂首挺胸

遇到挫折而氣餒後，常常垂頭是失敗的表現，是沒有力量的表現，是喪失信心的表現。成功的人、得意的人、獲得勝利的人總是昂首挺胸，意氣風發。昂首挺胸是我們富有力量的表現，是自信的表現。

（8）行走有力

心理學家告訴我們，懶惰的姿勢和緩慢步伐，能滋長人的消極思想，而改變走路的姿勢和速度可以改變心態。平時你從未意識到這一點吧？從現在你就試試看！

（9）坐在前面

坐在前面能建立我們的信心，因為敢為人先、敢上人前，勇於將自己置於眾目睽睽之下，就必須有足夠的勇氣和膽量。久之，我們的這種行為就成了習慣，自卑也就在潛移默化中變為自信。

另外，坐在顯眼的位置，就會放大我們在長官及老師視野中的比例，增強反覆出現的頻率，造成強化自己的作用。把這當作一個規則試試看，從現在開始就盡量往前坐。雖然坐前面會比較顯眼，但要記住，有關成功的一切都是顯眼的。

（10）正視別人

心理學家告訴我們，不正視別人，意味著自卑。正視別人則表露出的是誠實和自信。同時，與人講話看著別人的眼睛也是一種禮貌的表現。

（11）當眾發言

當眾發言是我們克服羞怯心理、增強人的自信心、提升熱忱的有效突

破口。這種辦法可以說是克服自卑的最有效的辦法。

想一想，你的自卑心理是否多次發生在這樣的情況下？你應明白，當眾發言，誰都會害怕，只是程度不同而已。所以你不要放過每次當眾發言的機會。

（12）善於表現

心理學家告訴我們，有關成功的一切都是顯眼的。試著在你乘坐地鐵或公車時，在較空的車廂裡來回走走，或是當步入會場時有意從前排穿過。並選前排的座位坐下，以此來鍛鍊自己。

（13）保持笑容

沒有信心的人，經常眼神呆滯、愁眉苦臉；而我們雄心勃勃的人，則眼睛總是閃閃發亮、滿面春風。

我們人的面部表情與人的內心體驗是一致的。笑是快樂的表現。笑能使我們產生信心和力量，笑能使我們心情舒暢、精神振奮，笑能使我們忘記憂愁、擺脫煩惱。

學會笑，學會微笑，學會在受挫折時笑得出來，就會提高我們的自信心。

對著鏡子笑一笑，人生是積極的。給自己一個笑臉，不要對生活感到憐憫，也不要厭惡或者輕視自己。常常對鏡子笑一笑，讓你感到更快樂更自信。

（14）展示自己

展現自己優秀的一面。讓別人認可你，讓他們覺得你很厲害，你的自信就會慢慢提升的，所以去展現你自己的才藝和優點。朝著自己熱情的方向前進，多培養一些愛好，多交一些良友，讓你變得自信滿滿。

（15）設定目標

設定一個目標，貫注信念，專注其中。並且做好充分的準備，這樣更容易讓你達到目標。要經常鼓勵自己，因為你就要成功了！

（16）不怕失敗

只有弱小的自卑者才會盯著自己的失敗和缺點不放手，他們逃避現實，不敢自我肯定。有句名言說：「現實中的恐懼，遠比不上想像中的恐懼那麼可怕。」所以勇於面對挑戰，鼓氣勇氣，多試幾次，你的自信心就會慢慢高漲起來。

（17）制訂規則

給自己一點壓力，制訂一些規則，遵守這些規則。在參加生存訓練時，就這麼對自己說：「不管怎麼樣的活動，我全部都要嘗試一遍。」結果可想而知，不僅享受了其中的樂趣，還提高了自己的自信心。所以為自己訂下規則，遵守規則和自我信賴，隨著時間的推移你的信心就會成為你的勇氣和力量。

貼心小提示

朋友們，我們人人都能忍受災難和不幸，並能戰勝它們。也許你現在還不相信自己能辦到，可現在讓我告訴你怎麼做吧！

首先對自己抱有希望。如果你連使自己改變的信心都沒有，那就不要再向下看了！

表現得好像自信十足，這會使你勇敢一些。想像你的身體已接受挑戰，顯示自己並不是全然的害怕。

停下來想一想，別人也曾面對沮喪和困難，卻克服了它們；別人既然能做到，當然你也能。只有想不到的事情，沒有做不成的事情。

我們大多數人所擁有的自信，遠比我們想像的更多。

克服侷促不安與羞怯的最佳方法，是對別人感興趣，並且想著他們。然後膽怯便會奇蹟般消失。為別人做點事情，舉止友好，你便會得到驚喜的回報。

只有一個人能治療你的羞澀不安，那便是你自己。沒有什麼方法比「忘我」更好。當你感覺膽怯、害羞和侷促不安時，立刻把心思放在別的事情上。如果你正在演講，那麼除了講題，一切都忘了吧！切莫在意別人對你和你的演講如何看。忘記自己，繼續你的演講。

只要下定決心，就能克服任何恐懼。因為請記住：除了在腦海中，恐懼無處藏身。害怕時，把心思放在必須做的事情上。如果充分準備，便不會害怕。

▶ 第二節
積極的心態使人心想事成

　　心態是一股強大的力量，決定著人的情緒和意志，決定著行為和品性。我們每天生活在自己的情緒之中，千萬不要小看其中那些積極的情緒，它會在無意中給我們帶來意想不到的結果。可以說，擁有積極的心態是人們邁向理想與成功之路不可或缺的要素。

1.了解積極心態的重要性

　　有兩個人從鐵窗朝外望去，一個人看到的是滿地泥濘，另一個人看到的卻是滿天繁星。能看到每件事情的好的一面，並養成一種習慣，還真是千金不換的珍寶。

　　每天，我們都可以看到世界上到處充滿了生活態度消極的人。抱怨和以自我為中心遍布各地。確實，生活並不是對每個人都很完美，但抱怨實際上沒有任何作用。有些人說在抱怨後會感覺舒服些，真的如此嗎？

　　事實並非如此，至少我是這樣，往往覺得更糟糕！每當發洩完情緒後，都會在幾分鐘後感覺更糟。儘管會有短暫的良好感覺，但必須有更好的辦法來解決不滿情緒。

　　實際上，生活是否快樂，很大程度上取決於我們看事情的態度。忽視不好的事情，反而會保持眼睛發亮。總是處於一種消極生活態度，不會出現好事情。我們只有每天專注於積極事情，保持積極心態才會過上幸福生活。

　　積極的心態，包含觸及內心的每件事情：榮譽、自尊、憐憫、公正、勇氣與愛。

　　積極的人在每一次憂患中都看到一個機會，而消極的人則在每個機會都看到某種憂患。

　　你改變不了事實，但你可以改變態度；你改變不了過去，但你可以改變現在；你無法控制他人，但你可以掌握自己；你無法預知明天，但你可以把握今天；你不可能樣樣順利，但你可以事事順心；你無法延伸生命的長度，但你可以決定生命的寬度；你無法左右天氣，但你可以改變心情；你無法選擇容貌，但你可以展現笑容。

　　積極的人像太陽，走到哪裡哪裡亮，消極的人像月亮，初一十五不一樣。快樂的鑰匙一定要放在自己手裡，一個心靈成熟的人不僅能夠自得其樂，而且，還能將自己的快樂與幸福感染周圍更多的生命。

　　人生之中，無論面對什麼，我們都要相信願望會實現，有了這樣的信仰，每天就能保持一顆開朗的心，用笑容去迎接每一天！世上沒有幸福和不幸，有的只是境況的比較，唯有經歷苦難的人才能感受到無上的幸福。必須經歷過死亡才能感受到生的歡樂。永遠不要忘記，直至上帝向人揭示出未來之日，人類全部智慧就包含在兩個詞中：等待和希望。

2. 認識積極心態的種類

　　據統計分析，我們積極的情緒和心態可分為幾大類，如熱情、毅力、快樂、奉獻、愛等。

（1）熱情

　　熱情是我們做事情必須擁有的心態。熱情的存在會讓我們的生活變得多姿多彩，因為它們具有偉大的力量，能將困難轉化為機會，也能鼓動我們以更快的步伐邁向我們的目標，更能給我們巨大的動力來面對接踵而至的坎坷。因此培養一個人的熱情比培養其他的技能還要重要。

我們可以用我們的表情來培養我們的熱情。比如說講話要有力，目光盡量放得長遠一些，以更大的決心去追求自己的人生目標。我們不能得過且過，採取一種混日子的方式來對待生活和工作。如果大家都做一天和尚敲一天鐘的話，世界將會是一片荒涼的沙漠。

（2）毅力

在這個世界，不管做什麼事情，都不是一帆風順的，如果沒有毅力，就不可能有值得讓人們懷念的事跡，也就根本沒有成功可言。毅力是我們在面對困難、失敗甚至是誘惑時的一種態度。

如果我們想做一番事業，即便是做一件很小的事情，想把它做到底的話，也得依靠毅力來支撐整個過程。

而單單依靠一時的熱情是不可能完成的，就如同蜘蛛結網一樣，需要一步一步的努力把絲線拉到對面的屋簷上，更需要一次次重複這種動作的毅力，因為那是我們產生動力的源頭，它能把我們推向我們想追求的目標。

（3）信心

我們所需要的信心並不是一時的頭腦發熱，更不是一種無謂的衝動，而是一種不輕易動搖的信心。這才是我們每個人所嚮往的，因為我們都懂得，打敗自己的人往往不是對手，而是我們自己。所謂的成功者也不是真的身懷絕技，而是善於發現自己的長處與優勢，在適當的時候保持良好的自信心。

（4）快樂

這種快樂不是表面的快樂而是內心的快樂。它不僅要求在外表有所表現，更要在心理上保持這種快樂的心情。這種快樂不僅在臉上，更要在心

裡。能對人生充滿希望，也能給周圍的人帶來同樣的快樂。不管命運有多少坎坷，我們總能保持最好的心態去面對，也就能一直保持微笑的面孔出現在每一天的生活中。

當然在有收穫或者是幸福的時候，我們能知足也是一種快樂。即便是粗茶淡飯，即便是茅屋石頭床，只要能有這種感恩的心態，那麼我們永遠都是幸福而快樂的。

（5）奉獻

如果我們想要得到周圍人的肯定，那唯一能做的就是對周圍人有所幫助，對這個社會有所貢獻。即便是小小的舉手投足之勞，只要能表示你作為社會的一分子的奉獻，也就足夠了。

培養每天說一些、做一些使他人感到舒服的話或事，也可以利用電話、明信片等一些媒介表達一下。對身邊的親人、朋友來一個和悅的微笑，做一個善意的動作，他們感到幸福，你也無比溫馨。你的奉獻就是大家的快樂。

只要我們堅持日行一善，即便是掃掃地也可以肯定我們的自我價值。如果我們所做的事情，不僅能豐富我們自己的人生，同時還可以幫助別人，那種心情是再好不過的了。

人生的祕訣就在於奉獻，不管是奉獻給路人、家人，還是整個社會的人。獨善其身並兼濟天下才是人生真正的意義，這種精神不是金錢、名譽、誇獎所能比擬的。這種人生觀是無價的，也是人人所敬佩的。

（6）愛心

愛是世界上最偉大的感情，任何邪惡的東西遇到愛，都會像冰雪遇到火焰一樣很快消融。

如果我們能保持愛心，那日後我們將變成世界上最有影響力的人之一。如果我們想要在事業上有所成就，絕對不能是一個冷冰冰的人。

缺乏愛心，甚至暴虐殘忍，這樣會讓我們的事業處處碰壁，歷史上很多殘暴的人物已經無數次地上演了功虧一簣的悲劇，原因僅僅是沒有愛心。

我們應該承認，愛是我們生理和心理疾病的最佳藥物，它不僅會改變並且能調適我們體內的生理激素，有助於我們表現出積極的心態。愛也會在無形中擴展我們的包容力。因此接受愛的最好方法就是付出我們自己的愛。

（7）感恩

感恩是一切情緒中最具威力的情緒之一。它往往以一種愛的形式來表現，一個擁有積極心態的人常常透過他的思想和行動，主動表達出自己的感恩之情。包括上天恩賜給他的、人們給予他的、人生所經歷的一切，並且在感恩的同時珍惜生命，善待他人。

感恩在愉悅我們心情的同時，能讓我們感到知足。不管是別人給予了我們什麼幫助，我們都要去感恩，即便是小小的一個微笑，我們也應該懂得去回報。這樣，人生的意義就會很豐富，生活也就變得五彩斑斕。

（8）好奇

如果我們想在事業上永遠成功，那麼在這個追求的路上，必然少不了好奇心。如果我們真心希望人生能夠不斷成長，那麼在我們的人生中必然少不了好奇心，猶如孩子一般天真的好奇心，也正是因為孩子有這樣天真的好奇心，所以孩子眼裡的世界永遠都是美好的。

一個有著積極心態的人絕對缺少不了好奇心，因為健康的好奇心會幫助我們消除無知，更可以改變一個人的思維模式，達到「柳暗花明又一

村」的效果。往往成功的契機就隱藏在這裡。因此一個想要成功的人，好奇心必不可少。

（9）彈性

彈性是指我們為人做事不死板，要懂得為自己留有餘地。因為要保證任何事情能夠成功，保持彈性的做事方法是絕對必要的。彈性的生活會讓人感到快樂。

畢竟在我們的人生中，有很多事情都是無法預測的，甚至所發生的事情都是無法控制的。這時就需要這種彈性的存在，蘆葦就是因為彎下了腰，所以才能在狂風肆虐中生存下來。

（10）活力

活力不僅僅表現的是行動的敏捷、身體的健康，更重要的是一種心理的青春與朝氣。我們有活力的人，不管年紀有多大，甚至是耄耋之年，也能和年輕人一樣，表現得很有青春活力。

保持一副朝氣蓬勃的樣子，不僅僅是身體的硬朗，更是一種情緒的積極。我們的一切情緒對身體的健康都有很大關係。

要保持一種有活力的狀態，運動是比較直接的方法，也是比較有成效的方法。因此使自己多多活動以保持自己的健康狀態，畢竟生理上的疾病很容易造成心理上的失調，你的身體和你的思想一樣保持活動，以維持積極的行動。

3. 培養積極心態的方法

積極的人生態度，是邁向美滿成功的跳板。人生的方向是由態度來決定的。積極心態對於我們的成功非常重要，可是我們該如何培養積極的人生態度呢？

（1）心情愉悅

早晨起床後，就要決心過愉快的一天，下決心不要為瑣事煩心，必須提醒自己記住情緒的力量非常大。如果在愉快、積極的氣氛中醒來，加上潛意識的作用，一天的心情都會感到舒暢。若因無謂的事而煩惱、不愉快時，應趕緊注意糾正。

（2）心胸寬廣

走路時，不要兩眼看著地面，應該抬頭挺胸，昂首闊步，絕不可妄自菲薄。要祛除孤立的心態，毅然鑽出象牙塔，和外界打成一片，這樣就會看到充滿幸福、親切、愛情、希望的美好事物。這時你會發現，在汙穢的街上居然長著一棵漂亮的樹，街角的修鞋匠雄心勃勃、充滿希望，即使老找你麻煩的上司也有他好的一面，萬事都顯得那麼美好。

（3）主動進攻

振作精神，不要做沒辦法的人。無論怎麼困難的工作，都應認真思考解決的辦法，不可推拖敷衍，不可怕麻煩，不要把時間浪費在無謂的擔憂上，不要替自己找尋藉口。要知道，成功的哲學在於天下無難事。

（4）接受批評

假如無意中做了傻事，沒有必要因此捶胸頓足，不要氣餒。事情沒做好，用不著找藉口，這樣做並不能改變事實，而應力求下一次把事情做得更好。為此應該接受別人善意的批評，把它看成一種激勵的力量，不應心存芥蒂，產生牴觸情緒。

（5）與人為善

不要故意給人難堪，不可對人吹毛求疵，而應處處與人為善，否則別人也會給你臉色看。應去發現別人的優點，多替人著想。聖賢曾說：「與

其因懷疑而招致誤會，不如沒有疑心而被騙。」相信別人，別人也會相信你。

（6）結交良友

人往往在不知不覺中，受到別人的影響。擇友務必慎重，最應該交的朋友是有幹勁、態度樂觀爽朗、處事練達的人。

貼心小提示

你的心態是不是足夠積極呢？現在我們來做一個測試吧！請你用「是」、「否」來回答下列問題，並在最後計算分數。

1. 一旦你下了決心，即使沒有人贊同，你仍然會堅持做到底嗎？
2. 如果店員的服務態度不好，你會告訴他們經理嗎？
3. 你不常欣賞自己的照片嗎？
4. 別人批評你，你會覺得難過嗎？
5. 你很少對人說出你真正的意見嗎？
6. 對別人的讚美，你持懷疑的態度嗎？
7. 你總是覺得自己比別人差嗎？
8. 你對自己的外表滿意嗎？
9. 你認為自己的能力比別人強嗎？
10. 你是個受歡迎的人嗎？
11. 你有幽默感嗎？
12. 危急時，你很冷靜嗎？
13. 你與別人合作愉快嗎？
14. 你經常希望自己長得像某人嗎？
15. 你經常羨慕別人的成就嗎？

16. 你勉強自己做許多不願意做的事嗎？

17. 你認為你的優點比缺點多嗎？

18. 你經常聽取別人的意見嗎？

19. 你的個性很強嗎？

20. 你希望自己具備更多的才能和天賦嗎？

現在請你給自己打分數，「是」得 1 分，「否」不得分。你得了多少分呢？

如果你的分數在 13 分至 20 分之間，那麼說明你具有積極的心態，明白自己的優點，同時也清楚自己的缺點。

但如果你的得分接近 20 分，別人可能會認為你很狂傲，你要謙虛一點，才會受人歡迎。

如果你的分數在 6 分至 12 分之間，那麼說明你的心態比較積極，但是你仍或多或少缺乏安全感，對自己產生懷疑。你要常提醒自己，在優點和長處各方面並不比別人差，要有信心。

如果你的分數為 6 分以下，那說明你的心態很消極。過於謙虛和自我壓抑，因此經常受人支配。

你盡量不要去想自己的弱點，先學會看重自己，別人才會真正看重你。

▶ 第三節
樂觀是心胸豁達的體現

　　樂觀是一種積極的性格，是指一個人無論在什麼情況下，都能保持良好的心態，那怕環境再惡劣，也相信壞事情總會過去，陽光總會再來的心境。

　　樂觀並不是一個空洞的名詞，而是一種重要的力量，它猶如一把火，可以燃起成功與美好的希望。

1. 認識樂觀的重要性

　　樂觀是一種最為積極的性格因素之一，是一種生活態度。樂觀就是在無論什麼情況下，也要保持良好的心態，也相信壞事情總會過去，相信陽光總會再來的心境。

　　人的一生最重要的就是快樂！快樂是一種積極的處事態度，是以寬容、接納、豁達、愉悅的心態去看待周圍的事物。

　　樂觀的人往往將人生的感受與人生的生存狀態區別開來，認為人生是一種體驗，是一種心理感受，即使人的境遇會受外來因素影響而有所改變，也許無法透過自身努力去改變客觀存在的事實，但是可以透過自己的精神力量去調節心理狀態，保持最佳的自然的心理狀態。

　　我們在工作和生活中，難免會遇到這樣或那樣的問題，現實生活不是真空，不如意的事情是難免要發生的。生活雖然是殘酷的，可路是人走出來的。窮途未必是絕路，絕處也可逢生。

　　比如，在現行生活中有許多人身殘志堅，在殘酷的命運面前，沒有沮喪和沉淪，而是以頑強的毅力和恆心與疾病鬥爭，經受了嚴峻的考驗，並對人生充滿了信心，最終創造出非同一般的成就。

　　樂觀的心態是痛苦的解脫，是反抗的微笑，是笑對人生的豁達。笑是一種心情，時時有好心情才能生活好、工作好。對於我們每個人來講，我們在生活中都會遇到一些不如意的事情，但是我們要始終保持積極、樂觀的態度，認真解決好問題，才能發現生活的樂趣。真正的樂觀是樸實的、豁達的、坦誠的，與財富、權力、榮譽無關。

　　曾經有這樣一個故事：有個樂天派從 12 層樓掉下，每經過一層樓的窗口，他就對在樓下心驚膽戰的朋友高喊：「看，我現在還沒事呢！」為什麼樂天派會如此愚蠢，但仔細一品味，並不是這個樂天派愚蠢，而是他有著樂觀向上的精神。

　　人要活得積極樂觀，是這個故事給我們最大的啟示。面對墜樓身亡的危險，那個樂天派表現出的毫不畏懼、樂觀向上的態度深深感染著許許多多的人。

　　面對困難，我們不要退縮，我們不應該放棄；面對失敗，我們不能傷心落淚；面對傷痛，我們不會讓眼淚白流，我們不能因傷痛而失去勇氣；面對所有事情，我們都要樂觀向上。

　　樂觀向上，是一種精力充沛、心胸豁達的體現；樂觀向上，能夠打敗斤斤計較和患得患失的小氣；樂觀向上，能夠甩開消沉的意志，能夠克服低落的情緒和自我封閉；樂觀向上，能夠消除舉棋不定、畏首畏尾的怯懦。

　　用樂觀的態度對待我們的人生，可以看到滿目鮮花；而用悲觀的態度對待我們的人生，我們就只會看到滿目悲涼。

　　譬如打開窗戶看夜空，有的人看到的是星光璀璨，夜空明媚；有的人看到是黑暗一片。一個心態正常的人可在茫茫夜空中看出星光燦爛，增強自己對生活的自信，一個心態不正常的人會讓黑暗埋葬自己且越葬越深。

　　用樂觀的態度對待人生就要微笑著對待我們的生活，微笑是樂觀擊敗悲觀的最有利武器。無論生命走到哪個地步，都不要忘記用我們的微笑看待一切。微笑著，生命才能征服紛至沓來的厄運；微笑著，生命才能將不利於我們的局面一點點打開。

　　守住樂觀的心境實在不易，悲觀在尋常的日子裡隨處可以找到；而樂觀則需要努力、需要智慧，才能使我們保持一種人生處處充滿生機的心境。

　　悲觀使人生的路越走越窄，樂觀使人生的路越走越寬，選擇樂觀的態度對待人生是一種機智。

　　人生何處無風景，關鍵看保持一個什麼樣的心境。守住樂觀的心境，不以物喜，不以己悲，我們就能看遍天上勝景，覽盡人間春色。

　　人活著就是為了生活更快樂、更幸福，而幸福的生活是要靠自己努力爭取來的。

　　我們為了追求自己的幸福，就有了為之奮鬥的慾望，為了我們的人生奮鬥目標，我們就必須使自己努力工作，在工作中尋找樂趣，讓單調乏味的工作充滿生趣，使我們無憂無慮，保持身心健康，生活得平和而安逸，快快樂樂地過好每一天。

2. 保持樂觀的方法

　　我們的成功，是有著樂觀相伴的，因為樂觀向上，能使我們沖開多少感情的跌跌撞撞，能使我們向最高峰高喊：「我永不放棄！」一個樂觀者在每種憂患中都能看到一線閃光的希望；而悲觀者卻在每一個機會中都只看到一種可怕的憂患。聰明的你會選擇哪一個呢？

　　我們應該如何保持樂觀呢？

（1）樹立正確的人生觀

人為萬物之靈，這是因為人具有思維能力，即人所獨有的極其複雜、豐富的主觀內心世界，而它的核心就是人生觀和世界觀。

如果有了正確的人生觀和世界觀，一個人就能對社會、對人生、對世界上的萬事萬物保持正確的看法，能夠採取適當的態度和行為反應，就能使人站得高、看得遠，做到冷靜而穩妥地處理各種問題，從而保持樂觀的生活態度。

（2）不要對己過分苛求

人的能力是由先天遺傳或後天發展形成的，雖然大多數人的能力基本類同，但是我們應該客觀認識，每個人的能力是有個性差異的，且都有一定限度，都具有優勢和劣勢兩個方面。

只有當我們充分了解自己的能力，才能確定適合自己的追求目標，並能透過努力最終實現預定目標。在獲得成功的過程中，個人需求得到滿足，個人價值就得以體現，從而進一步增強我們的自信心，並使我們的心理達到良好的狀態，而目標過高必然會得到相反的結果。

（3）學會自我調控情緒

積極向上的情緒狀態，能使我們心情開朗、感覺輕鬆、心態穩定、精力充沛，對生活也能充滿熱情與信心。

因此，生活中應該避免不良情緒的發展，遇到不好的事情，就要換個方法、變個方式思考，那麼，我們就將得到大大的收穫。

（4）要向適合對象傾訴

我們生活中難免會遇到一些挫折和痛苦，千萬不能讓由此產生的憂鬱在心中沉積為永遠解不開的煩惱。及時向親人、朋友和合適對象進行傾

訴，將會獲得更多的情感支持和理解，能夠獲得認識和解決問題的思路，能夠增強克服困難的信心。

（5）積極參加團體活動

我們作為社會的一員，就必須生活在社會集體之中，透過集體活動，我們可以增強同事、朋友之間的交流、理解，並從中得到啟發和幫助。打好人際關係，可使我們的心胸開闊，我們更能感受到足夠的社會安全感、信任感和激勵感。

（6）善於進行人際交往

良好的人際關係，本身就會使一個人樂觀愉快。孤僻的人、不善交往的人，他們不快樂，因為他們缺乏與人溝通，無法理解和信任別人，他們缺少友誼。當他們有苦惱時，沒處訴說，於是只好憋在心裡，從而就會感到不快樂。

（7）積極參加娛樂活動

多參加橋牌活動、沙龍、聯誼會、慶祝會等，這會使我們的心情時常保持一種最佳狀態。在這些活動中，我們可以結交很多朋友，甚至會結交一些志同道合的朋友。透過參加這些活動，也能陶冶我們的情操，使我們遇到煩事苦悶時，能轉移心情和注意力。

（8）經常主動幫助他人

我們要學會向他人顯示信心，並把信心傳遞給他人。有些自卑、孤僻的人，他們與樂觀絕緣，因為他們時常處於一種封閉狀態，他們不願與別人交往，當然談不上去愛別人，去幫助別人。

一個人若不願與人交往，久而久之，別人也會越來越疏遠你，這時，你就會越來越孤獨，就會感到越來越不快樂。

相反，我們若時常主動去幫助他人，一方面能得到他人的感激和肯定，另一方面，也能體現我們的價值，別人也願與我們交往，這時，我們就會感到自己是一個快樂的人。

(9) 要有寬容之心

我們時常看到這樣一些人，他們說自己情緒總是不穩定、波動大，別人總喜歡與自己過不去，自己總在想辦法對付這樣的人。其實，在生活和人際交往中，難免會產生摩擦，遇到這樣的事，我們要寬容，要大事化小、小事化了。

俗話說，你敬人一尺，人敬你一丈。對於我們的寬容，大多數人是會接受，並與我們同行的。我們若無法容忍，並想辦法對付和報復，這樣，一報還一報，永遠沒完沒了，我們也不會感到快樂。因此，對人要寬容一些啊！

(10) 要辯證地看待生活

生活充滿了五顏六色，說的是生活具有酸、甜、苦、辣，既有甜蜜的部分，也有令人苦惱的部分。就是因為生活什麼都有，所以才有意義。一般來說，生活完全是痛苦，這是我們所不希望的，但生活全是幸福，這也是不現實的。

名人、偉人、政治家有他輝煌、燦爛的一面，但他們也有他們的苦惱，甚至不幸。

因此，面對生活，我們應該充滿樂觀，當幸福來臨時，我們不可忘乎所以；當不幸降臨時，我們應該堅強，笑對世界，笑對人生。

(11) 一定學會知足而樂

人生需要目標，既需要大目標，那就是我們的理想；也需要小目標，

那就是我們近日的工作和學習計畫。我們的目標不要定得太虛無縹緲，因為那樣難以實現，往往會導致我們失望，甚至悲觀。

我們要知足，小事往往成就人的事業，很多模範和英雄，他們並沒有驚天動地的事跡，他們都是做很平凡的小事，然而，平凡孕育著不平凡，就是這些小事，才使他們獲得了成功。因此，在制訂目標及實現過程中，我們要學會知足而樂。

總之，樂觀是心胸豁達的表現，樂觀是生理健康的目的，樂觀是人際交往的基礎，樂觀是工作順利的保證，樂觀是避免挫折的法寶。

我們保持樂觀的心態，將使我們的心理年齡永遠年輕。當我們朝著奮鬥的目標邁進時，都會增加我們的愉悅與自信，我們就會自然形成樂觀的心態，快樂將永遠與我們相伴啊！

貼心小提示

親愛的朋友，我向您推薦一些簡單的方法，讓您可以永遠保持樂觀的心態。

利用鏡子技巧，使你臉上露出一個很開心的笑臉來。挺起胸膛，深吸一口氣，然後唱一小段歌。如果不能唱，就吹口哨。若是你不會吹口哨，就哼哼歌，記住你快樂的表情。

堅持微笑待人，俗話說：「笑一笑，十年少。」笑可以使肺部擴張，促進血液循環。

1. 學會運用幽默

幽默是能在生活中發現快樂的特殊情緒表現，可以從容應付許多令人不快、煩惱，甚至痛苦、悲哀的事情。

用歡樂促進人際關係，在寢室就寢前講幾段笑話或提議回顧小

品、相聲中的片段。

忘卻不愉快的經歷和事情。培養廣泛興趣，既充實生活，保持心情愉快，也可以作為化解緊張情緒的手段。

對環境和他人不要提出不切實際的非分要求，告訴自己快樂的核心是自我滿足。

當別人試圖激怒你時，自我暗示：「我是一個豁達的人，一個胸如大海的人」。

2. 制訂座右銘

每當緊張出現時，想起我們的座右銘，如「我是一個冷靜的人」，然後進行自我放鬆。

假如有疾病產生，告訴我們人生不是以時間長短論好壞，而是以品質論高低。快樂地過一天，比煩惱地過一年都有意義啊！

▶ 第四節
自立是人生的一種良好習慣

　　自立就是要扔掉別人的柺杖，培養一種獨立的能力，自己的事情自己做，並且要勇於承擔自己的責任。只有善於鍛鍊自己的能力，培養良好的自立的習慣，才能從容地在社會中立足。

1.認識自立的重要意義

　　自立意識是我們從兒童逐步走上成人之路，適應現代社會環境所必須具備的特質。孩子不可能永遠是孩子，我們將來必定要走向社會。

　　我們未來的生活道路不可能總是一帆風順，沒有坎坷。我們只有自立自強，才能在未來的生活道路上，勇於搏擊生活，主宰自己的命運。

　　相反，如果我們缺乏自立能力，就會常常表現出沒主見，膽怯怕事，依賴性十足，意志薄弱，經不起一點小小的挫折。可見，自立能力對於我們的重要性。

　　自立作為成長的過程，是我們生活能力的鍛鍊過程，也是我們養成良好道德品性的過程。

　　在這個過程中，我們要不斷地完善自己，學會自立，增強自信，提高法律意識。

　　我們要逐步學會理解和尊重他人，善於與他人溝通和交往，和諧相處。

　　我們要積極融入社會，關愛社會，成為一個對自己負責、對他人負責、對社會負責的、能夠自立自強的人。

　　在日常生活中，我們要從小就學會自己做作業、複習功課，不用父母

督促、陪伴。我們要學會自己上學，自己的衣服自己洗，在家中打掃衛生、飯後洗碗，獨自乘火車去外地。

父母外出時，我們也要會料理自己的生活。父母病了，更要會陪他們去醫院，還要在家照顧他們。

人生需要自立。如果我們沒有從現在起，在父母和老師的幫助下，自覺地儲備自立的知識、鍛鍊自己的能力、培養自立精神，就難以在未來的社會中自立。

2.培養自立的方法

俗話說：「自立人生少年始。」我們要從小就學會自立，養成各種好習慣。我們該如何讓自己自立起來呢？

(1) 克服依賴習慣

分析一下自己的行為中哪些應當依靠別人，哪些應由自己決定掌握，從而自覺減少習慣性依賴心理，增強自己做出正確主張的能力。如自己決定有益的業餘愛好，自己安排和制訂學習計畫等，由依賴轉變為自主。

(2) 在思想上自立

我們要自立，就要樹立自立的觀念，為自己定一個可行的自立目標，這樣我們才能做到有的放矢，實現自己的真正自立。

(3) 要從小事做起

我們要立足於當前生活、學習中的問題，從我們身邊的小事做起，首先把自己的基本日常生活料理好。

(4) 堅持不斷實踐

同時，我們要大膽的投身到社會實踐。因為只有在社會生活中反覆的鍛鍊、不斷實踐，才能逐步提高我們的自立的能力。

（5）儘快增強自信

　　有依賴心理的人缺乏自信，自我意識低下，這往往與童年時期的不良教育有關。如有的父母、長輩、朋友往往說些「你真笨，什麼也不會做」、「看你笨手笨腳的，讓我來幫你做」等。對這些話首先要有正確的心態，然後一條一條加以認知重構，逐漸培養和增強自信心。

（6）樹立自強精神

　　常言說，溫室中長不出參天大樹。當今社會是開放競爭的社會，我們每個人都要在激烈的競爭中求生存、謀發展。因此，要及時調整自己的心態，適應時代變革，擁有健全的人格和良好的社會適應能力。要自覺地在艱苦環境中磨練自己，在激烈競爭中摔打自己，勇敢地面對困難和挫折。

（7）培養獨立人格

　　我們每個人都需要別人的幫助，但是接受別人的幫助也必須發揮自己主觀能動性。很難設想，一個把自己的命運寄託在他人身上，時時事事靠別人指點才能過日子的人，會有什麼大的作為。

　　俗話說的好：「滴自己的汗，吃自己的飯，自己的事情自己幹，靠人靠天靠祖上，不算是好漢！」這句話充分說明了我們應該自己的事情自己負責，勇於承擔自己的責任。

　　朋友，驅走我們的依賴心理，讓我們用輕鬆的腳步走向自立的世界，用自己的雙手去創造屬於我們自己的世界，讓我們以後的人生更加燦爛和美好。

　　讓我們全面地看待自己，讓我們的人生充滿自立意識，讓我們的生活從此與眾不同，讓我們一起享受自立帶給我們的無窮樂趣吧！

貼心小提示

測試你是一個能自立的人嗎？

今天是你的生日，每年的這一天，你都有會收到來自鄉下雙親的禮物，今天下午，你收到禮物，但是沒有署名寄件人，不過，你心理有數，今年他們大概是一時疏忽，忘記寫寄件人的住址，如同往常一樣，禮物中附上一封父母的信，請問你認為信的內容是什麼？

1. 有沒有好對象呢？關心兒女終身大事的信。

2. 千萬要多注意自己的身體德行，關心兒女健康的信。

3. 偶爾也回來露露臉等，期盼兒女回家的信。

如果你選擇了第一個問題，說明你是一個感到自我空虛的人，基本上，你是個害怕孤獨的人，你直覺認為，一旦離家獨自生活，便等於失去了自己的住處，對你而言，最重要的是要知道自己真正想做的事是什麼，只有向自己真正的目標邁進，才可以耐得住孤獨。

如果你選擇了第二個問題，反映出你希望受到保護，希望能永遠得到父母的關心、寵愛，想必你大概是從小受到過分的保護，導致長大後仍眷戀著幼兒期限，覺得沒有父母的疼愛便活不下去的人吧。你必須找個適當的時間學習獨立，而最快的方法就是談戀愛，只要有位像父母一樣愛你的人守著你，相信你應該可以很快學會獨立才對。

如果你選擇了第三個問題，可以看出你想讓父母傷腦筋，為自己擔心受怕的心理，你可能會搬出去一個人生活之後，又再搬回來，你只是想用不按牌理出牌的舉動，讓父母傷透腦筋，這是因為潛意識中有恐懼獨占父母之愛的緣故，或許在你的幼年時期有和弟妹爭奪父母寵愛的經驗吧！不管怎麼樣，你就是想吸引父母對你的關心，建議你可以請父母每天打電話給你，如此一來，你應該就可以安心的繼續獨立的生活。

▶ 第五節
每個人都有一座潛能金礦

現代心理學所提供的客觀數據讓我們驚詫地發現，絕大部分正常人只運用了自身潛藏能力的 10%，並認為每個人都有一座潛能金礦值得被挖掘。

所以，我們不要看低自己，而要建立自信，要相信自己就是一座金礦，也許只是沒有被開採而已。其實真正的開採權就在你自己的手裡。

1. 認識激發潛能的重要性

心理潛能開發的重要性越來越受到重視，因為心理潛能是心理修養的基礎和本源，它指人的心理素養潛在的水準。

人類所具有的無限潛能，使每一個人都有可能在生活的實踐中去挖掘個人潛能而成為一個具有真實力量和能夠自我實現的人。

並非大多數人命中注定無法成功，只要發揮了足夠的潛能，任何一個平凡的人，都能成就一翻驚天動地的偉業，都可以成為一個新世紀的領航者。

科學家發現，我們人類儲存在腦內的能量大得驚人，人平常只發揮了極小的大腦功能。

要是我們能夠發揮一大半的大腦功能，一點也不誇張地說，我們可以輕易學會 40 種語言、背誦整本百科全書、拿到 12 個博士學位。

這種描述相當合理，任何成功者都不是天生的，成功的根本原因是開發了人的無窮無盡的潛能。

只要你抱著積極的心態去開發你的潛能，你就會有用不完的能量，你的能力就會越用越強。

相反，如果你抱著消極心態，不去開發自己的潛能，那麼只有嘆息命

運不公，並且越來越無能！

任何一個成功的作家、音樂家或發明家，他們的勞動當然是開發了自身的創造性潛能。

在現實生活中，學歷和智商都較高的人庸庸碌碌、無所作為的大有人在；而學歷、智商都很低的人卻有不少成為出類拔萃、有所成就的成功者。

一個人如果要成功只能靠自己，靠自己什麼呢？若要靠出身富貴、條件優越、智慧超常、機遇幸運、環境如意等所謂有利因素，那是靠不住的，甚至連身強力壯、時間充裕、使人理解和支持這些十分必要的條件也是靠不住的。

那麼，靠自己究竟靠什麼？只能靠重新認識自我，發展積極的心理態度，只能靠認定自己就是一座金礦，認定自己是一個可以挖掘出無價之寶的寶藏，那麼最後你就一定能夠獲得成功。

一個人在自己生活經歷中，在自己所處的社會境遇中，如何認識自我，如何描繪自我形象，也就是你認為自己是個什麼樣的人，你期望自己成為什麼樣的人。

這是一個至關重要的人生課題，將在很大程度上決定自己的命運。成功心理學的核心觀點就是人人都有巨大的潛能，人人都可以取得成功！

只有實踐才能激發潛能，請你養成習慣，先從小事上練習。「現在就去做」這樣你很快便會養成一種強而有力的習慣。在緊要關頭或有機會時便會立刻掌握。

比方說現在有個電話必需去打，可是你總是拖拖拉拉，而事實上你已經一拖再拖。如果這是那句，「現在就去做」從你的潛意識閃到意識裡，就是：快打呀，請你立刻去打吧！

2. 潛能的種類和開發

我們每個人都有潛能，如果你能夠發掘和利用這種潛能，你就能走出憂鬱的沼澤，實現你的夢想，成為自己夢想的主人。

那麼，我們究竟有哪些潛能，我們該怎麼開發呢？

（1）創造潛能

創造性不只是可以畫一幅畫或者會使用一種工具。做一頓晚餐是創造，整理花園也是創造。考慮如何讓足球隊戰勝對手也需要有創造性。

您可以當個想入非非的人，每天至少浮想聯翩 10 次。您不妨做個試驗，起床時繼續想您的夢並把它作為日記記錄下來。

透過遊戲發揮您的創造性，把用一根迴紋針可以做出來的所有東西都記錄下來，想法會不會超過 16 種？好極了，這說明您也像燈泡的發明者愛迪生一樣有創造性。

（2）個人潛能

誰如果能做到使自己的內心處於平和狀態，那麼他就可以比較充分地發揮個人的潛能。只有了解自己而且內心充實的人，才能達到充分發揮個人潛能的目的。

經常檢查對您來說什麼是好的，什麼是不好的事情。每天享受 10 分鐘的安靜，對自己進行評價，目的是對自己生活中積極和消極的事情有個更加清楚的認識。

（3）社會潛能

社會潛能和個人潛能相反，也可以理解為組織能力，也可以理解為調動別人的積極性的能力，如果需要這樣做的話，人與人之間的交往就是一種奇蹟。

每天，您都在有意識地這樣做。您進了劇院，舞臺就是建立社會關係的練習場地。如果一個聰明人和一個傻瓜在談話，誰學到的東西更多？對這樣的問題您應該經常考慮。您要學會多聽別人的意見。

（4）精神潛能

精神智慧的人，不會僅僅看到個人的和自己所在集團的利益。他不只是聰明，而且是明智的。

個人的價值觀給您動力，您會對自然產生靈感。您會享受到陽光的照射和鳥兒的歌唱。您會發現兒童天真的本質並感受到什麼是健康。如果您對自己的價值觀是明確的，並採取相應的行動，那麼您在精神方面就永遠是有智慧的人。

（5）身體潛能

軀體擁有自身的潛能。無論是演員，還是運動員，凡是靠體力工作的人都知道這一點，經常鍛鍊可以增強身體的潛能。

為了使身體保持靈活，您應該經常跳舞，吃健康食品。使運動成為習慣，有 21 天的時間就足夠了。那時您的身體就會自發產生有助於健康的鍛鍊要求。您便有了這方面的意識，您要學會，遵從自己身體的需求。

（6）感覺潛能

多數人進食不辨味道，沒有感覺。我們的鼻子有 500 萬個嗅覺感受器，我們的眼睛可以辨別 800 萬種色彩。應該盡可能把人體內潛在的 5 種豐富的感覺潛能充分發揮出來。

您可以經常進行有意識地鍛鍊。經常練習分辨大自然的聲音，例如各種鳥兒的叫聲，體驗能使自己皮膚舒服的衣服。

（7）計算潛能

許多人認為，計算能力是一種天才。這種看法是錯誤的。每個人都具備計算能力。這種能力需要被激發出來。好在所有數字都是只有 10 個數位演變來的。

在您用計算機計算之前，先用腦子計算。偉大的數學天才就是這樣鍛鍊自己能力的。

您不妨經常進行這樣的計算，即工作占用多少時間？和家人在一起的時間是多少？睡覺和學習又用去了多少時間？您可以經常練習用腦子計算。

在日常生活中多注意數字。例如數數在每個超級市場的收銀臺前有多少人在排隊？貨籃裡有多少件商品？

（8）空間潛能

空間才能就是看地圖、組合各種形式以及使自己的身體正確透過空間的能力。

舒馬克（Michael Schumacher）就是一位空間天才。在賽車道上，他能夠駕駛時速為 300 公里的法拉利賽車靈活地在其他賽車之間穿行。

調查表明，倫敦的計程車司機的腦子隨著開車時間增加越來越好使，因為他們把城市的情況都儲存在腦子裡了。社會活動有助於一個人的空間潛能的發揮。

（9）表達潛能

擴展您的文字財富。如果您開始時掌握 1,000 個單詞，哪怕每天只增加一個新的單詞，那麼一年後您的文字表達能力就會提高 40％。最好的辦法是多看書、多練習寫作。

貼心小提示

　　你的潛能在什麼地方，你知道嗎？這可能是我們許多人都迷惑的地方，因為我們不知道自己真正的潛能在什麼地方！那我們現在做個小測試吧！也許它能幫你找到自己的潛能寶藏！

　　有個地方生活著一位小魔女。由於從小父母雙亡，她是由壞心腸的叔叔、嬸嬸撫養長大的。

　　因此，她一直不知道自己會魔法。有一天，女孩像往常一樣按照嬸嬸的命令打掃院子。天氣非常寒冷，她一邊哆嗦一邊想：「要是這把掃帚能自動打掃院子該多好啊！」

　　突然，奇妙的事情發生了。掃帚「颼」地跳出女孩的手，自動打掃起院子來。女孩在吃驚的同時意識到自己擁有不可思議的力量。於是，她做了什麼事情呢？現在請你來猜一下！

　1. 一直盯著掃帚，觀察它如何移動。

　2. 仔細研究掃帚的特異之處。

　3. 把破爛的掃帚修理得漂漂亮亮。

　4. 立即乘上掃帚飛離了這個家。

　　現在來看一下你選擇的結果吧！

　　如果你選擇了 1，或許你尚未意識到，你擁有常人無法比擬的敏銳觀察力。因此，你有繪畫的潛能。繪畫不僅需要激情，觀察力也相當重要。雖然將所見事物分毫不差地描繪出來很難，但只要有你這樣的觀察力，應該不成問題。

　　如果你選擇了 2，你的潛能是創作，也就是寫小說。你的想像力極其豐富，是常人的好幾倍。雖然你可能尚未意識到這一點，但你是不是經常從朋友的一個小動作揣摩出他的心思，或者由一幅畫聯想出

一個故事？

　　如果你選擇了 3，你的潛能是手工。你是個心靈手巧的人，能做許多複雜的手工活。如果你是男孩，不妨嘗試一下製作模型；如果你是女孩，不妨嘗試一下編織或裁剪。你肯定會做得相當出色，令自己也十分意外。

　　如果你選擇了 4，你的潛能是作曲。你的感受力比其他人強烈得多。所謂感受力，是指對所見所聞產生感覺和反應，並使之成為自身一部分的能力。如果你充分發揮你那優異的感受力從事音樂創作，你肯定能寫出優美動人的歌曲。

▶ 第六節
潛意識是一種強大的力量

　　潛意識是指潛藏在我們一般意識底下的一股神祕力量，是相對於「意識」的一種思想。

　　現實中許多問題的解決，都離不開意識以各種途徑進行幫忙。不過，意識也不是萬能的，很多時候我們用盡心機，卻找不到答案。

　　走投無路的我們，全身疲憊，不再有進取的雄心，然而就在此時，潛意識往往會悄然來臨，它會在暗夜裡撫平我們的傷口，讓我們豁然開朗，又重新煥發了自信和生機，從而邁向事業的成功。

1.認識潛意識的力量

　　如果說思想來自意識，那麼力量就來自潛意識。潛意識是人類最偉大的部分之一，它的存在是客觀現實的。它立足於人的本能，對人的本能願望瞭如指掌，它總在尋找機會進入人的意識之中。它是人類的寶庫，在這裡，你能夠發現人與自然的內在印象，還有各種各樣的現實經歷。

　　這些曾經的事實，是在意識的指導下進入潛意識的。它造成存檔或者以備不時之需的作用。可以說，潛意識不僅具備無窮儲存記憶材料的能力，還是一個能夠在適當時候走出來，幫助人走出困境，恢復自信的能量塊。

　　事實上，潛意識不受任何外在時空的羈絆，它就是一個無處不通的網路中心站。這個中心站可以與過去、現在、未來進行連繫，能夠和物質世界、心理世界、靈魂及一些研究人員所說的精神世界進行交流。

　　在這裡，我們看到了潛意識的無比神力。總而言之，潛意識包含了過去、現在和未來的情感、智慧、感悟、知識以及思想。

　　美國思想家、文學家、詩人愛默生曾不吝筆墨，對本能大加誇讚。事實上，愛默生在對本能非凡品性進行描述的時候，無疑所指的都是潛意識。

　　直覺、感情、信念、靈感、暗示、演繹、想像、組織、記憶以及動力，都能來表現潛意識的神力。潛意識的手段超越於生理感覺之外，它利用的是直覺。

　　所以，潛意識發揮作用的時候，都是感覺停止的時候，直覺讓潛意識得以最大限度的展示。無論一個人是在清醒時刻還是睡眠之中，潛意識都能發揮出自己的力量。

　　它是獨特的，實實在在的存在，有自己獨有的力量和作用。它是一種具有自身特性的精神體，它支持那種與身體和生命相連繫的存在。甚至，它能夠離開身體而產生巨大的力量。

　　在此，我們可以看到潛意識的三大功效。

　　首先，潛意識能夠離開意識的協助，依靠對人體基本直覺的認識，讓人感到自由，從而使生命存在下去。

　　其次，它能在人遭遇絕境之時，以讓人驚訝的速度、精確性和理解力，促使個體採取果斷措施，從而讓你走出絕境獲得新生，而不會在意潛意識是否來幫忙。

　　再次，潛意識存在於人的精神世界。它的力量，在現實世界中，人們可以透過心靈感應感受到。

　　還有，潛意識還能根據人的本能需求來協助人的意識。這個時候，意識能夠呼喚潛意識出來幫忙，潛意識就會利用意識的力量和材料來解決問題，或者做其他個體十分需要做的事。

　　潛意識表現自己的方式還與人的能力有關，因此，在你利用潛意識的

力量開始行動前，一定要先確定那個應該讓你得到、並且你有能力得到的東西。

另外，你還要準備充足的忍耐力和超強的自信。你一定要在心裡對自己說：「潛意識是不會厚著臉皮，辛辛苦苦去向那些不信任它的人討好的。」

還要強調一點，你向潛意識訴說自己的願望時，一定是真心實意的，就像你的願望已經實現了一樣。也就是說，如果你想成功或者你認為自己一定能成功，那你不妨就認為自己已經成功了，這一點的重要性是再強調也不為過的。

用這種方法，來對付你接下的必須完成的任務，或者你想要得到的一個追求很長時間的職位，都同樣有效。做完了一切，你所要做的就是耐心的等待了。這時潛意識正在深入你的問題，並以自己獨有的方式幫助你解決現實問題。這是最後一步了。

有一天，你的意識終於等來了由潛意識制訂的觀點和計畫，這時，你已經看到了答案。

這時候，千萬不要有絲毫猶豫，聽從你的潛意識吧！一定要根據潛意識所提供的答案來指揮自己的行動。沒有絲毫遲疑、絲毫保留，一有感覺，立即完全絕對無條件地執行，這是你現在所應該做的。

如果你能夠做到這樣，那麼你也就成了自己潛意識的主人，以後潛意識也會呼之即來，聽從你的一切安排。

當然，用這種方法，可能你還是無法解決自己的問題。你只能從整體上得來潛意識的答案，也就是說，它只能作為你走向成功的嚮導。

要是如此的話，你會發現，一種奇妙的力量正在你的身後，推著你往前走，讓你不由自主做一些沒有太多特殊意義和符合邏輯的事情。直至有

一天，當你發現自己達到一個夢想中的高度時，你就會意識到潛意識的巨大能量，因為這一切都是它推動的。

回首以往所做的一切，你會看到一個環環相扣的鏈條，而不是一堆散亂的事件，作為最後一環存在的，其實正是你現在的位置，你的夢想，也是你的成功終點。這是潛意識對你虔誠信仰的合理獎品。

在我們生活的這個世界上，無數的人透過這門學問，得到了金錢、美名以及權勢，還有很多病人依靠這門學問得以康復，還有許多其他人生問題也因而得以解決。

這就是一個人認識運用潛意識的結果，任何一個研究過這門科學的人，都十分清楚這一點。

力量就在你自己的手裡，所以，相信它吧！趕快運用這本書或者從其他地方得來的方法，來對自己如何運用這種神力做一個設計，只有這樣，力量才會真正屬於你。

潛意識的產生和發揮作用，可能很偶然，也許就是一個人從另一個人那裡聽到了一句話，一個不經意間的眼神，一兩個字母，奇蹟便發生了。

也許，有時它只出現在危機關頭，當一個人忽然遭遇前所未有的危險，忽然感到沉重的壓力時，潛意識便如神一樣，指導這個人採取正確的應對措施。潛意識就是這樣，應時而來，助人為樂。

一個人要想隨時得到潛意識的垂青，只要把自己頭腦中那些互相鬥爭的觀念給予合理安排，放棄一些不必要的思想，就能得到。還有一種潛意識發生的途徑，那就是「進入自己的無聲狀態」。

如果我們能夠透過自己的想像來描繪一下自己的前景，就像一個物體，一個場景那樣清晰真實，好像它真的就在你面前一樣，那麼潛意識就能夠發揮出自己的作用讓它變成真的。這可能是利用潛意識的最實際最有

效的途徑了。我們可以將這種形象化的過程叫做「實體化」。

說到底，還是信念產生了各種可能的結果，它不斷以各種形式來呈現自己。這樣一種神奇之力，造就了無數的奇蹟，它的作用如此神奇，以使許多不明真相者稱之為怪異。這種信念不是一種簡單的想法，而是一種自裡向外浸透全身的信仰，一種不可更改的絕對信念。

就像一句古語說的，我獻上了我的心。你可以隨便給這個過程起一個名字，情緒過程、精神之力或者電波等。不論你叫它什麼，你應該清楚，就是它，就是這種神奇的力量，吸引了你，讓你不知疲倦，走向目標，摘取果實。

你的思想電波的頻率因而改變，強大的信念，以一種超強的吸引力，激發你的潛意識，從而達到改變你的處境的目的，甚至那些與你相隔萬里者都可能因而受到不同程度的影響。它所帶來的成果是如此的讓人吃驚，自己的處境變化是如此真實，你可能都不敢相信。

2．開發潛意識的方法

潛意識可以說是包羅萬象、深厚神奇，那麼我們如何來訓練開發和利用它呢？

（1）強化記憶

訓練開發潛意識的無限儲存記憶功能，可以為我們的聰明才智開闢廣闊深厚的基礎。

如果你想建造高樓大廈，就必須儲備好各種各樣的建築材料、裝修材料、設計方案、建築技能、各種建築機械，還有指揮管理技能等。對於一個追求成功與卓越的人來說，應該不斷地學習新的東西，給潛意識輸進更多的基本常識知識、專業知識、成功知識以及相關的最新訊息。

為了使你的潛意識儲蓄功能更有效率，可採取一些輔助手段幫助儲存。如重要資料重複輸入，重複學習，增加記憶功能，建立看得見的訊息資料庫，如分類保存圖書、剪報、筆記、日記、現代的 3C 產品等，以便協助潛意識為我們的創造性思維和其他聰明才智服務。

（2）學會控制

訓練對潛意識的控制能力，使它為我們成功服務，而不是把我們導向失敗。

由於潛意識是非不分，積極消極、好的壞的通通吸收，常常跳過意識而直接支配人的行為，或直接形成人的各種心態。所以，成也潛意識，敗也潛意識。

因此，我們要訓練自己，努力開發利用有益的積極成功的潛意識，對可能導致失敗消極的潛意識加以嚴格的控制。

具體地說，珍惜原來潛意識中的積極因素，並不斷輸入新的有利於積極成功的訊息資料，使積極成功心態占據統治地位，成為最具優勢的潛意識，甚至成為支配我們行為的直覺習慣和超感。

另外，對一切消極失敗心態訊息進行控制，不要讓它們隨便進入我們的潛意識中。遇到消極思想訊息時，可採取兩個辦法加以控制：

一是立即抑制它、迴避它。不要讓它們汙染你的大腦思想。對過去無意中吸收的消極失敗潛意識，永遠不要提起它，讓它遺忘，讓它沉入潛意識的海底。

二是進行批判分析，化腐朽為神奇。用成功積極的心態對失敗消極的心態進行分析批判，化害為利，讓失敗消極的潛意識像毒草化成肥料一樣變成有益於成功卓越的思想意識。

（3）激發靈感

開發利用潛意識自動思維創造的智慧功能，幫助我們解決問題，獲得創造性靈感。

潛意識蘊藏著我們一生有意無意、感知認知的訊息，又能自動地排列組合分類，並產生一些新意念。所以我們可以給它指令，把我們成功的夢想，所碰到的難題化成清晰的指令經由意識轉到潛意識中，然後放鬆自己等待它的答案。

有不少人苦思冥想某一問題，結果卻在夢中，或是在早晨醒來，或在洗澡時，或在走路時突然從大腦蹦出了答案或靈感。

所以我們要隨時準備紙和筆，記下突然而來的靈感。有電影製作人經常在思考各種問題的同時，在任何地方，都備有一本記事簿，一旦靈感從潛意識中來，便立刻記下來，幫助他成就輝煌的事業。

（4）自我暗示。

假設你想要成功，就默念我會成功，我會成功，我一定會成功；假設你想賺錢，你就默念我很有錢，我很有錢，我一定會很有錢；假設你想要讓自己的業績提升，就告訴自己，我的業績不斷地提升，不斷地提升，我的業績一定會不斷地提升；假設你想要存錢，就不斷地告訴自己，我很會存錢，我很會存錢，我很會存錢。

這樣不斷地經由你反覆地練習，反覆地輸入，當你潛意識可以接受這樣子一個指令的時候，所有的思想和行為都會配合這樣一個想法，朝著你的目標前進，直到達成目標為止。

很多人試了這個方法，沒有效果，原因是因為他們重複的次數不夠多。影響一個人潛意識最重要最重要的關鍵，就是要不斷地重複，不斷地重複，再一次地重複，大量地重複，有時間隨時隨地不斷地確認你的目標，不斷地想著你的目標，這樣的話，你的目標終究會實現的。

貼心小提示

　　世界潛能大師博恩·崔西（Brian Tracy）曾經說過：「潛意識的力量比意識大 30,000 倍以上。」所以，任何的潛能開發，任何的希望要實現，都要依靠我們的潛意識。那我們怎樣運用我們的潛意識呢？

1. 運用潛意識的第一個方法，就是不斷地想像，改變自我內在的一個影像和圖片；

2. 第二個影響潛意識的方法，也就是要不斷地自我暗示，或是所謂的自我確認。每當我們想要實現任何一個目標的時候，就不斷地重複地唸著它。

第七節
競爭是推動發展的重要因素

競爭意識是個人或團體間力求壓倒或勝過對方的一種心理狀態。它能使人精神振奮，努力進取，促進事業的發展，它是現代社會中個人、團體乃至國家發展過程中不可缺少的心態。

在樹立競爭意識的時候要防止不擇手段而產生的消極因素。要用集體主義思想作指導，克服競爭中的消極面。

總之，當今社會競爭無處不在，可以說它是推動人類社會發展的重要因素。

1. 認識競爭意識的重要性

物競天擇，適者生存，於是自然界進化出優勝的物種，人類社會演變出優秀的民族，人群中脫穎而出優勝的個體。競爭這一自然界、人類社會發展的亙古法則，不管人們願意不願意，都無法迴避它所做出的選擇。

在現實生活中，我們不難發現，有許多人勤奮工作，抓住機遇脫穎而出；而也有很多人或恃才自傲、孤芳自賞或對別人的成績嗤之以鼻，結果一事無成。在許多人還沒意識到競爭為何物時，或許競爭已經對他們做出了選擇。

競爭究竟是什麼？競爭應該是人們為生存和發展而面對現實的一種挑戰。它既可能失敗，也可能獲得成功。欲取得競爭的優勝，就必須對競爭有深刻的認識，樹立正確的競爭意識。

競爭是推動人類社會發展的重要因素。那麼整個社會就應該樹立公平競爭的意識，對競爭進行規範。競爭者應該用道德、知識、能力、謀略的力量去征服大眾、征服對手。

　　設置障礙無助於現實的改善，誹謗、揭短等拆臺行為同樣無助於在競爭中取勝，相反暴露了人格的卑劣。

　　競爭有助於社會向前發展，而設置障礙、拆臺則阻礙了歷史進步。

　　歷史進入市場經濟時代，競爭已無處不在，並呈現出全方位特徵。在時間上，競爭表現出不間斷性和並發性。所謂不間斷性，就是說一個競爭還沒結束，另一個競爭已經開始，絕無一勞永逸之事。所謂並發性，是說幾個競爭同時發生。

　　競爭在時間上的兩個特徵告訴人們：時機是競爭成功與否的關鍵，它要求人們根據實際情況把握好時機，並巧妙運用。如「笨鳥先飛」、「先發制人」、「後發制人」、「隨機應變」、「激流勇退」等就是人們在競爭中對時機經驗的概括。

　　在空間上，競爭表現出層次性和相關性。所謂層次性，是指明小到人與人之間、家庭與家庭之間、部門與部門之間，大到民族與民族之間、國家與國家之間都存在著競爭。所謂相關性，是指各種競爭是相互連繫、相互制約、相互作用的。

　　競爭在空間上的特徵同樣告訴我們：競爭應該選擇最佳的空間位置，選擇影響面最大的切入點。如「占領制高點」、「綱舉目張」、「左右逢源」、「圍魏救趙」等就是人們在競爭中運用空間經驗的總結。

　　在競爭方式上，競爭表現出多樣性。有策略的變化，有方式方法手段的變化。如謀攻、虛實等，又如：政治謀略、經濟謀略、軍事謀略、外交謀略、教育謀略、處世謀略等。

　　競爭方式上的多樣性表明：競爭從來就沒有固定的模式，競爭最需要競爭者創造性地發揮主觀能動作用。

　　面對競爭，我們每一個人都應該極力提高自身素養，擯棄卑劣和懦

弱，極力展示自身的才華，為推動歷史進步盡力。

面對競爭，我們每一個人都應該充分意識到，生命的有限和可貴，我們不應該為瑣事浪費過多的精力，在諸如打麻將、打牌、鼠肚雞腸的爭鬥中消磨時間。放棄無為的競爭，讓生命更輝煌，這就是我們應有的競爭意識。

2. 掌握競爭意識的方法

只要我們還活著，就得生存下去，要想更好地生存下去，就要參加競爭這場遊戲。對於我們每個人來說，生存和競爭都是殘酷的。只有懂得生存，學會競爭，我們才能更好地存活於世上。我們平時該如何培養自己的競爭意識呢？

(1) 尊重生命

無論在什麼時候，都絕不能輕易放棄生命。不管是在動物還是人的世界裡，弱肉強食是很自然的事，為了生存，強者必須要捕食弱者，弱者則必須要躲避強者，求生是一種本能。無論在任何時候，都絕不應該放棄生命，這是對生命的尊重。

(2) 學會改變

改變自己會痛苦，但不改變自己會吃苦。一個人的性格和習慣是很難改變的，如果想改變，那肯定是一件很痛苦的事。雖然是這樣，但在很多時候，我們必須要改變自己。

(3) 不怕困難

在苦難面前自強不息，就一定會贏得成功和幸福。人的一生難免要遭受很多的苦難，無論是與生俱來的殘缺，還是慘遭生活的不幸。但只要勇於面對苦難，自強不息，就一定會贏得掌聲、贏得成功、贏得幸福。

（4）發揮強項

無論何時，都要發揮自己的強項。我們每個人都有自己擅長的一面，在一帆風順的時候，我們是在發揮、培養自己的強項，在遇到苦難的時候，我們更要發揮自己的強項，從而擺脫困難。

（5）做好計畫

寫下自己今天尚未完成，但明天一定要做的事。做好計畫，是提高工作效率的最有效的方法之一。寫下自己今天尚未完成，但明天一定要做的事，運用這種方法，就能有條不紊地按計畫完成工作，提高效率。

（6）破釜沉舟

斬斷自己的退路，才能更好地贏得出路。在很多時候，我們都需要一種斬斷自己退路的勇氣。因為身後有退路，我們就會心存僥倖和安逸，前行的腳步也會放慢；如果身後無退路，我們就會集中全部精力，勇往直前，為自己贏得出路。

（7）尋找真我

刻意去模仿別人，結果只會迷失自己。競爭就是樹立自己的形象，而不是別人的形象。無論在什麼時候，我們都沒必要去模仿別人來改變自己，東施效顰，結果只會迷失自己，所以，我們要好好的愛自己，好好的做真實的自己。

（8）學會敬業

無論做什麼工作，都要有一種敬業精神。當今時代，是一個注重敬業的時代。敬業是一種習慣，儘管一開始並不能為你帶來可觀的收益，但可以肯定的是，那些缺乏敬業精神的人，是無法取得真正的成就的。

（9）看到光明

只有活在希望中，才會看到光明。很多人抱怨生活中缺少或沒有光明，這是因為缺少或沒有希望的緣故。無論在什麼時候，多麼艱難的困境中，只要活在希望中，就會看到光明，這光明也將會伴隨我們的一生。

（10）一技之長

擁有一技之長，是最好的生存方法。生活中有很多創造財富的方式，但不是每一種方式都適合自己，也不是每一種方式都能讓自己創造出很多的財富。但可以肯定的是，擁有一技之長，是最好的生存方法，憑藉自己的手藝，就一定能夠成就自己。

（11）勤能補拙

不聰明不要緊，只要每天進步一點點。勤能補拙是良訓，一分辛勞一分才。是的，不聰明沒關係，只要勤奮就可補拙。

（12）不怕困難

不靠天不靠地，自己的事自己做。在困難面前，很多人會失去自信、自尊，會被擊垮，這些人成了苦難的奴隸；也有一些人仍然保持著自己的尊嚴，不向苦難低頭，這些人把苦難當成了奴隸。相對而言，後者是令人敬佩的，因為這體現了人性的光輝和偉大。

（13）學會參與

要跑得快，還要跑得穩。人生就像一場長跑，跑得太快，容易後勁不足；跑得太慢，就會落伍；中途退出，就會斷送以前的努力；不參加，就沒有贏得比賽的機會。

（14）加倍努力

要想比別人優秀，就要付出十分的努力。只有付出十分的努力，並且能夠一直堅持到底的人，才能比別人優秀，才能先於別人取得成果，取得成功。

（15）自立意識

　　求人不如求己，靠自己才能拯救自己。尋求別人的幫助，解決問題固然可以輕鬆一些，可這並不是長久之計，因為別人可能幫你一時，但幫不了你一世。況且，求人也不是件容易的事。所以，在遇到困難時，不要輕易去求人，要知道，求人不如求己，靠自己才能拯救自己。

貼心小提示

　　競爭，是一個美好的詞，因為它始終是人類前進的主要動力。任何人，要麼主動，要麼被動，都會投入競爭的世界中。競爭的成功，會使生活更加充實。

　　下面 10 道題，可幫助你測知你的競爭意識如何。每題後面有 5 個備選答案：其中（1）表示完全不同意；（2）表示基本不同意；（3）表示處在中間立場；（4）表示基本同意；（5）表示完全同意。

1. 和同等條件的人相比，你能做出比他們更大的成績嗎？
2. 你能積極參加能表現自己能力價值的任何活動，而從不謙讓嗎？
3. 別人時刻想超過你，你相信他們有時會採用一些不正當的手段嗎？
4. 當你知道和你條件相當的人做出成績時，你有不服氣的感覺，並也想做點事試試嗎？
5. 你認為，人生就是一場競爭，適者生存，優勝劣汰嗎？
6. 你十分樂意選擇有一定困難，意義重大的工作嗎？
7. 如果願意和別人合作，其合作程度從低到高嗎？
8. 你好像不被人接受，即使人出於好心？
9. 競爭對成就的作用很強嗎？
10. 人們之間的競爭程度非常強嗎？

現在我們來看一下你的分數吧！（1）、（2）、（3）、（4）、（5）依次計分標準為 1、2、3、4、5 分。你得了多少分呢？

如果你的總分在 30 分左右，你的競爭意識為一般；45 分左右，則算強，表示你非常想在競爭中取得成功。

▶ 第八節
信念是獲取成功的第一要件

　　信念是人生的堅強柱石，是精神力量的源泉。無論任何人要想將夢想化為現實都必須持有崇高的信念。

　　成功信念有多層含義，簡單的講就是相信自己一定能成功，相信自己按照一定的方向或者一定的規則前進肯定能成功的堅定意志。

　　正如高爾基（Maxim Gorky）說：「只有滿懷信念的人，才能在任何地方都把信念沉浸在生活中並實現自己的意志。」

1.認識信念的重要性

　　信念對於成功重要性有一個很多人都在嘗試的原則：心中認為自己會成功，且不懷疑，就必然會成功；心中認為自己不會成功，就必然不會成功。

　　所以成功的第一要件是信念。所謂，心想事就會成！真是這樣，沒有這種信念，就更不用說成功了。

　　成功的信念有句非常簡單的名言「有志者事竟成」。這是簡而有力的不變真理，世界上許多偉大的貢獻都是堅持信念才產生的，成功的信念是成功的最佳定義，只要身體力行，全力以赴，必可得到你想追求的事物，無人能阻擋。

　　信念對於成功的重要性表現在很多的方面。

　　成功象徵美好的前途，大好的遠景。

　　成功象徵個人事業的興旺，可享有華麗的別墅、無憂的經濟保障、無限期的假期及旅行，以及孩子最優越的生活條件。

　　成功象徵擁有決策主控權，經由正確的指引而獲得讚美，擁有崇高的

地位及世人的尊崇。

成功象徵可免於一切煩惱及恐懼。

成功象徵自愛自重，在磨練、充實自己的內涵中，有更踏實的快樂及幸福，為你所關心的人貢獻更多，提供更好的生活。

成功象徵贏得勝利，有能力依照自己的意志過日子，別人無權干涉。

所以說你必須要擁有成功的信念！

連《聖經》上都說，自信能夠移動一座山，就一定可以成功；自信不能夠移動一座山，就不可能成功。

也許有些人覺得愚蠢，怎麼可能實現的？靠一個人單薄的力量自然很難，若彙集上百人、上千人，事情就輕而易舉了，再加上一些智慧，且大家都信其可成，則必可成。

把成功的信念關在門外而閉門造車是毫無道理的，你應對成功滿懷信心，勇氣十足地衝向前去，堅信有實現夢想的一天。

不要低估自己的潛能，甘願每天做同樣的事，幾十年如一日；想想10年後還是過這樣的生活是件多麼可怕的事。

要勇於突破，發揮不可輕估的潛力，化信念為實際行動，必能出類拔萃地站在眾人前面。

沒有成功的信念人，就是不相信自己的人，連自己都不相信，這個世界同樣不會相信你！因此，你就無法成功！

2. 培養成功信念的方法

如今每個行業、每個領域都是人才濟濟，激烈的市場競爭宣告暴利時代已經結束，取而代之的是微利時代。

因此，成功必須靠我們自己發掘。

我們應該怎樣培養自己的信念呢？

（1）認清自我

缺乏自信的人其認知特點是過低估價自己，只看到他人的優點，看不見自己的長處；只看到完成工作的困難，而忽視有利條件。

如果成功是因為機遇好，一旦失敗則是因為自己無能、蠢笨造成的。自己的優點和長處是無足輕重的、暫時的，其他人也很快就會具備的，而別人的優點和長處卻是實在的、重要的，自己很難達到的等等。

事實上，我們每個人都有缺點和不足，只看到別人的優點而以此貶低自己是片面的、不妥的。反過來，我們每個人都有自己的長處和優點，任何人都能在社會中找到適合自己的位置，正所謂「天生我才必有用」。

（2）合理期望

心理學告訴我們，人的期望值有時與失望值是成正比的，期望值越大，失望值也就越大。因此，建立合理的期望值對於樹立自信心和必勝的信念有著至關重要的作用。

（3）全面認識

一件事情的成功與失敗，不能簡單地歸因於某一個條件，它跟主觀努力、個人能力、機遇、任務難易等多種因素相關。

因此對於每次具體的成功與失敗，都既要看到自身主觀條件，也要看到客觀外部環境，從而做出恰如其分的評價和相應調整。

貼心小提示

我們每一個人都非常渴望成功，可是你有必勝的信念嗎？你的成功信念足夠強烈嗎？如果有的話，你就一定能夠成功。現在讓我們來一起做一個小測試吧！

請對下列題目做出「是」或「否」的回答。

1. 規定的目標一定要實現。

2. 成就是我的主要目標。

3. 心中思考的事情往往立即付諸實踐。

4. 對我來說，做一個謙和寬容的勝利者與取勝同樣重要。

5. 不管經歷多少失敗也毫不動搖。

6. 謙虛常常比吹噓會獲得更多的益處。

7. 我的成就是不言自明的。

8. 我實現目標的願望比一般人更強烈。

9. 充滿只要做就必然能成功的自信。

10. 他人的成功不會詆毀我的成功。

11. 工作本身蘊含著價值，並不是為了獎賞而工作。

12. 我有自己獨特的、其他任何人不具備的優點。

13. 認準的事情堅決做到底。

14. 對工作的集中力高、持久性長。

15. 往往馬上實現大腦的閃念。

16. 失敗不能影響我的真正價值。

17. 對自己的評價不受別人的觀點左右。

18. 信賴他人一起合作。

19. 一件一件地實現要做的事情。

20. 為了實現目標往往全力以赴。

21. 相信自己有應付困難的能力。

22. 常常盼望良機來臨。

23. 很少對自己有消極想法。

24. 與專心思考相比，更多的是身體力行。

25. 目標一旦確定馬上實施。

26. 一直得到許多人的幫助。

27. 盡可能地充分利用自己的才幹與能力。

現在我們計算一下自己的分數。選擇「是」計 1 分，「否」計 0 分。各題得分相加，統計總分。

0 分至 5 分：說明你實行目標的信心很低。6 分至 11 分：說明你實行目標的信心較低。12 分至 17 分：說明你實行目標的信心一般。18 分至 23 分：說明你實行目標的信心較高。24 分至 27 分：說明你實行目標的信心很高。

▶ 第九節
每個人都需要自制能力

　　自制力就是自我約束、自我克制的能力。人的自制能力的優劣能夠決定人的心理修養、健康狀況、智慧的發揮程度。它與實現個人目標具有極大的關係。

　　你是否覺得自制能力只適於少數鞠躬盡瘁、堅不可摧的人？事實並非如此。我們每一個人都需要自制能力，自制意識一旦養成，任何事情都會成為可能。

1.認識自制的重要性

　　自制力是指一個人在意志行動中善於控制自己的情緒，約束自己的言行。自制力主要表現在兩個方面：一方面使自己在實際工作、學習中努力克服不利於自己的恐懼、猶豫、懶惰等；一方面應善於在實際行動中抑制衝動行為。

　　自制力對人走向成功起著十分重要的作用。自古代百科全書式科學家亞里斯多德（Aristotle），到近代的哲學家們都注意到：「美好的人生建立在自我控制的基礎上。」

　　凡成功者無不懂得自制。自制是修身立志成大事者必須具備的能力和條件，希望每個人都能做到自制。

　　從本質上講，自制就是你被迫行動前，有勇氣自動去做你必須做的事情。自制往往和你不願做或懶於去做但卻不得不做的事情相連繫。比如，刷牙洗臉是每天必須要做的事情，但是有一天你回到家筋疲力盡，如果你

倒床就睡，是在放縱自己的行為；如果你克服身體上的疲憊，堅持進行洗漱，這是你自制的表現。

人們往往會遇到一些讓自己討厭或行動受阻撓的事情，而在這種情況下，你就應該克服對情緒的干擾接受考驗。

自制的方式，一般來說有兩種：一是去做應該做而不願或不想做的事情；一是不做不能做、不應該做而自己想做的事情。比如你每天早晨堅持鍛鍊身體，某一天天氣特別寒冷，你不想冒寒冷繼續堅持，但是你最終走出家門，繼續鍛鍊，這就屬於前者。後者的表現也較多，你喜歡抽菸，但到了無菸室，你必須忍住內心的慾望不抽菸。

一般情況下，自制和意志是緊密相連的，意志薄弱者，自制能力較差；意志頑強者，自制能力較強。加強自制也就是磨練意志的過程。

自制對於個人的事業來講，發揮著重要的作用，加強自制有助於磨礪心志，有助於良好特質的形成，使人走向成功。

自制是在行動中形成的，也只會在行動中體現，除此之外，再沒有別的途徑。夢想自己變成一個自制的人就會變成一個自制的人嗎？靠讀幾本關於自制的書就能成為一個自制的人嗎？答案都是否定的。

自制的養成是一個長期的過程，不是一朝一夕的事情，因此要自制首先就得勇敢面對來自各方面的一次次對自我的挑戰，不要輕易地放縱自己，哪怕它只是一件微不足道的事情。

自制，同時也需要主動，它不是受迫於環境或他人而採取的行為，而是在被迫之前，就採取行為。前提條件是自覺自願地去做。

在日常生活中，時時提醒自己要自制，同時你也可以有意識地培養自制精神。比如，針對你自身性格上的某一缺點或不良習慣，限定一個時間期限，集中糾正，效果比較好。

千萬不要縱容自己，給自己找藉口。對自己嚴格一點，時間長了，自制便成為一種習慣，一種生活方式，你的人格和智慧也因此應得更完美。

2. 培養自制能力的方法

自制不可能憑空產生，而是需要時間和勇氣去培養。但結果會證明所付出的努力是值得的。

我們該如何培養自己持久的自制力呢？

（1）要確定動機

你若想培養自制力，動機至關重要。這對於任何一個長期致力於某一項工作的人來說都是如此。

短期動機則是基本的，像有足夠的錢養家餬口，或及時助人。這些小事隨時隨地都會發生，但問題是無法持久。你若想要培養自制力，你還得有一個長期動機。這樣的動機可以幫助你度過許多難關。

一旦找到這樣的動機，就要細心呵護它。你若想為他人的利益而奮鬥，可千萬不要想過之後就忘得一乾二淨，而是要時刻提醒自己。當前行的路變得艱難時，就想一想你在為何而戰。這麼做可以讓你堅定決心，繼續投入工作中。

（2）會尋找偶像

有時我們會失控，有時身邊的一切將我們打到讓我們感覺無法繼續前行。實在是太難了。這個時候我們需要一個榜樣。

在你工作的環境中找個榜樣確實值得考慮。在你心情沮喪的時候，想一想這些偉大人物會怎麼做，然後按照那個答案照做。

（3）運用反增法

反增法跟冥想很相像，要求很簡單。

下次在工作中又想看電視的時候，多堅持 5 分鐘，而不是像往常那樣起身投入沙發的懷抱。如果這個能做到，那下次就努力堅持 6 分鐘。每次一要分心的時候就這樣做。

這樣一來，你就會不斷增加自己的優秀特質而非壞習慣，會增強自制意識。很快，「再堅持 5 分鐘」不再困難，你已經步入養成持久自制的軌道。

（4）要養成習慣

習慣是個有力的詞，養成持久自制力的最好方法就是為自己設定常規，然後不折不扣地堅持下去，這樣逐漸成為一種習慣，你的自制意識也就得到了最大程度的增強。

增強自制力的方法還有很多，我們只要有恆心，只要多注意觀察思考，就會讓自己的自制力變得越來越強。

（5）要加強修養

人的自制力在一定程度上取決於我們的思想修養。一般來說，具有崇高理想抱負的人絕不會為區區小事而感情衝動產生不良行為。因此，要提高自制力最根本的方法是樹立正確的人生觀、世界觀，保持樂觀向上的健康情緒。

（6）要提高素養

一般來說，一個人的文化素養和其承受能力、自控能力成正比。文化素養比較高的人往往能夠比較全面正確認識事物，認識自我和他人的關係，自覺地進行自我控制、自我完善。

（7）要穩定情緒

用合理發洩、注意力轉移、遷移環境等方法，把將要引發衝動的情緒宣洩和釋放出來，保持情緒穩定，避免衝動。

貼心小提示

　　自制力對於我們的成功非常重要，你的自制能力如何？如何增強我們的自制力呢？現在讓我給你提供一個提高自制力的重要方法：「磨練法則」！

　　「磨練法則」對於培養克己自制的特質至關重要。舉個列子，第一位成功征服聖母峰的紐西蘭人艾德蒙・希拉里（Edmund Hillary）在被問起是如何征服這世界最高峰時，希拉里回答道：「我真正征服的不是一座山，而是我自己。」

　　這種優秀的特質就叫做意志力、自制力或克己自制，實際上，你也完全可以從每天去做一些並不喜歡的或原本認為做不到的事情開始，在「磨練法則」的作用下，開發出自己更強的意志力、自制力等。

　　你也知道只有透過實踐鍛鍊，才能夠真正獲得自制力。也只有依靠慣性和反覆的自我控制訓練，我們的神經才有可能得到完全的控制。從反覆努力和反覆訓練意志的角度上而言，自制力的培養在很大程度上就是一種習慣的形成。

　　而我可以給你最有效方便實際的建議是每天早上做 5,000 公尺慢跑。不論嚴寒酷暑，颱風下雨，都要堅持。早上在床上的每一分鐘都是如此讓人珍惜，特別是冬天賴在被窩裡為起床做著激烈的內心鬥爭，而且長跑又艱苦又乏味，還會讓人腰痠背痛，可真是名副其實的苦差事，所以在這過程中你就可以得到磨練。

　　只要你堅持，隨著身體狀況的慢慢變好，跑步逐漸變得輕鬆起來，跑步這份苦差事似乎不再那麼恐怖了，儘管早起仍然有點困難，有點費力，但似乎可以克服。

　　一切都變得越來越容易，越來越自然，到最後清晨成了一個習

慣，成了日常行為的一個部分，不用強迫自己，每天的晨跑成為了自然而然的習慣。這樣透過每天跑步的「磨練」，能夠使你的自制能力、決心、意志、承諾、效率、自信、自尊都得到鍛鍊和提高。

你可以選擇每天清晨長跑來幫助自己培養高度的自制力。也可以選擇各種各樣的體能活動。不論你選擇怎樣的事情，它首先是一件你必須強迫自己完成的苦差事。其次，這件苦差事也必須是你每天都可以完成的。

體能鍛鍊的項目數不勝數，但是，並不是說可以選擇的苦差事僅限於體能鍛鍊。練習一種樂器，堅持閱讀或是寫作，和朋友通信或寫郵件等同樣適用。

選擇怎樣的苦差事本身並不重要，堅持才是問題的關鍵。每天堅持做點自己原本不太喜歡的事情，最終會讓你獲得自制、毅力，以及信守承諾，增強自制力的。

跟自己定下契約，如果沒達成，就懲罰自己！現在讓我們一起加油，提高自己的自制力吧！

第五章
消極與挫折的心理轉化

　　消極心理，狹義上是指個體心理的一種消極反應，表現為信心缺失、多疑、沮喪、沉淪、看破紅塵等。廣義上是指個體因受自身遺傳因素或外在環境因素的影響下所衍生出的一種病態的心理，這種心理形成後對患者的意識特徵和行為反應產生很大影響。

　　挫折心理往往是與個人的理想在追求過程中受到阻礙，以至於無法實現有關。我們懷抱著許許多多的幻想、希望，為將其變成現實，會付出種種努力甚至刻意的追求。當這種需求持續性地沒有得到滿足或部分滿足，就產生了挫折，挫折也可稱為需要卻得不到滿足時的緊張情緒狀態。

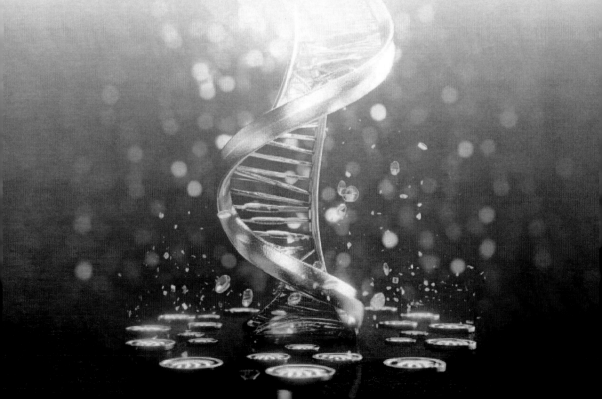

▶ 第一節
消極心理會侵蝕人的勇氣

　　消極心理是指我們個體因受自身或外在因素影響，而不滿意於自身條件或能力，進而造成信心的缺失，而在社會生活中逐漸形成的，又進而對人的社會生活產生消極影響的消極心理狀態。其主要表現為憂鬱、煩惱、孤獨、鬱悶、發脾氣、沮喪等。

　　在行為上還可以表現為抽菸、喝酒、吸毒等。所有這些都是由我們消極的思想導致。讓我們告別消極，重回積極快樂的人生吧！

1.認識消極的表現形式

　　人的心理有積極與消極之分，積極的心理能調動人的能量，煥發出激越與熱情，而消極心理對我們的生活工作影響極大，如果沒有及時根治，就有可能危害我們的正常秩序，就會給自己和他人帶來傷害。

　　如果你身處逆境之中，並不停地抱怨命運，認為生活虧欠了你，認為自己是世界上最不幸的人，那麼，你已陷入了消極情緒的泥潭。

　　消極情緒是可以理解的，然而卻是不健康的，它是人自尊、自愛、自勵、自信的對立面。消極情緒不利於人的振作，是人衝出逆境的絆腳石，甚至可以說，它就像一劑慢性毒藥，侵蝕你的勇氣、力量和時間。任其發展下去，將使人失去一切。

　　消極心理的具體表現有哪些呢？

（1）嫉妒

　　嫉妒使我們心中充滿惡意、傷害。如果我們在生活中產生了嫉妒情緒，那麼他就從此生活在陰暗的角落裡，他無法在陽光下光明磊落地說和

做；而是面對別人的成功或優勢咬牙切齒，恨得心痛。

嫉妒的人首先傷害的是自己，因為我們不是把時間、經歷和生命放在人生的積極進取上，而是日復一日的蹉跎之中。嫉妒同時也會使人變得消沉，或是充滿仇恨。如果我們心中變得消沉或是充滿仇恨，那麼他距離成功也就越來越遙遠。

（2）憤怒

憤怒使我們失去理智思考的機會。許多場合，因為不可抑制的憤怒，使我們失去解決問題和衝突的良好機會。而且，一時衝動的憤怒，可能意味著事過之後付出高昂代價的彌補。

在實際生活中，憤怒導致的損失往往可能是無法彌補的。你可能從此失去一個好朋友，失去一批客戶；你可能從此在長官眼裡的形象受到損害，別人也從此開始對你的合作產生疑慮。

憤怒時最壞的後果是，我們在憤怒的情緒支配下，往往不顧及別人的尊嚴，並且嚴重地傷害了別人的面子。

損害他人的物質利益也許並不是太嚴重的問題，而損害他人的感情和自尊卻無異於自絕後路，自挖陷阱。如果你心中的夢想是渴求成功，那麼，憤怒是一個不受歡迎的敵人，應該徹底把它從你的生活中趕走。

（3）恐懼。

過分的擔憂可能導致產生恐懼，而恐懼則使我們學會迴避，而不是迎接挑戰。對某些事物的恐懼情緒，可能來自於缺乏自信或自卑。

一次失敗的經歷或尷尬的遭遇都可能使我們變得恐懼。比如，我們經歷過一次在大眾面前語無倫次的演講，有可能我們從此恐懼演講。這無疑使我們在生活中憑空少了許多機會，若本來可以透過一番演說和遊說來獲得成功機會，則將從手指縫裡溜走。

產生恐懼情緒而不想方設法加以控制和克服，這樣的潛臺詞相當於默認自己是個怯懦的失敗者。成功的路途上小小的失敗就令他望而卻步，駐足不前，那麼，成功後可能面臨的更大的挑戰他又如何能應付呢？

（4）憂鬱

成功路途中最可怕的敵人是憂鬱。如果說別的消極情緒是成功路上的障礙，使成功之路變得漫長和艱險。那麼，憂鬱根本就是成功路上的南轅北轍。

克服別的情緒問題可能只是個修養和技巧的問題，克服憂鬱卻相當於一項龐大的工程，它需要徹底改變你的天性：從認知、態度到性格、觀念。

如果我們患上憂鬱，那麼既有的成功也會離我們而去。因為成功帶給我們的不是喜悅，不能使我們興奮起來，我們沉浸在自己的瑣碎體驗裡無法自拔。

（5）緊張

適度的緊張使我們能集中精力，不致分神。但緊張過度卻使我們長期的準備工作付諸東流。本來設想和規劃得很好的語言和手勢，一緊張便會忘得一乾二淨。

過分的緊張使我們變得幼稚可笑，如臉色發白，或漲得通紅；雙手和嘴唇顫抖不已；冒著冷汗；心跳劇烈，甚至使人感到心悸、呼吸急促；語言支離破碎。

這樣的情形使我們宛若一個撒謊的幼童。緊張可能僅僅是因為缺乏經驗，準備不足。

（6）狂躁

狂躁容易給人以一種假象，彷彿我們很精力充沛、說話和做事都那麼有感染力，顯得咄咄逼人。

可是我們狂躁者的談話沒有深度，行事缺乏條理和計劃性；說過的話

轉眼就會忘記，交給他的任務也不會受到認真對待。

狂躁的情緒容易使我們陶醉，因為我們的自我感覺好極了，我們會顯得雄心勃勃。可是，世界上沒有狂躁者取得成功的例子。

（7）猜疑

猜疑是人際關係的腐蝕劑，它可以使觸手可及的成功機會毀於一旦。愛情因為猜疑而變得隔閡，合作因猜疑而不歡而散，事業因猜疑而分崩離析。猜疑的原因是缺乏溝通。

許多猜疑最終都證明是誤會，如果相互之間的溝通順暢，那麼猜疑的黴菌就無處生長。

對成功路上艱難跋涉的追求者來說，猜疑將是一個隨時可能吞沒你整個宏偉事業的陷阱。因為你的猜疑可能隨時被別人利用，而蒙在鼓裡的你還渾然不覺。其實，只要你細加分析，就不難發現猜疑是多麼的沒有道理和破綻百出。

猜疑的另一個原因是對自己的控制能力缺乏足夠的自信。為什麼會猜疑？因為擔心自己的利益受到損害，而這種擔心顯然是由於對自己控制局面的能力信心不足造成的。

2.克服消極的方法

我們在工作、學習和生活中難免會有消極心態，它是時時干擾我們工作和學習的一種心態。因為消極心態使人心情特別壓抑、情緒低落，會使人喪失鬥志、放棄理想。

我們消極心態嚴重的人往往不愉快，情緒不穩定，對身心造成損害，易患多種疾病。此外，消極心態還會使我們意志消沉，有時甚至會產生違法亂紀的行為。

那我們要怎樣克服消極心態呢？

（1）認清事實

我們每一個人一生中不可能每個期望都達到，而每個期望都有可能達不到，這是客觀事實。我們每個人都會有不如意，事事都可能不如意。

（2）心理準備

當我們在準備做一件事情的時候，要最高效的去行動，採取最穩妥的辦法。但我們心裡卻要先想到會遇到哪些困難，如何克服，並在心態上接受失敗的可能性。

當我們已經做好準備的時候，便不會使我們的理智因措手不及而顯得無能為力，不會讓我們的情緒因一時失控而壞了行動。

（3）恰當定位

期望我們在確立自己的目標時，要定位恰當，期望值要符合客觀實際。

（4）行字當頭

我們不要經常講「我不行」，要多說一些「我能行」。勇於肯定自己和相信自己是信心的表現，而肯定自己的信心是透過比較得來的，只有在比較中發現自己的長處，才能找到肯定自己的支撐點，才能樹立信心，告別消極。

（5）獲取支持

要想克服我們的消極情緒，獲取別人的精神支持無異是最好的方法之一。而獲得心理支持、抵制消極情緒最好的辦法是寫信。

書信的語言是經過我們思考、過濾、濃縮過的，語言更正確且更有價值，讀的人有效果而且更能被感動。書信的語言可以很容易地保存，過後我們再拿出來看，能造成加強印象、加深感動的效果。

我們只要與我們的父母通信，相信一定會獲得意想不到的力量。想想當你讀著父母那充滿溫馨快樂和積極樂觀的話語時，你將會受到多麼大的感動？你會不積極的面對生活嗎？

（6）做出表情

表情是可以改變我們情緒的。通常我們只知道表情是我們內心的反映，而實際上由於類似於條件反射的道理，我們的表情也會引導心理去配合表情。

有了這個方法，當你產生消極情緒的時候，你馬上做出一個積極的表情，以改變消極的情緒。比如你燦爛地舒展一笑，一定會讓你的心窗瞬間打開，看到窗外盡是美麗的景色，原本不美的也會變美。

你甚至不需要發自內心才笑出來，哪怕僅僅是肌肉機械的做這個運動，你的心情都會變好。並且您笑得越逼真、越舒展，效果越好，所以您平時練習好吧！

（7）轉移注意

當我們感到消極時不妨把注意力從消極的心理緊張和焦慮轉向其他事物，以淡化或忘記那些令人不快的情緒反應。如心情不佳、憂愁鬱悶或發怒時，最好去大自然中散散步，聽聽輕鬆愉快的音樂，看看喜劇電影、幽默漫畫等。

（8）保持幽默

幽默在保持我們心理健康上有著奇特的功效，它可以放鬆緊張的心理，解除被壓抑的情緒。

（9）自我安慰

遇到挫折、產生苦惱時，不妨適當進行一些自我安慰，這對個體的心理健康有一定的積極作用。

貼心小提示

　　朋友們，現在讓我們來告訴你一些告別消極不良情緒的小方法吧！雖然方法小，可都是很有效的啊！

1、宣洩法

　　將積聚在心裡的痛苦、憂愁、委屈等發洩出來，使人輕鬆、氣爽、一吐為快。宣洩的方式主要有傾訴、痛哭和寫日記等。

2、疏導法

　　當不良情緒出現時，可找你信任的人、能體諒幫助你的人、或有共同經歷的人，向他們傾訴，並請他對你進行勸說、安慰、開導，可使你茅塞頓開、想通問題、解除煩惱。

3、暗示法

　　暗示可分為自我暗示和他人暗示。當感到失落，茫然不知所措時，你可尋找語言暗示，或用他人的言行作榜樣，來勸說自己。

4、轉移法

　　當自己遇到不愉快的人和事時，運用各種方法把注意力轉移到自己感興趣和喜歡的事情上去，或離開令人傷感、憂鬱的環境。如去散步、下棋、垂釣、練書法、聽音樂、看電視、逛公園、拜訪親友等。

5、寬容法

　　一方面寬容別人，對別人的過失和不敬不要耿耿於懷、斤斤計較；要以責人之心責己，以恕己之心恕人；另一方面要寬容自己，對自己的過失、挫折、不幸、要想方設法解決矛盾，擺脫困境，做到自我解脫、自我安慰、自我拯救。

6、克制法

　　認識消極情緒的危害，學會控制自己的情緒，加強修養，培養自

制力，運用理智和意志的力量加以控制。要寬宏大量，要把事情看得淡一些，不要鑽牛角尖。

7、寄託法

退休之後，飽食終日，無所事事，便容易產生失落感、孤獨感、憂鬱感。這時應當尋找精神寄託，培養一些愛好，做些力所能及的工作，發揮餘熱，再作貢獻。做到「有事心方健」、「有為則常樂」。

8、情趣法

想方設法使生活過得色彩斑斕、興趣盎然、充滿生機、富於情趣。如培植花草，持竿垂釣、吟詩作畫、潑墨揮毫、撫琴弄弦、讀書看報等。可開闊眼界、陶醉情操、爽心悅目、消除煩惱。

9、昇華法

把消極情緒化為動力，變壞事為好事，爭取事業有成。人們對待挫折和不幸有兩種態度：一是悲觀失望、灰心喪氣、懊悔嘆息、消沉下去；一是找出受挫折的原因，取得經驗教訓，化悲痛為力量，做生活中的強者，繼續奮鬥，爭得優異成績。

10、幽默法

幽默是一種優美的、健康的特質。具有幽默感的人，可以從容自如面對不愉快的事，使不良情緒得到調節，如透過幽默的說笑，透過對相聲、喜劇、幽默故事的欣賞，能使人感到全身輕鬆，心情舒暢。

11、讓步法

當遇到挫折、煩惱和不愉快之事，且矛盾無法解決時，不妨做些適當讓步，退一步海闊天空，讓三分何等清閒。適度讓步可使自己在心理上解脫，減輕精神壓力和精神負擔。

12、遺忘法

已經過去的事，特別是不愉快的事，不要老去想、去回憶，應當做到「言完事過如雲散，何必三思繞心纏？」要學會控制自己的思維活動，努力強迫自己少想或不想那些煩惱之事，直至把它遺忘掉。

克服消極情緒的方法還有童趣法、尋樂法、寬心法、安慰法、理解法、順應法、修心法等。每人可根據自己的情況，選擇使用。

第二節
依賴心理是惰性的表現

依賴心理是日常生活中較為常見的一種心理表現，其主要特徵是凡事都想依賴於別人。這種人遇事往往猶豫不決，缺乏自信，很難單獨進行自己的計畫或做自己的事。由於缺乏自立、自信、自主的精神，因此對成功與發展極為不利，所以必須引起我們重視。

1.認識依賴心理的危害

依賴心理又稱惰性心理，它的表現是多種多樣的。諸如，想辦一件事不敢獨立去做，總是想跟他人一起去做；遇事沒有主見，總是等待別人做出決定；不相信自己，不敢講出自己的見解，怕得不到人們的認可；對上司唯命是從，讓做什麼就做什麼，生活平穩，少煩惱等。

就其本質來看，依賴心理是一種懶惰的心理表現，依賴別人，自己不必動腦筋，費精力。不管是天紅地綠，都不會因獨出心裁而承擔責任。

至於在婚姻家庭生活中，這種依賴明顯地表現為夫妻間的依賴和子女對父母的依賴。

有的家庭男人處於絕對的統治地位，說一不二，使得妻子唯唯諾諾，不敢出大氣，這樣做的結果是妻子完全處於依賴狀態，對什麼事也不再動腦筋。

有的家庭對孩子管得過嚴，包得過寬，衣來伸手，飯來張口，什麼事都不用操心。久而久之，孩子就不再操心，同時也淡化了奮發意識和進取精神。

健康的、平等的人際關係是具有選擇性的，這種選擇性能使人得到友愛及獨立性。而只要存在著心理上的依賴性，就必然不會有選擇，也就必然會有怨恨和痛苦。

一旦你覺得需要別人，離不開別人，你便成了一個脆弱的人。也就是說，如果你所需要的人離開了你、變了心，那麼你就感到被人拋棄，茫然不知所措，精神極為痛苦，甚至崩潰。

依賴別人如父母、師長、上級、朋友等的人，會把別人看的比自己重要，期待著別人的安撫與讚許，會自覺不自覺地迎合別人的意願說話、做事，以取悅對方。而將自己置於依附的地位，這樣就喪失了自我，事後會感到怨恨，心中不平，而不如此又感到內疚和不安。

從心理學角度看，依賴心理是一種習以為常的生活選擇。當你選擇依賴時，就會使你失落獨立的人格，變得脆弱、無主見，成為被別人主宰的可憐蟲。

產生依賴心理的主要原因有兩個方面：

一是教育不當引起的心理依賴。如有的青年人，從小受到父母的過度溺愛和嬌縱慣養，自己生活的一切均由父母包攬，生活中從沒有為自己的事情考慮過，全部聽從父母的擺布，使得自己不懂生活的艱難，養成了做事靠父母的依賴心理，缺乏獨立生活和處理問題的能力。

二是自卑衍生出來的心理依賴。有的青年人有較嚴重的自卑心理，認為自己不如他人，如知識貧乏、能力不強、笨嘴拙舌，因此在日常交往中，不自覺地把自己放在配角位置，心甘情願地受他人的支配。

2.克服依賴心理的方法

依賴心理的形成是一個長期的過程，是多種因素相互作用的結果。它是一種消極的心理狀態，影響個人獨立人格的完善，制約人的自主性、積極性和創造力。要克服自己的依賴心理，也並非朝夕之事，而要多角度、長時間地去攻克它。我們該如何逐步克服自己的依賴心理呢？

（1）堅定意志

對於已經養成依賴心理的人來說，那就要用堅強的意志來約束自己，無論做什麼事都要有意識地不依賴父母、妻子或其他的人，這樣就不必按照他們的思維方式思考，也不必遵從他們的意見辦事。同時自己要動腦筋，把要做的事的得失利弊，考慮清楚，心裡就有了處理事情的主心骨，也就敢獨立處理事情了。

（2）有責任感

一些沒有使命感和責任感的人，生活懶散，消極被動，常常跌入依賴的泥坑。而我們具有使命感和責任感的人，都有一種實現抱負的雄心壯志。我們要求自己嚴格，做事認真，不敷衍了事，馬虎草率，具有一種主角的精神。

這種精神是與依賴心理相悖逆的。選擇了這種精神，你就選擇了自我的主體意識，就會以依賴他人而感到羞恥的。

（3）獨立做事

單獨地或與不熟悉的人辦一些事或做短期外出旅遊。這樣做的目的，是為了鍛鍊獨立處事能力。

自己單獨地辦一件事，完全不依賴別人，無論辦成或辦不成，對你都是一種人格的鍛鍊。

與不熟悉的人外出旅遊，是由於不熟悉，出於自尊心和虛榮心，你不會依賴他人，事事都得自己籌劃，這無形之中就抑制了你的依賴心理，促使你選擇自力更生，獨立的人生原則。

（4）接納自己

一個人要在事業上有所作為，首先要正確地認識自己，對自己採取接納的態度。我們生活中的每一個人都有優點，也都有弱點。我們有的人發

現了自己的缺點和缺陷，就當成包袱背起來，老是壓在心頭，連自己的優點和長處也看不到了。

於是，自己的精神優勢被自身的弱點與缺陷所壓垮，自身的潛在能力與智慧被自身的弱點與拒絕所泯滅，從而為自己設置了障礙。

事實上，許多事情別人能做到，自己也一定能做到，關鍵在於應該充分、準確、客觀地認識自己。要做到這一點，則必須先在心理上接納自己。

（5）增強自信

自信心是對自身潛能的肯定，是追求事業成功過程中的一種良好的心理特質。要有自己相信自己、自己戰勝自己的信心。只要堅信「我可以」，一股新思想的動力就像流泉一樣充實著頭腦並改造自己的人生。

貼心小提示

依賴性強通常是人們對女性的評價，可是作為現代女性，如果依賴性太強，則意味著太軟弱，不自主，而且會影響自己在職場的發展。那麼，妳的依賴度有多大呢？現在測試一下吧！

妳一定有過搭乘別人摩托車的經驗吧！想一想，那時妳的手是怎麼放的？下面答案哪一種更適合妳？

1. 手扶在後面的手把上。
2. 手扶在前面那人的腰際上。
3. 把手放在自己的膝蓋上或乾脆不扶。
4. 雙手抱著前面的人。

選第一個答案，想必妳是個獨立自主的女性，妳有冷靜的頭腦及非凡的判斷力，妳做什麼事都能從容不迫，應付自如。生活中的妳是

個備受人注目的女強人，因為妳的依賴性不強，也能較理智地看待問題。妳雖說看起來不夠溫柔多情，但對愛情和事業都挺投入的，妳的戀人和同事都會很欣賞妳。

選第二個答案，妳表面獨立，但內心是個脆弱敏感的女孩。妳夢想找一個可以放心依靠的人，可現實卻常常令妳難以滿足。在無奈而孤獨的人生旅途中，妳學會了自己靠自己，但妳細膩柔弱的心，卻永遠不會感到滿足和平靜。

選第三個答案，妳是個不喜歡依賴別人的人，更不喜歡同事或戀人對妳有太多的依賴，所以，生活中的妳獨來獨往，才幹出眾，不喜歡和別人過多地深交；對於戀人，不喜歡被外人認為妳在依賴他，總是和他保持著若即若離的距離。妳有自己的主張，但個性太急躁，雖然別人願意和妳交往，但妳卻不會有知心朋友。戀人會很欣賞妳的獨立自主，和妳相處也輕鬆自如，只是，相信他時時都會有抓不住妳的感覺，難免進退兩難。

選第四個答案，妳是個依賴性特別強的人。工作中的妳很怕承擔太多的責任，尤其是需要獨當一面的工作，妳會十分緊張。一旦有了戀人，便會一心一意依靠對方，自己則完全失去了自主性。但是，一味依靠對方，萬一出現意外，妳將怎麼支撐？相信自己，別人能做的事情，妳一定也可以勝任的。

▶ 第三節
不要讓悲觀的情緒籠罩心理

心理學認為，悲觀是一種由於自我感覺失調而產生的不安情緒，表現為心理上的自我指責、安全感缺失、對未來總是往壞處想。

悲觀心理是成功的大敵，因為悲觀的人只會背上沉重的包袱哀怨沉淪，他們往往缺乏鬥志，而看不到光明的前景。所以我們不要讓悲觀的情緒籠罩心理。

1.認識悲觀心理的危害

我們許多人都有悲觀心理。如我們對工作上不熟悉的事情，做起來心裡就沒有譜，老覺得心裡沒底會失敗，即使別人說做的好也認為是假話。

生活上總覺得處處不如別人，儘管有人羨慕我的工作、經歷，仍然覺得自己很差。

感情上總是揣摩女友說的話、寫的字，總覺得是在暗示不好的將來，認為她想分手，總是把別人無心的話解釋成讓兩個人難過的證據。

這些都是典型的悲觀心理，它給我們帶來了嚴重的心理壓力，也給別人帶來了不必要的傷害。

悲觀是指對世界、社會和人生充滿悲觀失望的態度和觀點。那種認為現實世界充滿苦難和罪惡、人生毫無價值和幸福的態度，從而對現實世界的事情和生活採取消極失望的態度，那麼他的生活就沒有幸福感，有的只是痛苦和悲哀。

一位著名政治家曾經說過：「要想征服世界，首先要征服自己的悲觀。」

在我們人生中，悲觀的情緒籠罩著生命中的各個階段，我們在青春時

期更是不可避免。戰勝悲觀的情緒，用開朗、樂觀的情緒支配我們的生命就會發現生活有趣得多。

悲觀是一個幽靈，我們若能征服悲觀情緒便能征服世界上的一切的困難事情。人生中悲觀的情緒不可能沒有，重要的是擊敗它，征服它。

人生在世不如意的事常有八九，這是一種客觀規律，不可能以我們的意志為轉移。

倘若把不如意的事情看成是我們構想的一篇小說，或是一場戲劇，我們就是那部作品中的一個主角，心情就會變好許多。一味沉入不如意的憂愁中，只會使我們的不如意變得更不如意。

2.消除悲觀的方法

我們每一個人都會有悲觀的情緒產生，這種情緒對身心健康和發展有著很大的負面影響，這就需要我們採取一些方法來克服悲觀情緒。我們該如何克服自己的悲觀心理呢？

（1）認識自己

悲觀的人總是看到自己的缺點和不足，很少能看到自己的優點和長處。所以，要克服自己的悲觀情緒，就要對自己有個正確的認識和客觀的評價。

不要總是看到自己的不足，也應該看到自己的優勢，看到自己的長處。當面對一些問題時，不要總是過低地評價自己，認為自己做不了，能力不夠等。

在對自己有客觀評價基礎上，要樹立信心，認為自己是可以做到的，即使現在不能將問題解決得很完美，在努力之後，也一定可以漂亮得完成。其實，悲觀情緒的產生主要是因為缺乏信心而導致，所以要樹立信心，才能保持樂觀的情緒。

（2）積極思考

悲觀的人總是喜歡用消極的態度來看待問題，總是把事情想得過於複雜和嚴重，只看到不好的一面，很少看到好的一面。因此，要克服悲觀的情緒，必須換個角度來思考問題，任何事情都是有兩方面的，要用積極的態度來面對生活和工作。要學會用心去看事情好的一面、高興的一面，不給自己一些消極的想法，那麼就可以感到心情愉悅。

（3）心胸寬闊

悲觀的人總是對自己進行指責，即使不是自己造成的錯誤，總是攬在身上，認為是由於自己的原因導致的。

我們對自己往往不夠寬容，心胸不寬廣，並且喜歡把簡單的事情想像的很嚴重，很容易讓自己長久陷入在悲觀情緒中。因此，要打開自己的心胸，讓自己心胸開闊起來，對事情要大度，那麼就可以克服悲觀情緒，讓自己快樂起來。

（4）阿 Q 精神

悲觀的人總是把事情看得太嚴重，讓自己很緊張，並且使思想負擔加重。樂觀的人總是喜歡輕鬆對待問題，有些阿 Q 的精神，不把事情看得那麼嚴重。並且即使出現錯誤和失敗，對自己也不會那麼自責，認為都是因為自己的能力等原因造成的。因此，要有點阿 Q 的精神，讓自己的生活多些輕鬆，變得樂觀起來。

（5）適應環境

當遭遇一些挫折和無法挽回的重大打擊時，有的人會出現悲觀的情緒。但是悲觀無法改變任何事情，只會讓自己的情緒更加消沉。那麼還不如承認事實，讓自己從悲觀的情緒中走出來，讓自己適應環境的變化，重新規劃自己的未來，積極的生活和工作。

貼心小提示

　　悲觀心理的危害非常大，針對如何克服悲觀心理，下面的建議，一定對你有用處的。現在就試試吧！

1. 越擔驚受怕，就越遭災禍。因此，一定要懂得積極態度所帶來的力量。要堅信希望和樂觀能引導你走向勝利。

2. 即使處境危難，也要尋找積極因素。這樣，你就不會放棄取得微小勝利的努力。你越樂觀，你克服困難的勇氣就越會倍增。

3. 以幽默的態度來接受現實中的失敗。有幽默感的人，才有能力輕鬆地克服厄運，排除隨之而來的倒楣念頭。

4. 既不要被逆境困擾，又不要幻想出現奇蹟，要腳踏實地，堅持不懈，全力以赴去爭取勝利。

5. 不管多麼嚴峻的形勢向你逼來，你也要努力去發現有利的條件。不久，你就會發現，你到處都有一些小的成功，這樣，自信心自然也就增長了。

6. 不要把悲觀作為保護你失望情緒的緩衝器。樂觀是希望之花，能賜人以力量。

7. 你失敗了，但你要想到，你曾經多次獲得過成功，這才是值得慶幸的。如果問題，你做對了，做錯了，那麼你還是完全有理由慶祝一番，因為你已經成功地解決了問題。

8. 在你的閒暇時間，努力接近樂觀的人，觀察他們的行為。透過觀察，你能培養起樂觀的態度，樂觀的火種會慢慢地在你內心點燃。

9. 要知道，悲觀不是天生的。像人類的其他態度一樣，悲觀不但可以減輕，而且透過努力還能轉變成一種新的態度：樂觀。

10. 如果樂觀態度使你成功了，那麼你就應該相信這樣的結論：樂觀是成功之源。

▶ 第四節
讓自卑從生活中走開

　　自卑是人生道路上的絆腳石，自卑是人生潛在的殺手，它會把人帶到生命的盡頭，扼殺成功，扼殺幸福，扼殺快樂。為此在生活中必須挺胸抬頭，樹立自信，讓自卑從生活中走開，只有這樣，生活才會充滿陽光。

1. 認識自卑的危害

　　不管你承認與否，自卑者面對生活缺乏勇氣，無法與強大的外力相抗衡，致使自己在痛苦的陷阱中掙扎。有誰願意成為一個自卑的人呢？大概沒有。

　　在社交中，我們具有自卑心理的孤獨、離群、抑制自信心和榮譽感，當我們受到周圍人們的輕視、嘲笑或侮辱時，這種自卑心理會大大加強，甚至以畸形的形式，如嫉妒、暴怒、自欺欺人的方式表現出來。

　　自卑是一種侵蝕自我的寄生蟲，在它的侵蝕下，我們常常沉溺在痛苦的深淵而不能自拔。並且創造了更多可以原諒自己的藉口。

　　自卑是一種消極自我評價或自我意識，即個體認為自己在某些方面不如他人而產生的消極情感。自卑感就是個體把自己的能力、特質評價偏低的一種消極的自我意識。

　　我們具有自卑感的人總認為自己事事不如人，自慚形穢，喪失信心，進而悲觀失望，不思進取。

　　如果我們被自卑感所控制，我們的精神生活將會受到嚴重的束縛，聰明才智和創造力也會因此受到影響而無法正常發揮作用。所以，自卑是束縛創造力的一條繩索。

自卑是我們的一種低劣心理，是一種消極的心理狀態，是實現理想或某種願望的巨大心理障礙。自卑的人往往都是失敗的俘虜，被輕視的對象，嚴重的自卑心理能導致一個人頹廢、落伍、心靈扭曲。因此，自卑是成功的敵人。

通常，自卑感強烈的人往往會有過某一特別嚴酷的經歷，有過心理創傷。

但是，在遭遇同樣心理創傷的情況下，並非所有的人都會產生自卑感，因為我們的心理創傷並不是完全起因於外部的刺激，還有我們主觀性格的原因。自卑感較強的人一般具有小心、內向、孤獨和偏見、完美主義等性格特徵。

造成自卑心理的原因還有很多。如我們生理方面的，五官不夠端正、過胖、過瘦、過矮、口吃、身體有殘疾、缺陷等。社會環境方面的，如出身農村、經濟條件差、學歷低、工作環境不好、家庭或公司的影響等。

自卑是苦惱和痛苦的，因此我們自卑者總是想方設法要去掉這個心病。

2. 消除自卑的方法

自卑是我們的一種消極的心理狀態，是實現理想的巨大心理障礙。自卑讓我們成為失敗的俘虜，嚴重的自卑還會導致我們心靈的扭曲，走向消極。雖然造成我們自卑的具體原因不同，但是，無論是哪一種原因造成的，自卑絕不是絕症。那麼我們該如何克服自卑心理？

(1) 認知療法

就是透過全面、辯證地看待自身情況和外部評價，了解到人不是神，既不可能十全十美，也不會全知全能這樣一種現實。人的價值追求，主要體現在透過自身智力，努力達到力所能及的目標，而不是片面的追求完美無缺。

對自己的弱項或遇到的挫折，持理智的態度，既不自欺欺人，也不將其視為天塌地陷的事情，而是以積極的方式應對現實，這樣便會有效地消除自卑。

（2）轉移療法

將注意力轉移到我們感興趣也最能體現自身價值的活動中去，可透過致力於書法、繪畫、寫作、製作、收藏等活動，從而淡化和縮小弱項在心理上的自卑陰影，緩解心理的壓力和緊張。

（3）感悟療法

也叫心理分析法，一般要由心理醫生幫助實施。其具體方法是透過自由聯想和對早期經歷的回憶，分析找出導致自卑心態的深層原因，使自卑癥結經過心理分析返回意識層，讓我們領悟到：有自卑感並不意味自己的實際情況很糟，而是潛藏於意識深處的癥結使然，讓過去的陰影來影響今天的心理狀態，是沒有道理的。從而使我們從自卑的情緒中擺脫出來。

（4）作業療法

如果我們的自卑感已經產生，自信心正在喪失，可採用作業療法。方法是先尋找某件比較容易也很有把握完成的事情去做，成功後便會收穫一分喜悅，然後再找另一個目標。

在一個時期內盡量避免承受失敗的挫折，以後隨著自信心的提高逐步向較難、意義較大的目標努力，透過不斷取得成功使自信心得以恢復和鞏固。

自信心的喪失往往是在持續失敗的挫折下產生的，自信心的恢復和自卑感的消除也得以一連串小小的成功開始，每一次成功都是對自信心的強化。自信恢復一分，自卑的消極體驗就將減少一分。

（5）補償療法

即透過努力奮鬥，以某一方面的突出成就來補償生理上的缺陷或心理上的自卑感。我們有自卑感就是意識到了自己的弱點，就要設法予以補償。

強烈的自卑感，往往會促使人們在其他方面有超常的發展，這就是心理學上的「代償作用」。即是透過補償的方式揚長避短，把自卑感轉化為自強不息的推動力量。通往成功的道路上，完全不必為自卑而徬徨，只要掌握好自己，成功的路就在腳下。

學會自我補償，自卑的陰影就不會再將你糾纏。每個人的天賦不同，處境不同，面臨的機遇不同，所以成功的程度和方向也不會相同。用自己的本色和真實的感情來創造前程，這就是一個人的成就。

自卑其實就是自己和自己過不去。為什麼老要和自己過不去呢？你不覺得自己身上也有許多可愛的地方和令人驕傲的地方嗎？也許你不漂亮，但是你很聰明；也許你不夠聰明，但是你很善良。

人有一萬個理由自卑，也有一萬個理由自信！醜小鴨變成白天鵝的祕密，就在於牠勇敢地挺起了胸膛，驕傲地搧動了翅膀。讓自卑從你的生活中走開，你就會有自信能做好一兩件事，並以此成為做大事的契機！

擺脫自卑，找回自信，你會找到自己的位置，你的人生會更精彩！

貼心小提示

自卑是心理問題最主要的癥結之一，有位著名的心理學大師認定，所有的心理障礙的原因都能歸結到自卑上來，所以，我們不妨進行一個自我測試，你若有興趣知道自己是否也心存自卑感，就請認真完成以下的選擇題吧！請用「是」、「否」來回答問題。

1. 遇到難事，你想尋求幫助，但又不願開口求人，怕被別人取笑或輕視。

2. 當別人遇到麻煩時，你常會有幸災樂禍的感覺。

3. 你愛向人自誇自己的能力和光榮歷史。

4. 你認為學業成績、工作成績是很重要的。

5. 你覺得入境隨俗是件困難的事。

6. 你覺得人的面子最重要，輕易認錯是很失面子的行為。

7. 你害怕生人或陌生的地方。

8. 常常自問「我是很厲害的嗎？」這類問題。

9. 常覺得自己是不利處境下的犧牲品。

10. 你是個愛虛榮的人。

　　現在我們來統計一下你的分數。答「是」得1分，「否」得0分。你的分數是多少呢？看看你的心理狀態吧！

　　0分至2分者：很有自信心，能與人和睦相處。

　　3分至6分者：很可能缺乏自信心，你行事可能保守而缺少魄力，但這也許能使你安於現狀，生活在一種平靜無事的環境中，如果你認真反思一下，把你認為你能做的事和你想做的事列成表格，你會發現，事實上，能做的事要比你想做的事多一些。

　　7分至10分者：你有一種強烈的自卑感，即使在表面上你自信、自負或自傲，但你很可能在自信和自卑的兩極來回徘徊，有時這種性格上的矛盾令你感到痛苦或害怕，你得想辦法採取行動消除自己的自卑感了。

第五節
僥倖是不正常的心理反映

僥倖心理的產生存在於不同領域和不同層面的人之中，它是指人們希望由於偶然的原因而獲得成功或免去災害的一種心理寄託。心理學和行為學認為：僥倖心理是不正常的心理反映，是一種不負責的、放縱的、投機的一種心理狀態。這種心理往往是失敗、醜陋、悲慘生活的罪魁禍首。

1.認識僥倖心理的危害

僥倖心理，就是無視事物本身的性質，違背事物發展的本質規律，想根據自己的需求或者好惡來行事就能達到願望的一種思維方式。

它表現在目的上，就是只追求一種自我的滿足；表現在行為上，是一種消極的、放縱的、不計後果的心理反映。

僥倖心理它分為兩個方面：一種是有目的的。行為人知道自己這麼做可能會帶來不良後果，而為了達到個人的目的則不計後果，不顧一切。

另一種是盲目的。行為人對自己的行為所產生的後果，及能否達到預期目的，事先預料不到，這就是我們平時所說的「闖大運」。

在生活中有著僥倖心理的人還真不少。學生上學遲到，就懷著僥倖心理，認為老師說不定還沒來；向朋友說了一次謊，也懷著僥倖心理，認為對方說不定不會察覺。

於是，當僥倖過關時，這種僥倖心理在生活中就用得更加頻繁。似乎我們偶爾僥倖一下也是沒有關係的，不會有什麼嚴重的後果。

有著這種心理的人是非常危險的，因為有的事情，一旦犯了錯，是什麼也彌補不了的。

比如說過馬路，放著地下道和斑馬線不走而去懷著僥倖心理「闖」，他們有的想著：「我以前走過很多次了，都平安無事，這次也會平安的。」還有的想著：「全世界現在有那麼多人在過馬路，而死傷的人卻極少，難道我會運氣那麼差？」

但是如果出了事情怎麼辦？也許會殘疾甚至死亡，他們也許想得最少的就是出了問題之後怎麼辦了！

僥倖心理的表現當然不局限於過馬路這一點了，其他的方面也是不計其數。比如說毒品，想僥倖一試就退的想法，就是非常幼稚的，因為只要你沾上它，它就絕對不會讓你全身而退。

心存僥倖必致不幸。這既是一條沉痛的教訓，也是一條提醒大家的警語，值得認真記起。

僥倖心理是一種非常不健康的心理。它常常使人做出不正確的判斷，錯誤地估計形勢，從而迷失方向，誤入歧途。

心存僥倖理的人大多抱有「試試看」、「不會被發現」、「見好就收」、「有人保護」的想法，一旦違規違紀嘗到了一點甜頭，這種心理就得到強化，開始扭曲，貪欲之心也逐漸膨脹，膽子也越來越大，甚至肆無忌憚，為所欲為，加上監督失察，他們就會在違法違紀路上越走越遠，越陷越深，不可自拔，恐怕到時想回頭也很難，說不定還很可能走上一條人生的不歸路。

2. 克服僥倖心理的方法

心理學認為，人的不正常心態，透過適當的心理調適，是可以克服的。既然僥倖心理危害極大，那麼我們就要痛下決心防止、克服和摒棄，走出這種扭曲的心理狀態，保持正常、平淡，多些理性的健康心理狀態，

使自己的人生之路不發生偏斜。

我們該如何克服自己的僥倖心理呢？

（1）要加強修養

人的僥倖心理的產生，與個人道德修養、意志品格、文化修養等有著密切的連繫。

道德修養、意志品格好、有文化修養的人，是很難做出沒有原則的事情來。只有個人修養差的人，才容易產生僥倖心理，而做出愚蠢的事情來。

因此，平時我們一方面要注意加強學習，改造自己的世界觀。古人說，書能養性、修身。

我們可以透過讀書學習，從書本中學到更多的知識，不斷充實自己。像學習一些心理學知識、社會學知識、法學知識、道德倫理知識等，學會遇事用腦認真冷靜地思考，正確認識自我，使自己的行為符合社會規範，符合法律規範。

這樣，當你頭腦中有了不正確的想法時，就可以很好地思考一下，這個想法是否符合法律、道德規範，它將產生的後果如何，你就不會出現過激的行為。

如：當你有了想把別人的物品據為己有的念頭的時候，要是想到我這樣做一旦暴露，對不起朋友，自己也無臉見人等後果，你就會放棄這個錯誤的念頭。

另一方面，在工作中磨練。透過工作實踐，可以磨練個人的意志品格，改善心理結構。

良好的環境薰陶和實際工作的磨練，會使性格變得豁達一些，說話變得涵養一些，使你越來越走向成熟。

（2）轉移視線

心理學認為，人受外界因素的影響，在某一階段，大腦中都有一個興奮點，這個興奮點，它可以導致你產生不同的行為。僥倖心理也是受外界環境的影響，或利欲的誘惑而產生的謀求個人利益的興奮點。

但這個興奮點，受到內因或外力影響時，會發生改變的。比如，一個人一味地想弄到錢，他要經常地尋找弄錢的機會，像打麻將賭博、個人單獨活動等，那麼在這段時間內，無人勸阻，有了機會就可能去實施。

如果我們能經常參加一些團體活動，像打球、唱歌、生產勞動，或者專心致志地去做某項工作，分散自己不正常想法的精力，也會取得良好的效果。

特別是你感到參加團體活動有了樂趣，工作中有了成績，生活充實的時候，你的心理就會產生一種滿足和安慰。

（3）有自控力

有的人說：「我不出大格，偶爾僥倖做些小聰明，沒什麼大不了的事。」其實不然，有了第一次，可能就會想到第二次，有了想做越軌事的僥倖心理，最終會將你陷入違法犯罪的泥潭。因此，我們平時要從小事做起，從點滴養成，培養自己的自控能力。

如堅持正常的生活制度，遇事頭腦要冷靜，切莫盲幹。當你有了非分之想的時候，你想一想達不到預想的結果給自己帶來的後果，或者說這樣做違反了紀律受到處罰，得不償失，你就會停止你的行為。

總之，遇事用法律觀念來約束，掌握做事的原則，就一定能消除你的不正常心理，就不會發生違法違紀的行為。

貼心小提示

我們許多人平時有很多僥倖心理，特別在股市中，抱有這種心理的人更多。僥倖心理是財富的隱形殺手。

說它是隱形的，是由於它悄悄地潛伏在心中的某個角落，輕易不容易覺察。說它是殺手，則確實有很多人在這上面吃了大虧，賠了大錢。

你是不是也曾遭遇過這樣的挫折呢？你是不是很想克服自己的僥倖心理呢？其實這並不難，只要你用心按照下面的方法做，就一定會成功克服僥倖心理，贏得真正成功！

1. 學習專業知識

常言說見多識廣，了解的知識比較全面，看過的東西比較豐富，就能有效避免「神棍」和準確內幕消息的非法侵害。對於大勢已經清晰的前提下，不要在意一時得失，總想著挑選低點入市，結果踏空行情，這是因小失大的典型寫照。

2. 培養實踐能力

在股市中想長時間有效獲利需要自己去實踐，只有真正經歷了至少一輪完整的牛熊市轉換，並且勤於思考的股民才能在股市中持續營利，這種能力的培養不是靠意外的僥倖就能獲得的。

3. 成功需要努力

沒有人能隨便成功，在股市中遇到了很容易就成功的誘惑，一定要想清楚這會不會又是一個精心設計的騙局？多和朋友一起交流，哪怕他們不是股民也沒關係，充分獲取多位可靠朋友的意見和幫助，然後進行綜合歸納，融入自己的獨立思考，形成獨到的意見和看法，可能讓你在財富的獲取上取得更大成功。

▶ 第六節
學會正確看待挫折感

巴爾札克說：「挫折就像一塊石頭，讓你卻步不前，你軟它就硬，對於強者卻是墊腳石，使你站得更高。」牛頓（Isaac Newton）也說，如果你問一個善於溜冰的人是如何學得成功的，他會告訴你，跌倒了，爬起來！

在我們的學習和生活中，會遇到許多挫折，如果我們沒有正確對待挫折、面對挫折，就容易造成心理上的創傷和行為上的偏差。對此我們應懂得，在追求成功的征程中，應該愈挫愈勇，做生活的鬥士，做生活的強者。挫折並不可怕，可怕的是在心理上被挫折打垮。

1.認識挫折感的原因表現

我們的個人需求不是任何時候都能滿足的，沒有實現，就會產生挫折現象，帶來消極心理，影響後續目標的實現。挫折的本質是動機無法滿足。

我們是否體驗到挫折，與我們的抱負大小密切相關，即與我們對自己所要達到的目標規定的標準密切相關。標準越高，越容易產生挫折。

如果行為結果落於兩個標準之間，那麼高於標準會產生成就感或滿足，低於標準則造成心理挫折，不管這兩個標準是由兩個人還是同一個人在不同時期中做出。

我們個人的重要動機受到阻礙時，所感受的挫折會較大；而較不重要的動機受到阻礙時，則易被克服或被別的動機的滿足所取代，因此只構成一種喪失的心理感受，對個人的挫折不大。而動機的重要性又因人而異，因時境而異。所以挫折可以說是一種主觀的感受。

挫折感還與我們的期望程度和努力程度有重要關係。如果我們真的很

用心，並認為自己一定能成功，又花了大量心血，即使是短暫的受阻，也會讓我們產生強烈的挫折感。

我們在遭受挫折後會有理智和非理智的反應。

理智反應在心理學上又稱積極進取。如我們有的人在受到挫折後毫不氣餒、反覆嘗試。有的人當一種動機和行為經一再嘗試仍無法達到成功，為了滿足需求，採取調整目標降低要求，使之達到。有的人當估計原定目標根本不可能達到時，就改變原定目標，設置另一個新目標來代替或補償，或者說謀求新的需求滿足來代替原來的需求。

非理智反應在心理學上又稱消極的適應或防衛。如我們有的人在受到挫折後失去信心、勇氣，情緒不穩定患得患失，生理上出現心悸、頭昏、冒冷汗、胸部緊縮等。

我們對挫折的容忍力反映了我們對待挫折的態度。我們的一生不知要遇到多少挫折，有的輕微、有的嚴重，能否戰勝它，很大程度取決於各人的態度。

如果我們的心胸開闊、性格樂觀、充滿自信，就能向挫折挑戰，百折不撓，直至取得最後勝利。如果我們心胸狹窄、性格內向、憂心忡忡，一遇挫折就會一蹶不振，甚至出現行為錯亂，失去應付能力。

2. 消除挫折心理的技巧

我們要知道，現實和理想不會是一致的，我們隨時隨地都可能產生挫折。雖然挫折有某些有利性，但整體來說還是弊大於利。

我們平時該如何提高自己承受挫折的心理能力呢？

（1）正視失敗

要走出失敗的陰影，請明白以下幾點：

　　成功不會輕鬆而來，失敗總是難免的。失敗和成功一樣，也是一筆財富，失敗並不同於平庸，只要你不放棄，你就永遠擁有成功的機會。成功和失敗都是生活的一部分，它們的不同感覺讓你的人生更加多姿多彩。

　　失敗並不意味著失去一切，失去的東西將會以其他方式補償給你，失敗能給你帶來什麼呢？

　　失敗給了你一次進行自我反省的機會。失敗帶給人們首先是心靈上的震動，而這種震動恰好能使你重新認識自己。可能你一直消沉頹廢，自己卻根本沒意識到其中的消極作用，失敗的震動讓你好好梳理自己的心情，調整好自己的狀態；可能你驕傲自滿，目空一切，不可一世，失敗卻像一瓢冷水將你從頭淋到腳，讓你好好反省。

　　經驗和教訓是失敗送給我們最好的禮物，它們將成為成功的有利條件。有了這些經驗和教訓，在以後的生活中，我們可以少走許多彎路，節省了成功的成本，從另一個角度看，這又何嘗不是一次成功呢？

　　失敗能激發你的勇氣，磨練你的意志。我們如果長期處於安逸舒適的環境中，勇氣、意志、雄心就會被安樂的氛圍逐漸磨掉，失去戰鬥力，一旦環境發生變化，常常不攻自破。我們必須隨時注意磨練自己的意志，激發自己的勇氣。

　　失敗能使你從安樂的狀況中使自己的意志更加堅不可摧。勇氣的激發和意志的磨練只能在一次次具體行動中進行，失敗就是考驗你的時刻。

（2）全局著想

　　我們要從全局著想，用發展的眼光看待眼前的挫折。那種具有遠大理想、能用正確積極的眼光去看社會、看生活的人，往往更能承受挫折帶來的影響。

（3）體驗逆境

生活中有晴天也有雨天，有歡樂也有痛苦。挫折是無法避免的，我們一生必然要與挫折打交道。有人做過統計，發現成名的作家中，絕大多數都經歷過坎坷的生活之路。凡成功者，都與挫折進行過無數次戰鬥。

（4）冷靜分析

遇到挫折時應進行冷靜分析，從客觀、主觀、目標、環境、條件等方面找出受挫的原因，採取有效的補救措施。

（5）調整目標

我們要注意發揮自己的優勢，並確立適合於自己的奮鬥目標，全身心投入工作之中。如果在實施過程中，發現目標不切實際，前進受阻，則必須及時調整目標，以便繼續前進。

（6）轉化壓力

適當的刺激和壓力能夠有效地調動我們機體的積極因素，我們最出色的工作往往是在挫折逆境中做出的。

（7）心理暗示

在打擊來臨後，我們要有一個冷靜、理智的頭腦，認真分析挫折產生的原因及眼前的處境，審時度勢。眼睛向著理想，雙腳踏著現實，努力朝著目標前進。我們可以暗示自己說：「這正是考驗我的時候，正是體現我生命本色的時候。」

（8）認清自己

「認識你自己」十分重要，我們每個人都有自己的優缺點，應揚長避短，充分發揮自己的優勢。五音不全者想當音樂家，色盲想當畫家，只會徒增煩惱。

（9）增強容忍

挫折容忍力是一個人在面對逆境或遭受打擊後，能擺脫不良情緒的影響，使心理保持正常的能力。增強挫折容忍力要求鍛鍊好身體，多參加社會活動，提高自己的文化素養，完善個性。

（10）成功體驗

我們如果經常遭到挫折，對自己的信心就會減弱。若多發揚自己的優點，在自己力所能及的範圍內積極取得成功體驗，能夠增強自信心，戰勝挫折。

（11）情緒發洩

情緒發洩又稱心理治療法。我們可以在限制環境下自由發洩受壓抑的非理智的情感，以達心理平衡，及早恢復理智狀態。也可以主動找朋友或陌生人傾吐心聲、減輕心理壓力等。

總之，失敗並不像青面獠牙的惡魔一樣讓人可怕，我們都與它握過手。在我們學習那些堅韌不拔、百折不撓的強者生活時，我們也能將失敗像蛛網那樣輕輕抹去，只要我們心裡有陽光，只要我們抬起不屈的頭顱，我們就能說：「命運在我手中，失敗算得了什麼！」

貼心小提示

回想一下，我們有誰沒有經歷過或大或小的挫折呢？在受挫後，我們會有一些什麼樣的心理現象呢？我們是迎難而上，還是一蹶不振？現在讓我們一起對自己的挫折心理進行個小測試吧！

1. 公路上發生一起交通事故，警察控制了局勢，你：

    （1）停下來打聽情況，設法幫忙。

    （2）袖手旁觀。

    （3）繼續走路。

2. 就在你準備出去玩的時候，家裡急需你留下，你：

    (1) 義無反顧地去玩。

    (2) 非常不情願地留下來，且滿腹牢騷。

    (3) 留下來，等有空的時候再去玩。

3. 抱怨自己的健康情況，你：

    (1) 經常。

    (2) 有時。

    (3) 從不。

4. 在大街上發現某人不省人事時，你：

    (1) 趕緊離去。

    (2) 設法幫忙。

    (3) 找警察或叫醫生。

5. 當醫生勸你注意休息，改變日常生活習慣時，你：

    (1) 不予理睬。

    (2) 減少日常活動。

    (3) 原原本本地接受。

6. 很不幸，你在某件事上已失敗兩次，當別人勸你第三次努力時，你：

    (1) 拒絕。

    (2) 滿腹狐疑地再試一次。

    (3) 先考慮一會，做一番研究，然後再做嘗試。

7. 書讀到精彩部分時，也到了睡覺時間，特別是第二天學習還需要全力以赴地完成，你：

    (1) 接著讀。

    (2) 匆匆瀏覽。

    (3) 立即合上書，躺下睡覺。

8. 在某次聚會中，突然發現你的上衣或褲子破了，這時你：

（1）趕緊回家。

（2）極力掩飾。

（3）請朋友幫助，以擺脫困境。

9. 當確認自己被跟蹤時，你：

（1）撒腿就跑。

（2）停下來和別人說話。

（3）繼續向前走，直至有人的地方。

10. 當不幸將多年的累積丟得一乾二淨時，你：

（1）精神肉體受到極大打擊。

（2）向朋友借錢。

（3）聳聳肩，重新開始。

　　現在我們來看看你回答的結果吧！回答第一答案得 10 分，第二答案得 5 分，第三答案得 0 分。你得了多少分呢？

　　如果你的分數在 50 分至 100 分：說明不是命運與你作對，而是你缺乏勇氣。你應採取措施，使自己不要過分好奇、多疑或膽小怕事，勇於面對現實。

　　如果你的分數在 25 分至 45 分：說明你能正視人生，應付自如，希望你能持之以恆。

　　如果你的分數在 0 分至 20 分：說明你能完美地處理各種問題，從不向困難折腰，你是命運的主人。

▶ 第七節
要克服急於求成的心理

　　急功近利是指一個人心浮氣躁、毛手毛腳、眼高手低、急於求成、缺乏耐心的一種心理。其表現是做事總想一步登天等等。

　　過於強烈的急功近利心理會讓我們難以平靜地、耐心地、仔細地去完成自己的工作，而且越是想要很快地做好一件事，越是無法沉下心去做，容易造成敷衍了事，這樣只會讓我們離成功越來越遠。所以我們必須消除這種觀念。

1.認識急於求成的壞處

　　遇事急躁，缺乏耐心，沉不住氣，這是我們的一種不良的情緒。這種毛病在我們許多人很常見。

　　急於求成心理，是指當我們很想實現某個價值目標，但還沒有準備好的心理狀態。如果由於時間方面的原因而不得不等待的話，等待期間就會心神不寧、惴惴不安，如熱鍋上的螞蟻，彷彿度日如年。

　　只有把事情辦成或者即使辦不成，但因有不可踰越的障礙而只能如此時，心情才會徹底放鬆，把緊繃的神經鬆弛下來。

　　急於求成作為人格表現缺陷方面的一般心理問題，其情景同樣是明顯的，即一般只有遇到與我們自己切身利益緊密相關或與維持自尊和自身形象緊密相關的事情時，我們急於求成的性格才會顯露出來。

　　而與自己的切身利益和自尊等無關痛癢的事、可辦可不辦的事，或雖與自己的切身利益和自尊相關，但目前無法辦成，其相關緊密度又不是很高的事，或與將來的切身利益和自尊緊密相關，但如今無傷大雅的事等，

則通常不會表現出急躁不安的心情。

比如回信給友人、幫人購物、在學習期間想到畢業後的出路等，自知可急可不急或急也沒有用，因而很少甚至不會表現出急躁情緒。

急躁心理與暴躁心理不同。急躁雖然有時也會導致發怒甚至暴跳如雷，但主要不是表現為發怒和暴跳如雷，而表現為心急、焦躁、不安、擔憂，一般不會殃及他人。

而暴躁雖然有時也表現為焦躁不安、心煩意亂，顯得很急躁，但主要表現為暴怒，甚至唇槍舌戰、拳腳相加，通常會殃及他人。

雖然我們急於求成的心理不會對他人造成很大的危害，但是這種心理狀態對於我們個人所要做的事情來說，影響一般是不好的，並且往往導致我們做事失敗。

相反，做事耐心，不急於求成卻往往是我們做事成功的基礎。急躁會犯很多錯誤，會自己打敗自己，而對手只用坐收漁利。一個耐心的人往往占據主動。

中華傳統之精髓在於靜心，而靜心是自我修養必須達到的基本境界，靜心就不會急躁，只會耐心等待結果，盡人力而安天命。

耐心是一分涵養，它要求你不急不躁，冷靜行事。耐心是一分理解，它要求你能反思，多替別人想一想。

耐心是一分寬容，它要求你滿懷愛意對待自己身邊的朋友。耐心又是一分期盼，它要求我們撒下種子，耐心等待成熟，而不是揠苗助長、殺雞取卵。

我們有了耐心，就會冷靜地對待自己遇到的各種問題，並妥善地加以解決。精誠所至，金石為開。

更重要的是，因為我們有了耐心，也使得自身每天都擁有一分好心情，去領略成功的喜悅。

2. 消除急於求成的方法

詩人薩迪（Sadi）說過：「事業常成於堅忍，毀於急躁。」的確如此，急於求成常使我們無法冷靜地審視客觀條件而任意行事，其結果往往是事倍功半，甚至事與願違，欲速則不達。

那麼我們如何克服自己急於求成的毛病呢？

（1）認清危害

只有充分了解到某事的危害，才可能產生有自覺去克服的動機與力量。在實際中，急於求成給我們帶來很多不良後果。它會打亂我們平時的工作秩序，浪費掉大量的時間。它容易使人完不成任務，灰心喪氣。

喜歡急於求成的人，常感情用事、易發脾氣、出言不遜、不計後果，不顧人家的自尊心與個性特點，一味強求別人與自己保持一致，從而使人際關係難以和諧。

長期急躁可能會危害我們自己的身體健康。因為我們總是坐立不安，急得像熱鍋上的螞蟻，這樣就會使得大腦長期處於興奮狀態之中，得不到休息，影響身體其他功能的協調發揮。

（2）查找原因

我們要了解急於求成是一種常見的心理現象，急於求成與一個人的氣質和性格類型有關，多血質和膽汁質的人，相對容易做事急躁。

由於我們的性格在很大程度上是天生的，後天改變起來就比較困難，但這並不是說急於求成就不能改變。只要我們持之以恆，在做我們應該做的事情中有意識地改變自己，我們的急躁情緒還是可以緩解的。

除氣質與性格有一定的影響外，與我們後天所處的環境與教育、自身的修養、認識也有較大的關係，除了這些，也跟我們當前的事件有一定的關係。

　　我們每個人都有急躁的一面，脾氣急躁跟身體的狀況也有關係的，平時多喝點枸杞菊花茶，注意盡量要早點睡覺，可以養肝。找到原因後，我們才好對症治療，認清了自己急於求成的根本原因，是我們克服急於求成心理的最重要一步。

（3）對症治療

　　另外，我們要從小事做起，當自己急躁的時候，就抽空把自己急躁的原因寫下來，並寫下你認為更好的解決方法，如果下次再遇到類似的事情，我們就要嚴格的按照這個方法去做，一點一點來，慢慢習慣成自然，逐漸就能控制自己的脾氣了。

（4）加強修養

　　我們可以不斷加強自身修養，透過修身養性來調節自己的情緒，增加自己的心理包容性，目的就是給你自己一個舒適的環境，寬鬆怡人，忘掉煩惱，擺脫急躁。

（5）自我暗示

　　適時進行自我暗示，這樣可以淡化我們的急躁心理。當急躁情緒出現時，就自己提醒自己：「要冷靜點，靠著心急能解決問題嗎？心急只會把事情弄糟的。」、「何必太心急呢？」等，也可請人在發現自己有急躁情緒又沒意識到時，及時提醒一下，從而幫助自己恢復情緒的常態，以避免急躁心理。

（6）執著有度

　　應該接受一個事實「謀事在人，成事在天」。而且事情的成敗終究是次要的，不要太執著，這樣也會有效克服我們不該有的急躁。

（7）勞逸結合

勞逸結合也是我們克服急於求成心理的有效措施。文武之道，一張一弛，在緊張工作之餘，可以聽音樂、散步或郊遊，使緊張的心情得到放鬆，使得大腦神經興奮中心轉移，與工作相關的神經細胞得到休息，這不僅有利於提高工作效率，還能避免急於求成的心理。

（8）素養訓練

急於求成往往與我們的個性緊密連繫在一起，並形成了習慣，要克服急於求成心理，可以採取一些措施，把急性子變慢。例如，我們可利用業餘時間打太極拳、釣魚、練習書法繪畫、下棋等。只要我們長期堅持、一絲不苟，就能克服急於求成的心理，培養起耐心和韌性。

（9）持之以恆

容易急躁者做事情往往虎頭蛇尾，不善始善終。要想克服急於求成心理，必須努力做到始終如一。急於求成的心理不是一天形成的，因此，克服起來也要有毅力。只要堅持下去，急於求成心理就會被克服。

3.學會耐心做事的方法

與急於求成相對的是耐心，它是幫助我們成功的一個良好基礎，因為我們缺乏耐心，因此也失去了許多成功的機會。

那麼我們在現實生活中，如何讓自己更加有耐心呢？

（1）必須從小事做起

耐心的培養需要我們從日常的點滴做起，最重要的是不要考慮太多，要扎扎實實做好你手頭的每項工作，所有的事情都踏實去做，時間長了我們也就覺得心態平靜了。

耐心的培養不是一朝一夕的事，只要我們想努力去做，相信我們就能做到。讓我們從平時的小事做起，努力改變自己吧！

（2）養成思考的習慣

我們平時要養成冷靜慎重，三思而行的習慣。要看到世界是複雜的，不可能都按我們個人的意願行事，任何一件事都可能受到其他因素的制約。

要冷靜地思考，慎重地決策，全面地分析各種可能出現的情況，耐心地處理，盡量避免一些偏差，提高辦事的效率。如果條件暫時不成熟，就盡可能創造條件，耐心等待時機。對不具備可能性的事就改換目標或途徑，以免費力不討好。

（3）制訂可行的計畫

做事之前我們要給自己制訂一個計畫，做計畫時力求從整體上來掌握，不拘泥於一些細節，在執行計畫時，可根據具體情況增加或減少一些內容，這樣能使生活、學習和工作顯得有條不紊。

（4）做好各方面準備

一般情況下，我們想要達到的價值目標相對高於自己的能力，卻想馬上實現，就會產生躁動不安的心理並引發急躁的情緒。

所以只要我們能理智地看待自身能力與目標實現的可能，並為實現目標做好充分的準備，包括失敗的準備，就心平氣和得多了。

（5）統領全局

不斷提高我們自己認識事物和為人處事的能力，那麼我們就能站到統領全局的位置上，即便是千軍萬馬，也憑我們羽扇揮來揮去。那時，我們還有什麼不耐心的呢？

（6）找準規律

我們急於求成的心理往往還由於對事情的規律了解還不夠充分完整、計畫不夠完備造成的，沒有做好事情後面階段的相應準備，所以當你失去對事情的控制時，你就會產生希望目標馬上實現的急躁情緒。

如果我們能掌握事情的發展規律，並妥當地做好充分的準備，那麼，完成事情的過程就會變得十分有趣。

想想看，當事情的發展在我們的掌控之中並按我們的預計發展的時候，我們一定會充分享受這個過程，享受這種控制事情而不是被事情控制的感覺，那種感覺就像諸葛亮坐在空城城頭目送司馬懿退兵一樣。這時候我們是不是一定非常耐心啊！

貼心小提示

也許你喜歡急於求成，你的急躁心情不斷出現，這就需要你不斷地進行心理上的自我放鬆，直至急躁情緒被克服為止，到那時你才會找到一個真正心理平和的自己，讓自己做起事來更加得心應手！下面是一些有效的方法，你不妨嘗試一下！

你可以隨身攜帶寫有「冷靜」字樣的紙條，遇到自己急躁情緒襲來時，馬上拿出來看一看，迫使自己冷靜下來。

當你急躁的時候，你可以往雙腳的大拇指上使勁，此外，也可以往腹肌上用力。

這是因為人在急躁不安的時候往往會抖動腿腳，有的人則習慣地蹺起二郎腿。這是無意識之中限制血液向大腦湧流的保持平衡作用的方法，腿部作用所以有益於消除急躁情緒，是因為它位於與頭部截然相反的方向，調節血液循環的效果最佳。

下面的方法能幫助你儘快消除急躁情緒，保持健康心態。結合自己所處的場所，採取站立或坐臥的方式；做好準備後盡力往整個雙腿上使勁，使雙腿肌肉緊張，持續 30 秒後復位；身體處於坐姿時，可腳跟著地用力蹺起大腳趾，使腿部肌肉緊張，持續 30 秒後復位；可以用上述方法向腹部肌肉用力，收到的效果會更好。反覆重複上述動作，就能獲得預期效果。

下面的訓練能夠使你心胸開闊、情緒穩定，並強化心肺功能。選擇平坦的地面，雙手各自緊握一本書或其他物品，自然站好；握緊書的雙手慢慢展開，逐漸伸平；伸平雙手後，軀體向前臥，身體要盡量向前彎曲，而後挺直；挺直身體後，身體向後仰，要盡量向後彎曲，而後復位。每次做前臥和後仰各 10 下，共做 3 次，能夠收到改善血液循環、情緒好轉的效果。

▶ **第八節**
浮躁是產生荒誕的土壤

浮躁是指缺乏沉穩、見異思遷、心境急躁、辦事不踏實，不善於控制自己的情緒。

浮躁是一種病態的心理表現。有浮躁心理的人在面對急遽變化的社會時，常常表現出不知所為，做事情也心中無底，並且常常喪失理智，使得行動具有盲目性。

1.認識產生浮躁心理的原因

浮躁的人常常讓人感覺沒有長性，因為做事情通常沒有恆心，容易被外界所打擾，見異思遷，並且喜歡投機取巧，整天沒有什麼正經的事情卻又心高氣傲，心神不寧，喜歡發脾氣。

浮躁心理是一種不安定因素，它在左右著我們，導致我們在面對社會、生活變遷的時候顯得慌亂而沒有主張。浮躁心理的實質是我們對自己缺乏信心，底氣不足。所以，我們常常會無端的發脾氣，表現出十分急躁、不安、焦慮的情緒。

我們也是很情緒化的，急功近利的要求經常是情緒取代理智和冷靜，做出許多危害社會和他人的事情來。這種情況與腳踏實地、艱苦創業、努力奮鬥、公平競爭是完全對立的。

浮躁心理容易造成我們心神不寧。面對急遽變化的氛圍，不知所為，心中無底，恐慌得很，對前途毫無信心，內心充滿對前途的困惑和憂慮。

浮躁心理容易讓我們焦躁不安。在情緒上表現出一種急躁心態，急功近利。在與別人的比較之中，更顯出一種焦慮不安的心情。

　　浮躁心理還會讓我們盲動盲從。由於心中不安，情緒取代理智，使得行動具有盲目性。行動之前缺乏思考，只是盲目地做題，或者是隨時模仿和跟從別人學習，而不去想自己到底需要什麼。這種病態心理使學習效率特別低。

　　那麼人為什麼會產生浮躁的心理呢？

　　社會因素是導致浮躁心理產生的重要原因之一。若社會正處於一個大的變革時期，經濟高速發展，社會體制也有大的變化。這個時候，每個人的未來都是未知和難以自我掌控的。

　　有許多在原來社會體制下各方面都位居上游的人，很可能在現在的社會中「每況愈下」，而一些原來經濟等各方面條件並不是很好的人，卻透過各種各樣的途徑變得越來越好。

　　社會每一天都在變化中，在這種情況下，很多原來社會地位、經濟條件居中的人就更不知道該何去何從，未來將會有什麼樣的變化了。於是他們經常會煩躁不安、戰戰兢兢，並且容易患得患失，努力的保持或提升自己，所以產生浮躁心理。

　　高科技和資訊產業的發展也是導致人們浮躁心態的重要原因。因為高科技強調一個快字，人們不能再像過去一樣，一壺酒、幾碟菜，海闊天空地聊天、神遊。

　　人們追求速度，效率和解決方法的捷徑。在追求這些的同時，人們往往忽略了耐心和等待，甚至不惜代價地投機。人與人之間的交流變少，變得越來越自我和獨立，而造成了一定程度上人與人之間的不和諧因素，籠統歸為浮躁的心態所致。

　　激烈的競爭與工作壓力也容易導致我們的浮躁心理。如果說高科技只是一個間接原因，一個誘因，那壓力與競爭便是浮躁的直接原因。競爭促使

優化，優化意味著對個人更多的要求。人們不能坐以待斃，不能守株待兔，不能坐享其成，凡是都要靠自己的雙手去爭取、去獲得，這是個很現實的問題。所以，冷漠也好，殘酷也罷，都是浮躁的心態所導致的不良後果。

另外，畸形的速食文化也是導致我們浮躁心理的原因。太多理財投資類書，太少淨化心靈的讀物。動不動的暢銷讀物、排行榜、音樂小說，用新奇的標題，離奇的情節，誇張的形式，眩目的色彩奪取本已無太多抵抗力的人們。人們在物欲湧動的今天，人們對這些速食文化變得束手無策，只能選擇默默的接受。

當然浮躁心理也與我們個人有很大關係。很多人有很強烈的虛榮心，他們異常喜歡和別人比較。社會地位、經濟條件、名譽權利是他們強烈追求的對象，如拜金主義、投機主義和享樂主義思想。要開拓思維、把眼光放得長遠，並且擁有寬廣無私的心。

2．消除浮躁心理的方法

無論何事都需要一個過程，而浮躁心理會阻礙我們的成功。很多時候，我們的理想最終成為空想，就是因為我們的內心浮躁，無法以平和穩定的心態去追求成功導致的。所以，對於浮躁心態，我們必須採取一些措施。

那麼怎樣才能克服浮躁心理呢？

（1）做事要有計劃性

浮躁的人往往急功近利。比如學英語，希望自己用三個月，甚至一個月就達到較好的聽說讀寫程度，於是自己制訂了一個計畫。每天早上讀兩小時，晚上學習兩小時，可這樣堅持不了多久。不如自己每天早晚各堅持讀半小時英語，長久下去，收穫肯定很大。我們要知道，任何事情都有一

個循序漸進的過程，對自己制訂的目標要合理，如果自己拿不定主意，可以請老師、父母幫助，一起來制訂一個切實可行的學習計畫。

所以我們要事前進行周密計劃，使行動按照計畫一步步、有條不紊地進行。很多浮躁情緒，都是在事前準備不足或計劃不周的情況下發生的。比如，出現事先沒有料想到或沒有考慮好對策的困難時容易急躁、步驟混亂、工作亂套等。

（2）遇事要自我暗示

辦事前，心中默念「沉著」、「再沉著」，「冷靜」、「再冷靜」。在暗示下，慢開口後動手，這樣就會取得較好的效果。

（3）實踐要有條理性

條理性和計劃性應當是並存的。當有許多工作都需要做時，要分清輕重緩急，先做最迫切的事。防止毫無條理地把各項工作擺到一起，雜亂無章地亂忙一通。如果辦事缺乏條理，這件事還沒做完，又急著去做那件事，眉毛鬍子一把抓，其結果只會是越急越糟，一件事也做不好。

（4）生活要有規律性

應當給自己規定嚴格的生活制度，規定每天起床、就寢、用餐、工作、學習及其他業餘活動的時間，增強生活的規律性和節奏感。嚴格的生活制度和生活秩序，正確的工作制度和工作秩序，對於幫助我們形成條理性和規律性，培養不慌不忙、從容不迫的行為習慣，克服急躁情緒，都有很大的作用。

（5）競爭要會知己知彼

有比較才有鑑別，比較是人獲得自我認識的重要方式，然而比較要得法，即知己知彼，知己又知彼才能知道是否具有可比性。例如，相比的兩

人能力、知識、方法、投入是否一樣，否則就無法去比，這樣得出的結論就會是虛假的。有了這一條，人的心理失衡現象就會大大減低，也就不會產生那些心神不寧、無所適從的感覺。

（6）工作要有務實性

務實就是「實事求是，不自以為是」的精神，是革新求變的基礎。沒有務實精神，重塑只是花拳繡腿，這個道理人人應該明白。

（7）決策要基於思考

考慮問題應從現實出發，不能跟著感覺走。目標要實際，過程要扎實，真正做一個務實打拚的人。

（8）事業離不開毅力

毅力是成事的根本，沒有哪件事情是一蹴可幾的，毅力在一個人的成功當中至關重要。同學們可從生活中的小事做起，鍛鍊自己的毅力。比如每天堅持做仰臥起坐，可以從10個、20個開始，逐步增加，過一段時間，就能做到100個了，在這種成就感的驅動下，毅力也會慢慢培養起來。

（9）有奮鬥到底精神

自己心浮氣躁，不想堅持的時候，閉上眼睛深呼吸，告訴自己一定要堅持下去，不把問題解決掉絕不做其他的事情。不管事情有多難，也要有一股奮鬥到底的精神。

總之，做事要有開拓、創新、競爭的意識，更要有持之以恆、任勞任怨的務實精神。而浮躁心理使人失去對自我的準確定位，使人隨波逐流、盲目行動，對個人的發展極為有害。

如果我們能克服浮躁心態，真正的靜下心來認真去工作學習，那我們一定能做的比現在好，取得更大的成績。

貼心小提示

　　大學生浮躁了，往往不能安心學習，而是急於找一份工作；員工浮躁了，產品的品質、生產的安全會大打折扣；企業長官浮躁了，判斷力會受影響；商家浮躁了，表現為急於推出新產品，為馬上獲得利潤而不擇手段，甚至出現諸如造假的惡劣事件。

　　你有浮躁心理嗎？現在我們來一起做個測試。對下列題目做出「是」或「否」的回答。

1. 你是否經常心神不寧和焦躁不安？

2. 你是否好高騖遠，不切實際，經常跳槽換工作？

3. 你是否在求職中往往想著大城市、大企業，嚮往高收入、高地位，無法正確評估自己的分量，結果處處碰壁？

4. 你是否總是渴望和力求結識比自己優越的人，而對不如自己的人則愛理不理，希望從結識的人那裡獲得好處？

5. 你是否遇到事情好著急，無法控制感情？

6. 你是否做事沒有恆心，經常見異思遷？

7. 你是否成天無所事事，總想投機取巧，脾氣又大？

8. 你是否在戀愛時把戀愛當成好玩的遊戲，經常見異思遷，尋找異樣的刺激，打發自己的空虛和無聊？

9. 你是否經常頭腦發熱，有盲從心理，譬如對於炒股票、期貨和房地產等？

　　現在我們來看一下你的答案吧！

　　如果你對上述問題至少有 60％問題回答是「是」，那麼你就有浮躁心理了。

第九節
學會克服保守的心理

保守心理是指拘泥傳統，缺乏靈活性、創新性、競爭性，不敢迎接權威挑戰，不敢亮出自己的長處及特色。

在有些情況下，遵照老辦法處理問題，我們就很可能會看到問題變得更加難以解決。我們成功的機率自然也要大打折扣。

須知，墨守成規是前進的絆腳石，保守教條只會是自設障礙。真正具有良好心理者最懂得在荊棘中開闢新路，在了無生氣中靈活創新。

1. 認識保守心理的危害

保守心理就是缺乏創新意識，這對於我們的發展進步是極為不利的。

因此，當我們在日常生活中聽到別人說某事「不可能」時，就應該想想或許這種思想是常規概念下的結論，或許會有辦法將這件事圓滿地完成。

如果我們認為這件事值得一做，那麼就不妨試試，完成幾項別人認為「不可能」的事，我們就會發現自己已在不知不覺中步入了成功者的行列。

不求創新，拘泥傳統的保守思想是沒有出路的，老方法根本不能解決新問題新情況。因此，我們應該時刻提高自己創新的意識和能力。

我們的生命歷程就像小河流水一樣，想要跨越生命中的障礙，達成某種程度的突破，邁向自己的理想，就需要有放棄舊我的智慧與勇氣，用一種全新的方法去邁向未知的領域。當環境無法改變的時候，我們不妨試著改變自己。

2. 消除保守的方法

保守心理是一種習慣勢力和習慣思維，其特點是思想僵化、墨守成規，固步自封、不思進取。

保守就是思想認知沒有與時俱進，落後於時代和實踐的發展，不從實際出發，主觀與客觀、認識與實踐相脫離，思想被種種不合時宜的觀念、做法和體制所束縛。那麼我們在現實生活中怎樣才能克服自己的保守思想呢？

(1) 正確尋找根源

要克服保守觀念，我們就要找到其根源，以便對症下藥。導致我們保守的主要根源有思想認知和社會兩方面的原因。

從我們的思想認知方面來說，主要是缺乏強烈的事業心和責任感，不求有功，但求無過，敷衍了事，得過且過。滿足於已有的知識，不願意接受新事物和吸取群眾創造的新鮮經驗。還有驕傲自滿、小進即止、小富即安、小成即驕，缺乏憂患意識。不深入實際，不尊重客觀規律，囿於主觀意志和已有經驗。

在社會根源方面，主要是我們受到傳統小生產習慣的影響。小生產的特點是地域和產業的封閉性、生產的重複性和自給自足性，其知識的獲得主要是個體的經驗累積和以往經驗的世代相傳。因此，小生產必定習慣於按老方式、老辦法、老經驗做事，在思想上勢必是因循守舊，缺乏開拓性和創新性。

(2) 富有創新精神

我們要想真正克服保守觀念，強化創新意識，不能只停留在口頭上，而要落實在我們的日常行動上，著力解決影響我們創新發展的各種問題。

（3）勇於社會實踐

我們必須牢固樹立實踐第一的觀點。社會實踐是不斷發展的，我們的思想認知也應當不斷隨之前進，不斷創新。一定要堅持科學態度，擺脫一切不合時宜的思想觀念的束縛，大膽嘗試和探索，不斷開拓進取。

（4）擺脫條條框框

在我們的日常工作中，我們絕不能憑主觀願望和表面上的隻言片語行事，更不能照搬照抄舊的思想模式，而應該一切尊重客觀事實，這樣就可以有效克服自己的保守思想。

（5）適應性的變化

現在的社會日新月異，整個世界正在並將繼續發生許多新的變化，如果我們看不到這一點而故步自封，就只能被歷史所拋棄。這就要求我們以廣闊的眼界去觀察和掌握世界的主題和發展趨勢，順應歷史發展的潮流，抓住機遇，迎接挑戰，發展自己。

貼心小提示

你懷疑自己有保守心理嗎？只要適時地調整，很快就會消失。如果不放心，自己在閒暇之時動動筆，就會清楚地了解守舊心理程度了。

現在請你仔細回憶一下，近 3 個月以來，是否經常出現下列情況？

1. 看到新潮的東西，感到特別反感嗎？
2. 聽見新鮮的詞語，認為譁眾取寵嗎？
3. 婚姻問題很講究門當戶對嗎？
4. 經常為現在看不習慣的事發出感慨嗎？

5. 不相信現代科學知識嗎？

6. 對民間的一些節日很重視嗎？

7. 對新工藝、新技術不屑一顧了嗎？

上述問題，建議你在自然的狀態下，真實地填寫出來。根據填寫的結果，可以自測保守心理程度。

如果是有兩個以上答「是」的話，說明有了保守心理，應該引起高度的重視。有了保守心理並不可怕，要加強學習，不斷提高認知水準，使自己的視野開闊起來。

▶ 第十節
驕傲自大心理是一種淺薄

　　驕傲自大是一種淺薄的心理，其特徵是自以為是、自鳴得意，看不起別人。當驕傲自大占據我們心靈的時候，我們往往身處險峰而高視闊步，只謂天風爽，不見峽谷深，從而會失去理智，陷入逆境。所以我們必須學會謙虛，這樣才能讓自己不斷進步，有效避免各種風險。

1.認識驕傲自大的危害

　　驕傲自大往往讓我們表現得很無知淺薄，除了讓人輕視外，不可能得到任何好處。

　　現實生活中我們許多人都多多少少存在著這樣一種自大心理，我們常常對現實中自我的認識和評價過度地評估，以至形成虛妄的判定，偶有一得一見，便以為自己十分了不起，忘掉了現實中的我，忘掉了客觀社會的要求對自己制約，而開始進行種種美妙的設計。

　　驕傲自大的害處很多，但最危險的結果就是讓人變得盲目，變得無知。讓我們看不到眼前一直向前延伸的道路，讓我們覺得自己已經到達山峰的頂點，再也沒有爬升的餘地，而實際上我們可能正在山腳徘徊。所以說，驕傲是阻礙我們進步的大敵。

　　三國時候，禰衡很有文才，在社會上很有名氣，不過，他除了自己，任何人都不放在眼裡。容不得別人，別人自然也容不得他。因此，他被殺於黃祖。禰衡短短一生未經軍國大事，是塊什麼樣的材料很難斷定。在這方面，即使他是天才，傲慢也必招殺身之禍。

　　關羽大意失荊州，同樣是歷史上以傲致敗最經典的一個故事。可以寫

277

成一個關羽的死亡輓歌。其一生忠義，幾近完人。只為一個傲字，失地斷頭。英雄如關羽，尚且驕傲自大不得，我們哪裡還有自大的理由。

2. 消除驕傲自大的方法

我們平時要多注意自己的言行，如果我們有了盲目自大心理，要及時對自己做一番全新的評價和估計，將自己從自以為是的陷阱中拉出來，並且重新學習與人相處。

那麼我們如何消除自己的狂妄自大心理呢？

（1）查找根源

認清原因，我們才能對症治療。首先自大心理往往與我們自我意識發展的特點有關。我們有些人對認識和評價自我充滿了濃厚的興趣和急迫感，自我認識和評價的水平大為提高，但自我認識和評價的客觀性與正確性尚不夠，還存在一定程度的盲目性，因此會讓我們產生自大心理。

還有隨著我們獨立意識、自尊心的發展，常常會導致一種不必要的自負心理。於是自吹自擂、老子天下第一等言行和心理，便在我們身上表現出來了。

自大心理也可能與我們的家庭背景有關。比如我們讀書時的成績好，踏入社會初期的順利，家人對我們的要求又百依百順，使我們不知不覺形成了事事以自我為中心，養成了一種不懂得遷就別人及完全無法容忍挫折的性格。

（2）走出自我

長期堅持對他人了解之後，我們驕傲自大者才會從自我世界中走出來，隨之自以為是的態度也會慢慢的消失。

（3）調整動機

達到或超過優異標準的願望，使我們個人認真的去完成自己認為重要或者有價值的工作，並欲達到某種理想地步的一種內在推動力量，正是成就動機推動人們在各種行業裡奮發圖強。我們一定要學會實事求是地評價自己的能力和知識水準，定出符合自己實際能力的奮鬥目標。

（4）善於學習

我們要虛心地取人之長，補已之短。誠然，誰都不可能成為無所不能、萬事皆通的全才，然而，只要虛心地向別人學習，善於把別人的長處變成自己的長處，那麼他必定會越來越聰明，越來越進步。

貼心小提示

人生在世，不能太狂妄，不能太驕傲自大。我們總是謙虛一些，多一點自知之明為好。現在讓我來教你一個快速克服驕傲自大的方法吧！

這個方法叫照鏡子法。在日常自我評估中，道理總是自己的對，文章總是自己的好，品格也總是自己的高，小的優點放得特別大，大的弱點縮得特別小。

自視高，旁人如果看得沒有那麼高，我們的自尊心就遭受了大打擊，心中就結下深仇大恨。這種毛病在旁人，我們就馬上看出；在自己，我們卻視若無睹。

所以我們要經常照鏡子，這個鏡子就是世界，是和我們同類的人。我們如果認清了世界，認清了人性，自然也就會認清我們自己，知道我們其實是和別人一樣的，都有自己的長處和短處。

如果你能從內心深處了解到自己的不足，能看到別人的優點，自然就能做到謙虛不自大啦！

▶ 第十一節
學會把失望變成希望

失望與希望是兩種截然相反的心理。失望的特徵是心灰意冷，甚至萬念俱灰。這無疑會弱化並挫傷一個人的意志，會使人失去前進的動力和奮進的勇氣。

而希望則是一種陽光積極的心理。希望是動力，是信念的支撐，是引領我們踏上前進之路的一面旗幟。沒有希望的人生是可怕的，更談不上成功與發展。

1. 認識失望情緒的危害

希望與失望恐怕是我們人類所有感情中最古老的。當我們茹毛飲血的祖先在莽莽荒原中為拾得一枚野果而歡呼雀躍，為一隻野兔的逃脫而捶胸頓足之時，希望與失望就已經編入了人類情感的詞典。

我們今天的人類思維方式和感情色彩比我們的祖先要複雜多了，但這希望與失望的糾葛、牽纏恐怕仍沒有太大的變化。

我們每個人的一生中總會伴隨著各種希望，也會同時品嚐著大小不同的失望，生活就是在希望與失望的交替中向前行進著。希望時時在，失望天天有；希望越大，失望也越大；希望越多，失望也會越多。

不常有希望的人一定很少快樂，不常失望的人一定很少真正的快樂。我們在這個世界上活得太累、太沉重了。那是因為我們有太多的希望抱在胸前，又有太多的失望負在背後，生活怎麼能不沉重？

但是，如果我們沒有那麼多的希望和失望，我們的人生還有什麼分量？希望因失望而珍貴，失望因希望而悲壯。希望中有美，失望中也有

美。只要我們能夠發現美，一切就都還有希望。

希望的美大多是自然的美，而失望的美大多是理智的美，能領略、品味到失望美的人比只能或只想觀賞希望美的人更充實、睿智。

失望畢竟是痛苦的，但這痛苦包含著我們人生悲壯慘烈之美。希望是向日葵，失去了太陽就找不到方向。失望是仙人掌，它告訴我們在沙漠裡只有靠自己的生命力去維持自己的生命。

既然失望完全是我們自己一個人的事，那麼，就不要把希望交到別人手上。失望並不算痛苦，無目的、無希望地活著才是我們最大的痛苦。

我們可以失掉這一件東西或那一件東西，放棄這一個想法或那一個想法，但無論如何，不能失掉和放棄生活的希望。一個沒有希望的人，必然要成為自甘沉淪，淡漠處世，灰溜溜地過日子的人。讓我們的生命充滿希望吧！

2．消除失望的方法

我們往往以為如果有人做了我不喜歡的事，或形勢發展不如我們所願，我們就應該失望，就應該煩惱、消沉、失意，甚至生氣。可是我們從沒想到，其實正是我們自己對事物的認知角度引起了自己的失望，而那是自己可以控制的。那麼我們平時該如何克服自己不良的失望情緒呢？

（1）找到根源

當我們感到失望的時候，想想是什麼令我們失望，真的是因為當時的情況，還是因為某個人，或者因為他們沒有按照你認為的那樣表現？

這樣做的時候，我們要慢慢地強迫自己看清楚更全面的形勢發展，迫使我們自己從一個新視角去看待當時情況，以正確的態度對待正在發生的事情。

如果能這樣做，我們失望的感覺就會變少，因為我們開始了解到形勢發展就應該是以這種方式，這將有助於你更好地控制情緒，更好地掌握自己的表現和行動。

（2）接受失敗

愛迪生有句名言：「失敗也是我需要的，它和成功對我一樣有價值」。失敗是一種強刺激，對於我們來說，往往會產生增強效應。因此失敗並不總是壞事，也沒有什麼可怕的。面臨失敗，我們不能失望，而是要找出問題癥結，尋求進取之策，不達目標不罷休。

（3）增強耐力

世界上固然有一帆風順的幸運兒，而更多的卻是命途多舛、歷盡艱辛的奮鬥者，愛迪生發明燈泡先後試制了 10,000 多次，無疑，其間至少也失敗了一萬次。倘若愛迪生不把自己一次次的失敗當作前進的過程，不要說一萬次失敗，就是 100 次失敗也足以使他望而生畏，知難而退了。因此我們要提高克服失望情緒的能力，就要增強自己承受挫折的耐力。

（4）期望適中

如果我們對外語一竅不通，卻期望很快當上外文小說翻譯家，豈不自尋失望？如果我們平時學業成績平平，卻想進重點大學深造，結果難免失望。

事情的發展結果跟我們原先的期望不符合，期望越是過高，失望越是沉重，因此我們應該追求與自己的能力相當的目標，腳踏實地向目標前進，才會得到自己想要的東西，才會少一些失望，多一些希望。

（5）適時調整

生活中，期望不只是一個點，而應該是一條線、一個面。這樣的好處是，一旦遇到難遂人願的情況，我們就有心理準備放棄原來的想法，追求新的目標。

比如我們去劇場聽音樂會，原先以為自己喜愛的歌唱家會參加演出，不料他因病無法演出，我們當時會感到失望。如果我們這時將期望的目光投向其他歌唱家時，我們就會拋棄失望情緒，逐漸沉浸在藝術美的境地中，內心充滿著歡悅。

（6）堅持不懈

根據自己的生活與感受，我們不難發現，在我們的生活中，總是充滿著困難、坎坷、挫折、失敗，所以當太多的或無法接受的不如意向人們襲來時，人們自然會感到茫然和失望，這本是人之常態，許多人常半途而廢，這看似無可厚非，然而，其實只要再多花一點力量，再堅持一點點時間，再清醒一下認識，我們就會勝利。

但人們之所以失望，主要是因為缺乏毅力和在困境時的自我確認。所以在我們遇到困境想放棄時，別忘了提醒自己：人生猶如四季的變遷，此刻只不過是人生的冬季而已。若冬天已來，春天還會遠嗎？只要不放棄希望，永遠和失望鬥爭，我們就不會失去成為勝利者的機會，希望就會變成現實。

3.重獲希望的要訣

我們人類最寶貴的財富是希望，希望減輕了我們的苦惱，為我們在享受當前的樂趣中描繪來日樂趣的圖景。

如果我們不幸到目光只限於考慮當前，那麼我們就不會再去播種、不再去建築、不再去種植，從而在這塵世的享受中，我們就會缺少一切。

我們該如何經營自己的希望呢？

（1）規劃生活

學會平衡自己各種各樣的要求和責任，這點對於我們很重要。如果我們覺得其中某件事是至關重要的，我們就很可能會忽略其他的事情。

　　如我們太專注於工作，就可能會忽略家庭，太專注你的個人愛好，那麼工作和家庭將會被忽視。規劃自己的生活，確定優先次序，才能帶給你長久的希望和幸福。

（2）充滿情趣

　　心情要靠自己調節的，早上起床面對鏡子獻給自己一個迷人的微笑，對自己說：「我是最棒的！」

　　知道自己沒有條理，可以對症下藥，為自己設計一個一日時間表，讓自己充實起來，多看一些書充實自己，也可以出門旅行遊覽大好河山，放鬆自己的心態。還可以為自己制訂一個目標，學一樣技能，讓生活緊張起來。多和父母、同學交流自己的感受，相信自己，生活是五彩繽紛的。

（3）培養愛心

　　愛與被人愛，這是人的本能慾望。如果我們能對某些特殊的對象充滿愛心，並能成功地獲得對方的愛與尊重，我們就會開心。

　　相反，如果我們既對他人缺乏欣賞的熱情和興趣，又無法獲得他人的愛慕或依戀，我們就很可能鬱悶、壓抑而痛苦不堪。也就會感到生活沒有多少希望。

　　讓我們從關心身邊的人和事做起，學會每天起床後對自己說「你好！」也可以養些花花草草什麼的。在路上主動幫助需要幫助的人時保持微笑！做的時間長了，習慣了，我們就有愛心了。

（4）有好奇心

　　我們在孩提時，大多有一顆旺盛的好奇心，長大了，有所惡有所好，漸漸地發現我們自己的腳步放慢了，或是知識更新得更快了，我們感到自己跟不上時代發展了，於是失去了希望。那麼最好的方法就是找到我們的好奇心，這樣我們會發現人生真是樂趣橫生，生活也就充滿了希望。

貼心小提示

　　你的生活是充滿了陽光還是陰暗，希望還是失望？你還在陰暗的角落裡灰心嘆氣嗎？你還在為沒有得到自己想要的而痛苦不已嗎？那麼現在讓我們振作起來，一起尋找希望吧！

　　首先按優先次序列出事情，想想什麼對你來說是最重要的。

　　然後將你的目標寫到紙上或是放進你電腦中的特定文件夾裡，每天都去讀一讀那些目標。

　　建議將寫有目標的紙放在你很容易看到的位置，比如電冰箱或是浴室的鏡子邊。

　　再制訂一個能達到目標的計畫。將目標分成幾個小的目標，並為完成每個小目標定下完成的時間。

　　現在可以預想一下你的目標已經實現了，想想成功帶給你的快樂吧！

　　不過不能光想像啊！當你看到能使夢想變為現實的機會，千萬不要猶豫或是評估機遇的價值。

　　對你的目標要有激情，這樣人們才會有熱情來幫助你實現目標。建議花些時間和那些給自己設定目標的、有積極想法的人相處。有消極思想的人會降低你的動力，並能激起潛意識中的自我懷疑。

　　要有恆心，即使你碰到了攔路虎也要繼續前進。在困難中吸取經驗教訓，然後繼續前進。

　　經過這一番不懈努力，你是不是已經重拾希望了呢！

▶ 第十二節
要克服輕率做事的心理

輕率就是馬虎，不細心。我們許多人做起事來都容易輕率，特別在面對壓力的時候，這種情況更容易出現。俗語說忙中出亂，意思是說，辦事情不能輕率行事，而應該謹慎細心。

輕率做事，由於缺乏嚴謹而必要的思考，往往容易做錯事，不僅無法達到預定效果，獲得成功的體驗，反而會讓自己走向失敗的痛苦深淵。所以我們必須克服輕率的做事心理。

1.認識輕率的危害

我們很多人在日常生活、工作和學習中，經常輕率莽撞、任所欲為，粗心大意、不顧大局，不計得失、經常出錯，不善防範、常失禮儀，無視安全。

做事輕率的人經常是失敗者，因為我們處事決策往往不顧大局，不計得失，一下注就輸，一決定就賠。因此我們在現實中一定要注意慎重，凡事不能不經大腦考慮，輕率從事。

1794 年深秋，拿破崙的軍隊向荷蘭攻擊，荷蘭無力還擊，只好打開水閘，用洪水迫其後退。拿破崙不得不下令撤軍，但法軍統帥卻無意間發現蜘蛛在吐絲織網，他知道這預示著乾冷天氣即將來臨，於是下令停止撤退。

不出所料，一股冷空氣很快橫掃而來，洪水在一夜之間結冰封凍，法軍越過冰河，順利地實現了作戰計畫。

由此可見，小心仔細、嚴謹慎重對於我們來說有多麼重要。而輕率行事則可能給我們帶來意想不到的嚴重後果。遇事細思量，行事莫輕率。我們應該時時刻刻注意培養自己這種謹慎細心的良好作風。

2.消除輕率的方法

現實中，很多人雖然也有把事情辦好的美好願望，但往往因為行事輕率，最終將事情搞砸了，甚至有時還弄得令人啼笑皆非。那麼我們該怎麼樣才能克服輕率的心理習慣呢？

（1）分析原因

喜歡輕率的人，一般開始並不自覺，當自身有所感覺後，就應該努力自拔，自我尋找脫離輕率的方法。首先我們要從分析自身輕率心理的成因入手，而後搜尋本身輕率的外在表現和輕率的內在因由。

輕率的內在原因一般是缺少智謀、不懂策略，不諳兵法、不識規矩，隨性操作、隨意而為。輕率經常和失敗建立連繫，成功者經常和輕率分道揚鑣。輕率的成因有生理因素、心理因素、家庭因素和社會因素。

（2）做到對症治療

如果我們的輕率是因為生理上的缺陷，或者健康上的原因，要克服我們的輕率心理和行為，就需要對症下藥，及時治療。

如是造成我們輕率是心理上的原因，我們也要及時進行心理調適，解決心理問題。

如是家庭原因，那就應該對我們的家庭運轉進行審視並進行調整，使自己輕率的成因得到根除。

如是社會原因，那就需要社會給予關注，對輕率者的社會存在和社會影響，加以適當的調整。

（3）遇事小心謹慎

往往在我們輕率的心理習慣，只有小心，方可保平安。我們做事的時候，要謹慎操作，將不安全因素和失敗因素悉數排除，而這恰恰就是對輕率的排斥和消除。

（4）培養好的性格

性格特徵是形成輕率的重要原因，要根治我們的輕率心理，首先須從改變我們不良的性格特徵入手，培養我們認真的態度、嚴謹的作風和高度的責任感。

我們要從一點一滴做起，做一切事都要有因有果，不能敷衍了事，不能趕任務。這樣持之以恆，才能在潛移默化中養成良好的性格特徵，去掉輕率的不良習慣。

（5）破除心理定勢

要破除心理定勢，一方面要培養我們良好的觀察特質，有計劃地訓練自己，提高我們辨別事物或現象之間細微差別的精確性特質和及時發現不易發覺的事物特徵的敏銳特質，發展觀察能力，這是保證知覺的客觀性、避免輕率心理的有效措施。

另一方面要培養我們求異思維的習慣，使我們看問題能夠從不同角度思考，這對消除心理定勢也有一定的作用。

（6）要集中注意力

注意是我們心理過程的開端，它可為認知活動提供一個清醒的心理背景。注意力不集中，我們做事時的心理指向就經常變化，注意對象也就無法得到清晰而完整的反映，因而極易輕率做錯事。

注意集中穩定是我們成功的基礎，是我們每個人都必備的特質。因此培養集中注意的習慣對杜絕輕率是非常重要的。

（7）加強自我反思

我們做事輕率，從根本上說屬於自我監控能力弱的問題，也就是我們缺乏一種在做事後一個反思的過程，沒有了反思，也就沒有了對自己行為的評判，下次遇到類似的事還可能輕率，因此，經常反思自己的行為，才能減少輕率發生的機會。

（8）學會大膽心細

學會心細防微對於克服我們的輕率心理十分有效，輕率做事往往是自己粗心大意所致。心細，多一個心眼；心細，就是要讓自我的各種感覺器官靈敏一些、認真一些，讓感覺作用細緻一些，也就不會毫無顧忌地亂做一氣。

所有敗因往往都是十分細微的，一個大瓷罐，有一道裂紋，很細，不是認真審視、不是讓視覺靈敏地觀察，就很難發現，若是不知有裂紋，信手輕率而捧，瓷罐就會碎解，釀成大禍。

心細當能防微，防止細小的敗因發揮作用。心細防微能十分奏效地克服輕率魯莽的發生。

處在這樣一個浮躁的世界，能做到慎重不易，能保持更不易。我們每一個人都應該尋求內心的安寧，做一個有良好修養、美好德操、高尚境界的人。

貼心小提示

可能你現在正在犯著輕率的錯，還在為自己的魯莽行為買單。那麼你現在就要注意了，下面這些方法對你也許很有效啊！

誰都不是天生會做事的，平時我們一定要多看、多想、多聽，這會對你有所幫助的。

多觀察別人，知道他們的性格和愛好，與他們相處應投其所好，言談要三思而後行，說話給人留餘地。

沒有好理由時我們最好不當面拒絕他人，做事要想後果，不能只圖一時痛快。

有時我們最好還要站在他人角度思考問題，吃點小虧不算什麼，有失必有得。

處事、接物、待人注意分寸，無論多麼親近的關係，都要注意長幼之分、親友之分等，不要失了禮數。

當今社會提倡宣揚個性，但也要拿捏適度，不要過於顯露鋒芒，過於表露自己的個性。

做每件事情都要專心投入，全神貫注，不要抱有馬虎之心。

保持樂觀的心態，你不可能遇到的事情全是自己順心順意的，所以要樂觀的調節自己，不要把對一件事情的不滿情緒，遷移到別的事情上去，否則得不償失。

事前三思是好事，但做事情不要猶豫不決，否則效率一定高不了。

一定要自信，不要做完一件事情之後，又後悔為什麼當初要那樣做或不那樣做。

工作上我們要少說話，特別是要少說廢話，不要隨意發表自己的看法。

總之慎重做事就是要求我們做事的時候三思而後行。

第六章
奮鬥與堅持的心理專注

　　奮鬥是指在一定的理想、信念驅使下，一個人勇於進取搏鬥的意志力。奮鬥就是在困難面前不低頭、摔倒了爬起來繼續向前走的氣概，這應是每一個真正成功的人所具有的精神。

　　堅持是一個持續的過程。想成一事，就要有耐心、有韌勁。在每一步踏實的腳印裡我們會讀到，輕而易舉獲得成功的現象是少有的，競走的魅力就在於堅持。堅持下來，你就是那個擁抱成功的人。

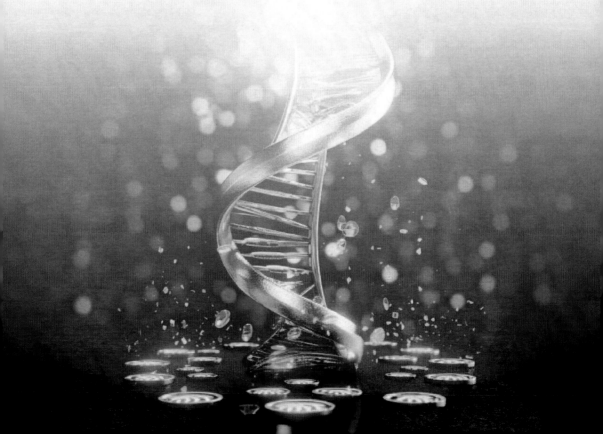

▶ 第一節
專注是成功的神奇之鑰

專注就是指集中精力、全神貫注、專心致志。在世事喧囂、紅塵滾滾中靜下心來，專注於你的工作和學習，不受其他慾望誘惑的擺布，這是一件非常艱難的事，但的確是一件非常重要的事情。

專注也許會讓你失去某些潛在機會，但它同樣能令你規避某些來自不確定市場的風險。因為一個不適合自己的機會，即使再好，也只會白白浪費資源和精力；再大的困難，面對了總會有辦法解決。在別人三心二意、四處出擊的時候，專注會給你帶來更多的成功機會。

1. 認識專注的重要性

專注是能夠將你身體與心智的能量鍥而不捨地運用在同一個問題上而不會厭倦的能力。

專注本身並沒有什麼神奇，只是控制注意力而已。可是我們只要集中注意力，就能調整自己的大腦，使它能接受空間的所有思想波。這樣，整個世界都將成為一本公開的書籍，供你隨意閱讀。可以說，專注是成功的神奇之鑰。

在把這把鑰匙交給你之前，我們先來看一下它有些什麼用處。這把神奇之鑰會構成一股無法抗拒的力量。它將打開通往財富之門，它將打開通往榮譽之門。

在很多情況下，它會打開通往健康之門。它也將打開通往教育之門，讓你進入你所有潛在能力的寶庫。

在這把「神奇之鑰」的協助下，人們已經打開通往世界所有各種偉大

發明的祕密之門了。

我們人類以往所有的偉大天才，都是經由它的神奇力量發展出來的。卡內基（Andrew Carnegie）、洛克菲勒、哈里曼（Edward Harriman）、摩根（J.P. Morgan）等人都是在使用這種神奇的力量之後，成為了大富翁。

專注就是把意識集中在某個特定慾望上的行為，並要一直集中到已經找出實現這項慾望的方法，而且成功地將之付諸實際行動為止。

自信心和慾望是構成成功的專注行為的主要因素。沒有這些因素，「神奇之鑰」也毫無用處。為什麼只有很少數的人能夠使用這把鑰匙，最主要的原因是大多數人缺乏自信心，而且沒有什麼特別的慾望。

對於任何東西，你都可以渴望得到，而且，只要你的需求合乎理性，並且十分熱烈，那麼，專注這把「神奇之鑰」將會幫助你得到它。

人類所創造的任何東西，最初都是透過慾望而在想像中創造出來的，然後經由專注而變成事實。

如果某人十分專注於他的工作，你絕無法使他感覺不安，因為他甚至不覺得有人在身旁。假如有人看你工作，你便覺得不安，解求的方法是專心去做得更好些，而不要勉強克制自己的不安。

如果你曉得自己做得很好，大家看你時便不會感覺不安；這種不安是因為你怕工作做得不好，怕出錯，怕別人看出你祕密的思想，於是引起你臉紅手顫、聲音顫慄，這些行為都是你怕顯露出來的，但是正因你害怕而越來越顯露出來。

專心想到自己是不會增加做事的效率或減少自我感覺的，專心想到工作卻能做到。

不過在許多情形之下，最重要的不是你的工作或你所要做的事，而是別人。如果在專心工作之餘，對別人真誠地感興趣，你會無往而不勝。

現在，我們來對這把「神奇之鑰」做一次試驗，看看它到底有多麼神奇吧！

首先，你必須放棄懷疑與疑惑。對任何事情都抱著懷疑態度的人，將無法採用這把「神奇之鑰」，你必須對即將進行的實驗抱著信任的態度。

你必須假設你考慮要成為一個成功的作家，或是一位傑出的演說家，或是一位成功的商界主管，或是一位能力高超的金融家。我們將把演講當作是這項實驗的主題，但要記住，你必須確實遵從指示。

取一張白紙來，大約普通信紙大小，在紙上寫下如下內容：我要成為一位有力的演說家，因為這可以使我對這個世界提供它所需要的服務；因為它將為我帶來金錢收入，使我可以獲得生活中的物質必需品。

我將在每天就寢前及起床後，花上 10 分鐘，把我的思想集中在這項願望上，以決定我應該如何進行，才能把它變成事實。

我知道我可以成為一位有力而且具有吸引力的演說家，因此，我絕不允許任何事情來妨礙我這樣做。

然後，在這張紙上簽名並按照宣誓的內容去進行，直至獲得結果為止。

當你要專心致志地集中你的思想時，就應該把你的眼光望向 1 年、3 年、5 年、或甚至 10 年後，幻想你自己是你這個時代最有力量的演說家。

在想像中假設，你有相當不錯的收入；假想你擁有自己的房子，是你利用演說的金錢報酬購買的；幻想你在銀行裡有一筆數目可觀的存款，準備將來退休養老之用；想像你自己是位極有影響的人物，因為你是位傑出的演說家；假想你自己正從事一項永遠不用害怕失去地位的工作。

利用你的想像能力，清晰地描繪出上面這種情景，它將很快轉變成一幅美好而深刻的「願望」情景。把這項「願望」當作是你「專心」的主要

目標，看看會發生什麼結果。你現在已經掌握了「神奇之鑰」的祕密。

　　不要低估「神奇之鑰」的力量，不要因為它來到你面前時未披上神祕的外衣，或是因為我們用人人都懂的文字來形容它，你就低估了它的力量。所有偉大的真理都是很簡單的，而且容易被了解；如果不是這樣，那麼，它們就不能算是「偉大」的真理。

　　以智慧來使用這把「神奇之鑰」，而且只是為了達成有價值的目標，那麼，它將為你帶來持久的幸福與成就。只要你相信自己辦得到，你就能夠辦得到。

2. 做到專注的要訣

　　專注才能讓我們看到自己的成功，才能在前進的路上少走彎路，才能勇往直前，最終獲得自己想要的一切。我們該如何做到專注呢？

(1) 聚精會神

　　我們許多人說自己總是無法集中精力在一件事情上，因為我們會不停地想著別的事。這其實是我們自己在欺騙自己。

　　我們心安理得的接受了「我沒有能力去集中精力」的觀點，我們沒有信心去嘗試集中精力。

　　有心理學家建議用學雜耍的方法來鍛鍊聚精會神。學雜耍的意義就在於要勇於做嘗試，並且堅持，總有一天會學會雜耍。

(2) 創造機會

　　給自己創造機會就是希望能夠專心致志地做好一件事情。專心致志就是自我控制，是內在的東西。學會自我控制是對自我的一個提升。有了自我控制，做任何一件事都將會如魚得水。

（3）一心一意

就像照相機對焦一樣，只集中於一個焦點。一次只做一樣，直至做好為止。不急功近利，做了一樣就是一樣。三心二意可能會導致撿了芝麻丟了西瓜。

（4）做好準備

人總會受到干擾，因此總會走神。應該創造一個利於集中精力的環境，比如要有一個宜人但不過於舒適的環境，溫度應該介於 20 度至 26 度之間；不聽音樂，不去聽別人的談話，關上門；把容易使人分心的物品移到視線以外，把與工作有關的放到視線內等。這些都是一些具體的問題。

（5）最佳時間

我們的情緒和持續力會隨時間降低，而最佳的工作時間，即人的黃金時間，更容易集中精力，持續的時間更久。

（6）全力以赴

在開始做某件事的時候深呼吸一口氣，可以讓自己意識到即將進入到集中精力的狀態，大腦會向每一個細胞發出這個訊息，身體的每個部分都會主動地配合。因此，有些人在集中精力的時候不覺得累，放鬆之後才發現頸或腿非常痠痛。同時，每經過 30 分至 40 分鐘最好休息一次。

（7）不要走神

集中精力的時候不要看遠處，遠處的東西容易分神。不要想到什麼就做什麼，這一點是最普遍的錯誤，有些人會覺得不完成它的話就會渾身不舒服。休息也有方法，單獨休息更能保持思緒持續，多人一起休息可能會將思緒拉得更遠。

（8）不斷實踐

實踐才能進步，練多了才會習慣。亞里斯多德說過：「優秀不是一個行為，而是一種習慣。」有規律的生活比聰明對人的推動力更強，持續力更久。

總之，專注就要心無旁騖，目不兩視、耳不兩聽，精神專一，不拋棄、不放棄，對追求的目標執著地去奮鬥。它體現了一個人做人處世的態度和風格，它是一種素養，更是一種能力。

現實生活中，我們往往並不缺乏才氣及毅力，而是缺乏專注的能力，結果往往無所建樹，最終與成功擦肩而過，少看了許多人生的風景，留下了遺憾。如果我們能在各種各樣的事情上，多一分專注，多一分堅持，專注去做事，專注於本職工作，也許，有一天你也會一飛沖天、一鳴驚人！

貼心小提示

注意力是專注的重要方面，可是我們往往發現自己心不在焉，注意力無法集中。你是不是經常對眼前的事物視而不見？你是不是經常在老師講課的時候恍神？現在讓我們來一起提高自己的注意力吧？

首先來一次靜視。在你的房間裡或屋外找一樣東西，比如錶、筆、檯燈、一張椅子或一棵花草，距離約 60 公分，平視前方，自然眨眼，集中注意力注視這一件物體。

默數 60 至 90 下，即 1 分鐘至 1 分半鐘，在默數的同時，要專心致志地仔細觀察。閉上眼睛，努力在腦海中勾勒出該物體的形象，應盡可能地加以詳細描述，最好用文字將其特徵描述出來。然後重複細看一遍，如果有錯，加以補充。

你在訓練熟練後，逐漸轉到更複雜的物體上，觀察周圍事物的特

徵，然後閉眼回想。重複幾次，直至每個細節都看到。可以觀察地平線、衣服的顏色、植物的形狀、人們的姿勢和動作、天空烏雲的形狀和顏色等。

觀察的要點是，不斷改變目光的焦點，盡可能多地記住完整物體不同部分的特徵，記得越多越好。在每一分析練習之後，閉上眼睛，用心靈的眼睛全面地觀察，然後睜開眼睛，對照實物，校正你心靈的印象，然後再閉再睜，直至完全相同為止。

還可以在某一環境中關注一種形狀或顏色，試著在周圍其他地方找到它。

建議你再去觀察名畫。必須把自己的描述與原物加以對照，力求做到描寫精微、細緻。在用名畫練習時，應透過形象思維激發自己的感情，由感受產生興致，由興致上升到心情。

這樣，不僅可以改善觀察力、注意力，而且可以提高記憶力和創造力。因為在你製作新的心中形象的過程中，你吸收使用了大量清晰的視覺訊息，並且把它儲藏在你的大腦中。

再來一次行視。以中等速度穿過你的房間、教室、辦公室，或者繞著房間走一圈，迅速留意盡可能多的物體。回想，把你所看到的盡可能詳細地說出來，最好寫出來，然後對照補充。

在日常生活中，眼睛像閃電一樣看。可以在眨眼的功夫，即 1 秒至 0 秒之間，去看眼前的物品，然後回想其種類和位置；看馬路上疾駛的汽車牌號，然後回想其字母、號碼；看一張陌生的面孔，然後回想其特徵；看路邊的樹、建築，然後回想其棵數、層數；看廣告牌，然後回想其畫面和文字。

所謂「心明眼亮」，這樣不僅可以有效鍛鍊視覺的靈敏度、鍛鍊視

覺和大腦在瞬間強烈的注意力，而且可以使你從內到外更加聰慧。

再來看一次拋視。取 25 塊至 30 塊大小適中的彩色圓球，或積木、棋子，其中紅色、黃色、白色或其他顏色的各占三分之一。

將它們完全混合在一起，放在盆裡。用兩手迅速抓起兩把，然後放手，讓它們同時從手中滾落到沙發上，或床上、桌面上、地上。

當它們全部落下後，迅速看一眼這些落下的物體，然後轉過身去，將每種顏色的數目憑記憶而不是猜測寫下來，檢查是否正確。重複這一練習 10 天，在第十天看看你的進步。

再試試速視。取 50 張 7 公分見方的紙片，每一張紙片上面都寫上一個字或字母，字跡應清晰、工整，將有字的一面朝下。也可用撲克牌。取出 10 張，閉著眼使它們面朝上，盡量分散放在桌面上。

現在睜眼，用極短的時間仔細看它們一眼。然後轉過身，憑著你的記憶把所看到的字寫下來。緊接著，用另 10 張紙片重複這一練習。每天這樣練習三次，重複 10 天。在第十天注意一下你取得了多大進步。

最後進行一次統視。睜大你的眼睛，但不要過分以至於讓你覺得不適。注意力完全集中，注視正前方，觀察你視野中的所有物體，但眼珠不可以有一點的轉動。堅持 10 秒鐘後，回想所看到的東西，憑藉你的記憶，將所能想起來的物體的名字寫下來，不要憑藉你已有的訊息和猜測來做記錄。

重複 10 天，每天變換觀察的位置和視野。在第十天看看你的進步。數秒數的過程一般會比所設想的慢。你可以在練習前先調整一下你數數的速度。一邊數、一邊看著手錶的秒針走動，1 秒數 1 下，在 1 分鐘結束的時候剛好數出「60」，也可以 1 秒數 2 至 3 下。

相信經過這一系列的練習，你的注意力一定得到了大大增強。

▶ 第二節
意志是一種強大的力量

　　人類成功最致命的敵人，便是心理的殘疾與意志的流失，其中尤以沮喪的心情來懷疑自己的生命為甚。其實，生命中的一切事情，全靠我們的意志，全靠我們對自己有信心。唯有如此，方能成功。

1. 認識意志的重要性

　　人的一生是要經過出生到死亡的漫長時間，它就像一條很長很長的道路伴隨著我們的人生。然而這條道路並不好走，所以我們需要堅強的意志來帶領我們走入人生道路深處。

　　古人說得好：「鍥而不捨，朽木不折；鍥而不捨，金石可鏤。」可見，堅強的意志對於人生有著極大的作用。

　　莎士比亞曾說：「我們的身體就像一個圍圃，我們的意志就是這圍圃的園丁。無論我們種蓖麻、種萵苣，栽下牛膝草，拔起百里香，或者單獨培育一種草木，或者把全圃種得萬卉紛呈，或者讓它荒廢也好，或者把它辛勤耕耘也好，那權利都在於我們的意志。」也是從某種角度上說明了人生需要堅強的意志。

　　人在受到各種誘惑時，靠什麼來維持支撐著自己的信念不受到外界任何的誘惑？意志！

　　有了意志加上堅定的信念和信心，人就可以承受得住外界的所有金錢、慾望、利益等所有身外物的誘惑。

　　有信仰的人，沒有了意志的堅定，就不會承受得了一切或是肉體，或是精神上的摧殘。一個人如果堅強的意志被誘惑摧毀，那麼，此人就是一

個意志不堅定的人，背叛了自己信仰的人。

身處在溫馨家庭中的男女主角，如果夫妻間只要有任何一方，沒能把持著意志那堅強的堡壘，就會抵禦不了婚外情慾的誘惑。夫妻苦心經營起來的感情樓閣，就會在一夜之間，轟然坍塌。

意志的堅定，就是一個人的堅強。意志堅定的人們，是不會輕易被任何看上去似乎很美的誘惑，而迷失了方向的。有意志的人們，可以承受得起任何的風霜雪雨的襲擊，而依然屹立不倒下那柔弱但是意志堅強的身軀。

我們的人生道路，到處布滿了荊棘，有著各種各樣的挫折。走在這條崎嶇的人生道路上，如果沒有堅強的意志，那麼將沒有得到真正的人生，也必將平庸一生。

如果我們有了堅強的意志，即使遇到挫折和失敗，也不會停下來，跌倒了爬起，跌倒了再爬起，直至走向成功的彼岸。

總之，面對人生的不良誘惑，我們需要堅強的意志，面對滿地荊棘的人生道路，我們需要堅強的意志。只有堅強的意志，才能伴隨我們走向成功。

2. 培養意志的要訣

意志力並非是生來就有或者不能改變的特性，它是一種能夠培養和發展的技能。那麼，如何培養我們的意志力呢？

（1）積極主動

不要把意志力與自我否定相混淆，當它應用於積極向上的目標時，將會變成一種巨大的力量。

主動的意志力能讓你克服惰性，把注意力集中於未來。在遇到阻力

時，想像自己在克服它之後的快樂；積極投身於實現自己目標的具體實踐中，你就能堅持到底。

（2）下定決心

有的人屬於慢性決策者，他們知道自己應該減少喝酒量，但決策時卻優柔寡斷，結果無法付諸行動。為了下定決心，我們可以為自己的目標規定期限。

（3）目標明確

不要說諸如此類空空洞洞的話：「我打算多進行一些體能鍛鍊。」、「我計劃多讀一點書。」而應該具體、明確地表示：「我打算每天早晨步行 45 分鐘。」、「我計劃一週中一、三、五的晚上讀一個小時的書。」

（4）權衡利弊

如果你因為看不到實際好處而對體能鍛鍊三心二意的話，光有願望是無法使你心甘情願地穿上跑鞋的。你可以在一張紙上畫好 4 個格子，以便填寫短期和長期的損失和收穫。

假如你打算戒菸，可以在頂上兩格填上戒菸會造成的損失和收穫。如：我一開始感到很難過，但我可以省下一筆錢，我的身體將變得更健康。透過這樣的仔細比較，聚集起戒菸的意志力就更容易了。

（5）改變自我

然而光知道收穫是不夠的，最根本的動力產生於改變自己形象和掌握自己生活的願望。道理有時可以使人信服，但只有在感情因素被激發起來時，自己才能真正加以響應。

（6）假裝頑強

有時候我們如果真的沒有頑強的意志，那就假裝自己有吧！大量的事

實證明，好像自己有頑強意志一樣地去行動，有助於使自己成為一個具有頑強意志力的人。

（7）磨練意志

為了磨練自己的意志，你可以事先安排星期天上午要做的事情，並下決心不辦好就不吃午飯。相信皇天不負有心人，只要有這個決心，你就沒有做不成的事情。

（8）堅持到底

俗話說，有志者事竟成。其中含有與困難鬥爭並且將其克服的意思。如果你決心戒酒，那麼不論在任何場合裡都不要去碰酒杯。倘若你要堅持慢跑，即使早晨醒來時天下著暴雨，也要在室內照常鍛鍊。

（9）實事求是

如果規定自己在 3 個月內減肥 25 公斤，或者一天必須從事 3 個小時的體能鍛鍊，那麼對這樣一類無法實現的目標，最堅強的意志也無濟於事。而且，失敗的後果最終將使自己再試一次的願望化為烏有。在許多情況下，將單一的大目標分解成許多小目標不失為一種好辦法。

（10）逐步培養

堅強的意志不是一夜之間突然產生的，它在逐漸累積的過程中一步步地形成。中間還會不可避免地遇到挫折和失敗，必須找出使自己鬥志渙散的原因，才能有針對性地解決。

瑪麗第一次戒菸時，下了很大的決心，但以失敗告終。在分析原因時，意識到需要用於做點什麼事來代替拿菸。後來她買來了針和毛線，想吸菸時便編織毛衣。幾個月之後，瑪麗徹底戒了菸，並且還給丈夫編織了一件毛背心，真可謂一舉兩得。

（11）乘勝前進

實踐證明，每一次成功都將會使意志力進一步增強。如果你用頑強的意志克服了一種不良習慣，那麼就能獲取與另一次挑戰決鬥並且獲勝的信心。

每一次成功都能使自信心增加一分，給你在攀登懸崖的艱苦征途上提供一個扎實的立足點。或許面對的新任務更加艱難，但既然以前能成功，這一次以及今後也一定會勝利。

貼心小提示

人們常說，有志者事竟成。古往今來，有無數實例證明，非常聰明的人不一定有所成就，非常堅強的人卻一定有成果。意志力的作用是不消說的，但是你知道自己意志力的強弱程度嗎？如果還不知道，現在我們來一起做個測試吧！

認真閱讀下列題目，選擇一種答案。

1. 我很喜愛長跑、遠途旅行、爬山等體能活動，但並不是因為我的身體條件非常適合這些項目，而是因為它們能使我更有毅力（很同意、比較同意、可否之間、不大同意、不同意）。

2. 我給自己訂的計畫常因自己的主觀原因而無法如期完成（這種情況很多、較多、不多不少、較少、沒有）。

3. 如果沒有特殊原因，我能每天按時起床，不睡懶覺（很同意、較同意、可否之間、不大同意、不同意）。

4. 訂的計畫有一定的靈活性，如果完成計畫有困難，隨時可以改變或撤銷它（很同意、較同意、無所謂、不大同意、反對）。

5. 在學習和娛樂發生衝突時，哪怕這種娛樂很有吸引力，我也會馬

上決定去學習（經常如此、較經常、時有時無、較少如此、非如此）。

6. 學習和工作中遇到困難時，最好的方法是立即向師長、同事、同學求援（同意、較同意、無所謂意、不大同意、反對）。

7. 在練長跑中遇到正常生理反應，覺得跑不動時，我常常咬緊牙關，堅持到底（經常如此、較常如此、時有時無、較少如此、非如此）。

8. 因讀一本引人入勝的書而沒有按時睡眠（經常有、較多、時有時無、較少、沒有）。

9. 我在做一件應該做的事之前，常能想到做與不做的好壞結果，而有目的地去做（經常如此、較常如此、時有時無、較少如此、非如此）。

10. 如果對一件事不感興趣，那麼不管它是什麼事，我的積極性都不高（經常如此、較常如此、時有時無、較少如此、非如此）。

11. 當我同時面臨一件該做和不該做都吸引著我的事時，我經常經過激烈的鬥爭，使前者占上風（是、有時是、是與非之間、很少這樣、不是）。

12. 有時我躺在床上決心第二天做一件緊要的事（如突擊學一下外語），但到第二天這種勁頭又消失了（常有、較常有、時有無時無、較少、沒有）。

13. 我能長時間做一件重要但枯燥無味的事（是、有時是、是與非之間、很少是、不是）。

14. 我遇到困難情況時，常常希望別人幫我拿主意（是、有時是、是與非之間、很少是、不是）。

15. 做一件事之前，首先想到的是它的重要性，其次才想到它是否使我感興趣（是、有時是、是與非之間、很少是、不是）。

16. 生活中遇到複雜情況時，我常常優柔寡斷，舉棋不定（常有、有時有、時有時無、很少有、沒有）。

17. 我做一件事時，常常說做就做，絕不拖延和讓它落空（是、有時是、是與非之間、很少是、不是）。

18. 在和別人爭吵時，雖然明知自己不對，我卻忍不住說些過頭的話，甚至罵他幾句（時常有、有時有、有時無、很少有、沒有）。

19. 我希望做一個堅強有毅力的人，是因為我深信「有志者事竟成」（是、有時是、是與非之間、很少是、不是）。

20. 我相信機遇，好多事實證明機遇有時大大超過人的努力（是、有時是、是與非之間、很少是、不是）。

現在我們來計算一下你的得分吧！凡單序號題，每題後的五種答案，分數依次是5、4、3、2、1分。凡雙序號題，分數依次是1、2、3、4、5分。

你得了多少分呢？現在從得分看一下你的意志吧！

81分至100分：意志很堅強。

61分至80分：意志較堅強。

41分至60分：意志力一般。

21分至40分：意志較薄弱。

20分以下：意志很薄弱。

第三節
奮鬥是成功者必備的精神

奮鬥就是在困難面前不低頭、摔倒了爬起來繼續向前走，奮鬥就是在壓力之下不逃脫。奮鬥不是一時心血來潮，不是空喊口號，而是長期的行為，需要用堅韌的毅力來維持。

奮鬥作為一種勇氣，一種境界，是每一個真正成功的人士所必備的精神。培養奮鬥精神需要以堅定的信心來導航。

1.認識奮鬥的重要性

奮鬥是一個人穿越森林的勇氣，奮鬥是西楚霸王破釜沉舟的豪邁，奮鬥是拿破崙橫掃歐洲的奇蹟。

奮鬥是強者的凱歌。平靜的湖水永遠不會奏出壯美的樂章，只有澎湃的大海才會給人以雄壯；柔韌的水，只有不斷地撞擊礁石，才會將美麗綻放，這就是奮鬥精神。

有作家曾說：「成功的花，人們只是驚慕它現時的明豔，然而當初，它的芽浸透了奮鬥的淚泉，灑遍了犧牲的血雨。」

有的人奮鬥了、努力了，雖然沒有獲得殊榮戴上桂冠，但回顧起點，卻有「會當凌絕頂，一覽眾山小」的感覺。

即使我們暫時沒有成功，也不妨及時總結經驗教訓，適時改進方式方法，持之以恆，定會有「眾裡尋他千百度，驀然回首，那人卻在燈火闌珊處」的喜悅，這樣，面對人生，我們可以驕傲地說「我努力過、奮鬥過、戰鬥過」。

奮鬥重在過程，不在結果；重在精神，不在收穫。在人生的旅途中，

需要奮鬥精神；艱辛的創業中，需要奮鬥精神；學海的努力中，需要奮鬥精神；而在那激情燃燒的運動場上，更需要奮鬥精神。

生活是美麗的，奮鬥的人生將會更加美麗！奮鬥，是積極、奮發向上的人生態度；奮鬥進取，是通向勝利之路的橋梁，是開啟成功大門的鑰匙。

崇高的理想和遠大的抱負，可以使人閃耀出絢麗的光輝。然而實現崇高理想和遠大抱負的征程卻是漫長曲折，艱險重要的。

奮鬥進取的精神，激勵著人們以堅定的自信、頑強的意志和堅韌的毅力，勇往直前，披荊斬棘，直至獲得最後的勝利和成功。

中國歷史上，有大家熟悉的張騫、司馬遷、玄奘、徐霞客等許多志士名賢，都曾透過奮鬥進取，做出了輝煌的業績，是他們推動了文明強盛的進程。

奮鬥的人生，必定是精采的人生，必定是不因碌碌無為而虛度年華的人生。掌握好自己的人生，是在和時間賽跑，奮鬥的含義，是在譜寫一個不後悔的人生。

夕陽無限好，只是近黃昏；一寸光陰一寸金；人生匆匆幾十年，如白駒過隙，轉眼即逝。生命的可貴，在於它的不再回頭；人生的價值，是用有限的時間發揮自身的光和熱；你所面臨的，將不再只是你自己，生活中與你相關的每一個人、每一件事，都會因為你的存在而有著改變，你也許不能改變社會，但你可以活出你最精彩的人生，給關心你、愛護你、支持你的人一份最好的回報。

認真的去生活吧！讓自己在有限的時間裡生活出無限的精彩來，讓自己的夢不再只是夢，讓所有的一切都因有著奮鬥而變成現實吧！

2.學會奮鬥的方法

在現實的生活中，總有些人認為自己「命運不好」、「環境惡劣」、「條件比別人差」，因此認為自己不是奮鬥進取的材料，缺乏奮鬥進取的勇氣這種想法是有害無益的，我們應該摒棄這種消極的思想，用積極樂觀的態度面對學習和生活的挑戰。

學會奮鬥，就要有現代人的特質，具有朝氣蓬勃的進取精神，具有勇敢、熱忱、頑強、富於創新的人，才能成為時代新人。

學會奮鬥，就要求人們以進取的態度對待人生。

學會奮鬥，就是人類或個人為了生存和發展所奉行的一種不避艱險、百折不撓、不達目標絕不罷休的自信心。

無數英才以其奮鬥歷程昭示我們：「寶劍鋒從磨礪出，梅花香自苦寒來。」誰奮鬥，誰就能踏上通往勝利之路的橋梁；誰進取，誰就能掌握開啟成功大門的鑰匙。

我們平時該如何培養自己的奮鬥精神呢？

（1）從小事做起。

日常小事是鍛鍊我們奮鬥精神的基本途徑。有些人感嘆自己生不逢時，無大風大浪顯不出真品性，忽視在平凡生活、平凡小事中培養自己的奮鬥意識。

其實，在我們的生活中，學習、科學研究、勞動、團體活動等都需要付出艱苦的努力，沒有頑強的奮鬥精神，是很難做出一番成就的。

例如，學習是一項長期的艱苦腦力勞動，要完成學習任務，就必須隨時和出現的困難做鬥爭，要排除干擾專心聽講，要反覆操練練習題至熟練掌握知識要點，要攻克難題不留障礙，學習的每一步成功皆與我們的奮鬥精神相伴。這些日常行為在不斷磨練著我們的奮鬥意識。

（2）加強體能鍛鍊

體能鍛鍊能培養我們頑強奮鬥的意志力。據研究，騎自行車可鍛鍊頑強性，球類運動可鍛鍊獨立性，跑步可鍛鍊自制力等。

尤其是長跑，一個人若能風雨無阻，數年如一日地堅持長跑，就是一種對自己意志的磨練。

自覺地、經常地、積極地參加體能鍛鍊，可以培養我們不怕吃苦，勇於奮鬥的意志力。並且，健全的體魄也使得我們的奮鬥更容易達到理想目標。

（3）不怕挫折

現代人物質生活水準比較高，生活比較幸福，需要奮鬥的機會卻比以前少了，這對我們的成功很不利。因此，我們要適當地給自己一些壓力，做一些比較難的事情，多經受一些挫折和失敗，這對培養我們的奮鬥意識很有好處。

一位記者曾問美國著名作家海明威（Ernest Hemingway）：「你認為一個作家最好的早期訓練是什麼？」

他毫不遲疑地回答：「不愉快的童年。」作家如此，其他領域的傑出人物也是如此。

困苦與挫折是造成我們百折不撓、頑強奮鬥的精神根由。因此我們要主動參加更多的實踐活動，多吃一點苦絕不是什麼壞事。這不僅有利於克服不良的意志力，而且有利於我們奮鬥意識的培養。

人生能有幾回搏，只有奮鬥，人生才能綻放異彩；只有奮鬥，才能發揮智慧的潛力；只有奮鬥，才能實現遠大的理想。

讓我們以捨我其誰的勇氣為帆，以獻身理想的信念為指引，以自強不息的奮鬥為槳，駕起人生的巨輪，向成功的彼岸遠航！

貼心小提示

　　奮鬥精神是使我們走向成功的基本因素之一。可是我們現在的孩子很少再有吃苦的機會，所以奮鬥意識往往很淡薄。你是不是也發現自己的孩子太過嬌氣，缺乏奮鬥精神。不妨試試下面的方法吧！

　　首先，要幫助孩子確定明確的、可行的目標。目標明確，就像一顆明亮的航行燈，給孩子的行動指引清晰的方向。目標可行，才有利於激發孩子的活動興趣和自信心。有了明確目標就可以去奮鬥。

　　其次，在孩子實現目標的過程中，要善於激勵他。對世界級運動員的調查發現，在他們的早期生活中，對他們影響最大的是父母的激勵，可見激勵對孩子有不可估量的作用。因此，父母要善於發現孩子取得的成績，即使是「不起眼」的成功，也要給予肯定和表揚，因為孩子取得的成績，是與外界較量的結果，是展現自己能力的嘗試，對孩子來說是很不容易的，適時得到讚許和激勵，可以強化孩子為成功而努力奮鬥的意識。

　　再次，當孩子在前進路上遇到挫折時，要給孩子以鼓勵。當孩子在人生的路上遇到磨難時，作為父母，用不著沮喪，用不著埋怨，只要對孩子說：「跌倒了，爬起來！你就贏了，就知道什麼叫『勝利』了。」你的孩子就會從苦難中奮起。

　　我們既要讓孩子有成功的快樂體驗，也要結合所遇的挫折與困難進行教育，兩者互相結合，才能真正培養起孩子良好的耐挫力與正確對待一切事物的態度，仔細品嚐挫折帶來的人生感悟，並且抬起頭，一次又一次地對自己說：「我不是失敗了，而是沒有成功。我相信，我可以！」讓孩子深刻體會到「苦盡甘來」的滋味。

　　對孩子來說，鼓勵他去克服困難，比替他解決困難有益得多。父

母的鼓勵，能給孩子無窮的力量，增強他克服困難的信心。

當孩子克服了困難，取得了成功時，父母還應該與孩子一起總結克服困難的歷程，讓孩子在品味成功的喜悅時，回味前進路上的艱辛，把克服困難與取得成功連繫起來，為自己的頑強作風和奮鬥精神感到自豪。

同時，我們還要選擇合適的運動。生命在於運動。經常的運動不但可以促進孩子身體的發展，有利於提高孩子適應環境、抵禦疾病的能力，還能培養孩子的意志、合作等特質，形成熱情活潑、積極向上的精神風貌。對孩子來說，很多遊戲就是很好的運動。

例如跳繩、打沙包、比賽跑步等。父母應當以身作則，帶頭運動，成為孩子的榜樣，熱愛運動的家長必然會教出熱愛運動的孩子。

最後，我們還要營造向上、積極、奮鬥的家庭環境。家庭能滿足孩子的最基本需求，良好的家庭環境會使幼兒養成各種期望的態度和行為，更為重要的是，健康的家庭氣氛能滿足幼兒安全、愛、歸屬、尊重、成就感等較為高級的需求。

營造積極向上、和睦和諧的家庭氛圍，是物質上和精神上都要給予孩子一個良好而舒適的學習環境。其中父母積極向上、勤奮好學的自身奮鬥和成長過程就是難得的優質教育資源。

父母可以經常帶孩子外出旅遊或參加各種野外活動，既開闊孩子的眼界，又培養孩子獨立、吃苦耐勞及無畏的心態，磨練他們的意志，學習生存。

另外在家中還要適當安排孩子做些力所能及的家務，培養他們的勞動觀念、勞動能力及責任感，讓他們懂得珍惜勞動成果，學會生活。

相信孩子在父母長期的教育引導下，他們對人生、對自己所面臨的困難與挫折的態度會更加開朗、豁達。他們的奮鬥精神也會逐漸成會自己個性中的一部分。

▶ 第四節
成功屬於持之以恆的人

　　成功的大門向來是朝著每一個人敞開的，能否踏進成功的大門，關鍵是看我們是否具有持之以恆的精神。

　　其實成功與失敗並非相隔萬里，它們往往只是相差一步之遠。無數事實證明，成功貴在堅持，在面對困苦或是挫折的時候，只要你能持之以恆、堅定信念，就能勝利地到達成功的彼岸。

1.認識持之以恆的重要性

　　人們都想在事業或學業上有所成就，但是，只有一部分人取得了勝利，而相當一部分人卻陷入失敗的痛苦之中。

　　這是為什麼呢？

　　俗語說，功到自然成。按理說那些失敗者完全可以嘗到勝利的喜悅，但他們往往缺少一種勝利的必要條件，那就是持之以恆。這就是他們失敗的原因。

　　恆心是人類最重要的特質之一，正如滴水穿石的故事一樣：石頭很硬，不容易砸碎，可不引人注目的小水滴卻可以穿透它。這就是因為水滴有一顆持之以恆的心。

　　萬事只要有恆心便會成功，學習也是如此，都是一點一滴累積起來的，日久天長，肯定能攀登上科學的巔峰！

　　英國作家狄更斯（Charles Dickens）平時很注意觀察生活、體驗生活，不管颱風下雨，每天都堅持到街頭去觀察、諦聽，記下行人的零言碎語，累積了豐富的生活資料。這樣，他才在《塊肉餘生記》（*David*

Copperfield）中寫下精彩的人物對話描寫，在《雙城記》（*A Tale of Two Cities*）中留下逼真的社會背景描寫，從而成為英國一代文豪，取得了他文學事業上的巨大成功。

愛迪生曾花了整整 10 年去研製蓄電池，其間不斷遭受失敗的他一直咬牙堅持，經過了 50,000 次左右的試驗，終於取得成功，發明了蓄電池，被人們授予「發明大王」的美稱。

狄更斯和愛迪生就是靠持之以恆的精神而取得最後的勝利的。可見，持之以恆能使人取得事業和學業上的成功。

那些失敗者往往是在最後時刻未能堅持住而放棄努力，與成功失之交臂。一位化學家在海水中提取碘時，似乎發現一種新元素，但是面對這繁瑣的提煉與實驗，他退卻了。

當另一化學家用了一年時間，經過無數次實驗，終於為元素家族再添新成員而名垂千古時，那位沒能堅持到底的化學家只能默默地看著對方沉浸在勝利的喜悅之中。

這兩位化學家，一位堅持住了，取得了勝利；另一位卻沒有堅持住，未能取得成功。

可見，能否持之以恆是取得勝利的最後一道障礙。在最黑暗的時刻，也就是光明就要到來的時刻，越在這樣的時刻，越需要持之以恆。

科學家牛頓說過：「一個人做事如果沒有恆心，他是任何事也做不成功的。」的確，要成就一番大事業，若是沒有恆心，那是不可能的。在學習生活中，恆心是不可或缺的。

一個人在確定了奮鬥目標以後，若能持之以恆、始終如一地為實現目標而奮鬥，目標就可以達到。

2. 做到持之以恆的要訣

恆心毅力是一種心智狀態，所以是可以培養訓練的。持之以恆的精神和所有的心態一樣，奠基於確切目標。我們該如何培養自己持之以恆的精神呢？

（1）目標堅定

知道自己所求為何物，是第一步，而且也許是培養恆心毅力最重要的一步。強烈的動機可以驅使人超越諸多困境。

人們的行動都是受動機支配的，而動機的萌發則起源於需求的滿足。什麼也不需要或者說什麼也不追求的人，從來沒有。

人都是有各自的需求，也有各自的追求；只是由於人生觀的不同，不同的人總是把不同的追求作為自己最大的滿足。

史達林（Joseph Stalin）曾說：「偉大的目的產生偉大的毅力。」從奧斯特洛夫斯基（Nikolai Ostrovsky）身上，我們也可以充分地看到，崇高的人生目的如何有力地激發出堅韌的毅力。

（2）強烈渴望

追求強烈渴望的目標，相形之下是比較容易有恆心毅力，並堅持到底。

（3）從小事做起

有科學家一向以工作堅韌、一絲不苟著稱，這與從年輕時就鍛鍊自己每步走 80 公分這類的小事不無關係。道耳吞（John Dalton）平生不畏困難，看來從他在 50 年天天觀察氣象而養成的韌性中獲益匪淺。

高爾基說：「哪怕是對自己的一點小小的克制，也會使人變得強而有力。」

今天，你或許挑不起 50 公斤的擔子，但你可以挑 15 公斤。只要你天天挑、月月練，總有一天，50 公斤擔子壓在你肩上，你也能健步如飛。

小事情很多，從哪些小事情做起，有的人好睡懶覺，那不妨來個睜眼就起；有的人碰到書就想打瞌睡，那就每天強迫自己讀一小時的書，不讀完就不睡覺，只要天天強迫自己坐在書本面前，習慣總會形成，毅力也就油然而生。

人是需要從自己做起的，因為人有惰性。克服惰性需要毅力。任何惰性都是相通的，任何意志性的行動也是共生的。事物從來相輔相成，此長彼消。從小事情就可以培養大毅力，其道理就在其中。

（4）自立自強

相信自己有能力執行計畫，可以鼓舞一個人堅持計畫不放棄。

（5）正確的知識

知道自己的明智計畫是有經驗或以觀察為根據，可以鼓勵人堅定不移；不知情而光是猜想，則易摧毀恆心毅力。

（6）合作意識

和他人和諧互助、彼此了解、聲息相通，容易助長恆心毅力。

（7）培養興趣

有人說興趣是持之以恆的門檻，這話是有道理的。法布爾（Jean-Henri Fabre）對昆蟲有特殊的愛好，他在樹下觀察昆蟲，可以一趴就是半天。

諾貝爾獎獲得者丁肇中說：「我經常不分日夜地把自己關在實驗室裡，有人以為我很苦，其實這只是我興趣所在，我感到其樂無窮的事情，自然有毅力做下去了。」

當然我們的興趣有直觀興趣和內在興趣之分，但兩者是可以轉換的。如有的人對學外文興味索然，可他懂得，學好外文是促進自己發展所需要的，對這個需要，他有興趣，因此他能強迫自己堅持學外文。

在學的過程中，對外文的興趣也就能漸漸培養起來，這反過來又能進一步激發他堅持學外文的毅力。一個人一旦對某種事物、某項工作發生內在的穩定的興趣，那麼，令人嚮往的毅力不知不覺來到他身邊，也就成為十分自然的事情。

（8）由易入難

有些人很想把某件事情善始善終的做完，但往往因為事情的難度太大而難以為繼。對恆心不太強的人來說，在確定自己的奮鬥目標、選擇實現這一目標突破口時，一定要堅持從實際出發，由易入難的原則。

貼心小提示

持之以恆讓我們不折不扣地完成自己的任務，並最終實現自己的成功。你有這種精神嗎？現在我們來測試一下吧！

下面有 30 個題目，每題均有「是」、「是否之間」、「否」三種可選答案，按符合自己的情況作答。

1. 我很喜歡長跑、遠足、爬山等體能活動，並非我的身體特別適合這些運動，而是它們能有效地培養我的毅力。
2. 我做事經常虎頭蛇尾。
3. 我信奉萬事「不做則已，做則必成」的格言。
4. 做事不必太認真，我的計畫是經常改變的。
5. 不該做的事情即使對我很有誘惑力，我也能克制自己不去做。
6. 一件事該不該做的標準，主要取決於我是否有興趣。

7. 我常常強迫自己去做自己不感興趣的事情。

8. 我的生活不太有規律，睡懶覺是常有的。

9. 我不喜歡一遇到困難就求助於人。

10. 遇到複雜的事情我常常猶豫不決。

11. 我決定做某件事時，往往說做就做，很少拖延。

12. 心情不好的時候，我很容易發脾氣，有時明知不對，也不能克制。

13. 我相信事情的成功主要取決於自己的努力。

14. 我認為機遇比奮鬥更重要。

15. 越是困難的事情，我做起來越是有勁。

16. 和別人爭吵時，我常會說些事後感到後悔的過頭話。

17. 我對自己的計畫很認真，沒有意外情況，總要設法使它如期完成。

18. 我常因讀一本引人入勝的小說而不能按時入睡。

19. 我不怕落後，相信後者可以居上。

20. 我很難長時間做一件重要又枯燥的事情。

21. 一旦決定晚上不看電視，即使電視節目再精彩，我也不會去看。

22. 因為優柔寡斷，我已多次錯失良機。

23. 有風險的事情，我不像有的人那樣總是藉故推辭。

24. 我感到自己很任性，常常是想怎樣就怎樣。

25. 做錯了，我勇於承擔責任，即使為此可能受處分。

26. 在意外情況面前，我常常驚慌失措。

27. 「勝利常在堅持之中」，我喜歡照此去實踐。

28. 我感到清苦的生活比什麼都難受。

29. 別人做不成的事情，我常能做成，因為我比別人更有恆心。

30. 我明知自己缺乏意志，但總感到難以改善。

現在我們來統計一下你的最後得分吧！奇數題答「是」得 2 分，答「否」得 0 分，答「是否之間」得 1 分；偶數題答「是」得 0 分，答「否」得 2 分，答「是否之間」得 1 分。

總分在 45 分以上，說明你非常有恆心。

總分在 20 分以下，說明你的恆心不足。

總分在兩者之間，要想成為持之以恆者還需磨練，而蛻變為意志薄弱者似乎也只是一步之遙。

▶ 第五節
學會將壓力變成動力

當今有不少人都背負著沉重的生活壓力，時常擔心這個、擔心那個，憂慮總是永無止境。從而讓自己的生命中充滿了壓力，感到身心疲憊。

其實，在一個充滿競爭的大環境中，每個人都會不可避免地遇到各種壓力。這是很正常的，關鍵在於自己如何對待。

必要的情況下，我們不妨換一種思維，學會調整自己，這樣你會慢慢發現，壓力反而可以變成一種動力，並能由此不斷推動你努力前進。

1.認識壓力與動力

我們都不可能生活在真空裡，工作、學業、生活或多或少都會帶給我們壓力，但我們應當意識到這是普遍現象，壓力每個人都有，只是大家感知的程度、對待的態度不一樣罷了。

壓力是壞事，也是好事，這要看我們從什麼角度去看、去分析。面對壓力的態度很重要，甚至決定一個人的人生。

如果我們感到生活與工作沒有任何壓力，那表明我們很可能是目標感欠缺，動力贏弱的人。

我們得過且過，當一天和尚撞一天鐘，甚至連鐘都懶得撞一下，無所事事地打發著人生，白白地蹉跎了歲月。這樣的生命意義將大打折扣，這樣的人生將缺乏許多神采。

壓力本身就是我們生活和工作的調味劑。面對環境到來的變化和刺激，我們應該努力去體驗快樂，積極適應，生命有時因壓力而豐富。挺過去，你會體會到別樣的精彩。

我們必須有適量刺激，才能更好生活。刺激過度或不足，人都無法適應。適當的壓力既有利於生理平衡，也有利於心理健康。壓力能激發我們採取行動，促使我們去做某些事情。我們的生活需要冒一些風險，我們需要承受一些壓力，以確保我們從生活中獲得些東西。

既然這樣我們就別再浪費精力去阻止壓力進入工作、生活了，應該試著以積極的態度迎接壓力，並轉化為動力，這才是根本。

否則，我們在壓力面前便會喪失了信心，失掉了勇氣，沒有了鬥志。被壓力所嚇倒，被壓力所矇蔽，被壓力所征服，被暫時的困難消退了勇氣，被面臨的困境消磨了精神，被眼前的艱險擊垮了信念。

壓力面前採取什麼態度，關係到我們一個人的人生哲學與人生價值。只有勇於面對壓力，善於把壓力化為動力，我們的人生才會異常豐滿，我們也才能充分體會到生命的意義。

反之，如果我們只會逃避現實、推諉困難，不敢面對壓力，我們的人生必將乾癟黯淡，我們的生命必將缺乏光彩。

2.克服壓力的方法

我們應該看到，現實生活中壓力無處不在，又不可避免，雖然有的人被壓力擊垮，一蹶不振，而有的人過得更有意義、更有效率，這其中的奧妙就在於我們是消極面對壓力，還是對壓力進行有效運用。我們日常生活中該如何克服自己遇到的壓力呢？

（1）查明來源

查明來源，才能讓我們逐一克服。讓我們感到壓力的因素一般有下面幾個方面：期望值過高；員工與老闆之間的權力壓力；來自同事間的競爭壓力；來自情感的壓力；以及來自家庭方面的壓力。

（2）認清壓力

　　身體對壓力往往有一種天生的吸收和緩衝機制，一般的生活壓力會被身體轉化成活力與激情。如果一個人生活在流動的、不停變化的壓力叢中，他的身體不僅可以是健康的，也是有飽滿能量的。

　　壓力過小的生活讓人消沉、昏昏欲睡、身體懈怠、思維變慢。但有兩種壓力可能使身體調節失常，一是突如其來的過大壓力；二是持續不變低量的壓力。稍微過多的壓力引發紛亂的情緒；較大的壓力帶來身體各種不適反應；過大的壓力出現意識縮窄，對環境反應遲鈍，心身處在崩潰的邊緣。

（3）接受壓力

　　逃避壓力，並不能讓我們有效解決問題，最好的辦法就是與壓力相處，坦然接受壓力。讓我們做一個有心人，拋去舊壓力，迎接新壓力，並克服解決，創造奇蹟。

（4）緩解壓力

　　緩解壓力的方法有很多：如冥想、流淚、體能鍛鍊等，都能讓我們在無法承受壓力的時候，讓感情得到釋放，壓力得到減輕。

　　平衡身體與精神的兩種壓力有點像翹翹板，身體壓力大，精神壓力也會慢慢增大，反之亦然。透過放鬆來釋放身體壓力，精神的壓力也在釋放。

　　當我們集中心智工作太久，或者長期處在競爭的狀態裡，可透過身體的放鬆來釋放內在的壓力。而當我們懈怠太久，無所事事的時候，透過身體的運動來保持精神的活力。

（5）調節壓力

　　管理好各類壓力有很多可操作的好方法，如寫壓力日記、生物反饋、肌肉放鬆訓練、冥想與想像、倒數放鬆、自我催眠、一分鐘放鬆技巧等，並按照各種生活場景給予恰當的提示與指導，可以作為人們壓力管理的手冊。

（6）積極心態

　　良好的心態可增加我們應對壓力的能力，不良的心態本身就像一團亂麻，干擾我們的內心。

　　壓力並不可怕，可怕的是我們對壓力有不恰當的觀念與反應。越害怕壓力，就越會生活在壓力的恐懼中；喜歡壓力的人在任何壓力面前都會遊刃有餘。讓我們坦然面對壓力，勇敢走向成功。

3. 增強動力的要訣

　　壓力得到減輕，並不代表我們就有了十足的動力，那些有著強烈的、熱切的渴望去達成目標的人才是真正動力十足的人。但這種特別的特質只有少數特權人物才能擁有嗎？我們該如何培養熱望，讓自己也變得動力十足呢？

（1）斷絕後路

　　如果我們的目標確實對我們非常重要，那麼我們就可以從斷絕後路開始，如此我們就別無選擇，只能前進。這就是兵法上所說的破釜沉舟、背水一戰、置之死地而後生。

　　比如，如果我們想開展自己的新事業，就可以從辭掉現在的工作開始。寫封辭職信，放進貼了郵票、寫了老闆地址的信封裡，交給一個信得過的朋友，告訴他，如果自己在某個確定的日期還沒有辭職的話，就把這封信投進郵箱。

（2）大膽展示

　　假設我們有了一個重要目標，我們可以找些貼紙板，然後做些自己的海報，上面寫上自己的目標，然後把海報貼滿房子。把電腦桌面也改成同樣的話，或一些類似的動力語。如果在一間辦公室工作，也用同樣方法改造我們的辦公室。別在意同事怎麼想，去做就是了，他們可能一開始會指

指點點地笑話你，但也會看我們的行動如何。

（3）交好的朋友

結交一些會鼓勵我們向目標前進的朋友，抽時間跟他們多相處。只跟那些支持我們的人分享你的目標，而不是那些漠不關心甚至冷嘲熱諷的傢伙。

同時我們還必須從生活中剔除那些消極的人，思維模式是具有傳染性的，我們還是把自己的時間花在那些值得被傳染的人身上吧！

（4）激勵自己

勵志性的書籍和影片是培養熱望最好的資源之一。如果我們想戒菸，就看一些戒了菸的人寫的關於如何戒菸的書。如果我們想開展事業，那就開始海量閱讀生意方面的書。

我們每天至少花 15 分鐘讓自己頭腦充滿某些形式的激勵性材料，這會讓我們的「電池」持續充電，讓我們的渴望保持不變的強度。

（5）立即行動

一旦我們為自己設定目標，就立即行動。當我們剛剛開始為一個新目標努力時，別過多地考慮設定長期詳細目標的問題。

動力總是跟隨在行動之後，持續行動的動力給動機增加了燃料，而拖延則會謀殺動機。所以，勇敢地行動吧！就像不會失敗一樣。如果我們總是給渴望增加燃料，就會達到明白自己永遠不會放棄的程度，最終成功就只是時間問題了。

總之，讓我們行動起來，坦然面對一切生活壓力吧！讓我們把所有的壓力都變成我們前進的動力，讓我們的火焰永不熄滅。只要我們有足夠的積極能量伴隨，我們很快就能達成積極的成果，變成一個動力十足的人。

貼心小提示

　　正常的壓力是推動力，過重的壓力則會傷身傷神。究竟怎樣算是正常的壓力，怎樣才算是過重的壓力呢？長期面對壓力，會對健康造成怎樣的影響？我們該如何應付壓力，才不會讓壓力把我們打敗呢？

　　你現在可能還在為這些壓力問題所苦惱，那麼看看這些小方法吧！可能對你減輕心理壓力很有幫助！

1、按摩穴位法

　　當你面對壓力時，可能會毫無理由地覺得心情鬱悶，不管做什麼事，都無法快樂起來。這個時候，你可以透過按摩不同的治療穴位，可以消除壓力，促進內臟功能，讓身體重新湧現活力。

2、培養興趣法

　　培養你自己的興趣，或進行你自己喜歡的運動，讓自己完全脫離造成壓力的源頭。

3、忙中偷閒法

　　在離開辦公室後，你如果還感覺到壓力，常常出現頭痛、晚上無法入睡等症狀，那可能就是壓力過重，這個時候，就該請醫生診斷。即使你在工作時也要注意適當休息，例如每隔一段時間離開自己的座位去倒杯水，或上洗手間。

4、減壓食療法

　　柴胡排骨番茄湯可以疏肝解鬱，消除疲勞。如果你的壓力很大、情緒處在低潮狀態，那麼可以每星期飲用一次，對緩解你的壓力很有好處！

5、深呼吸法

　　在發現你自己承受著壓力時，不妨深呼吸，或去向專業醫生諮詢有助於深呼吸、冥想和減壓體操的正確做法。

6、斷絕壓源法

　　如果環境的噪音或汙染是造成你壓力的源頭，那你就得設法去改善這些差劣的環境。

7、戶外走動法

　　我們多數時候都在戶內，因此自然光照得不夠，會讓我們的身體失去節奏，承擔壓力的能力越來越差。因此，當你感覺到有壓力時，多到戶外走動，即使天氣不怎麼好，也要堅持。

　　另外印度油滴對解除壓力、鼻子敏感和長期失眠很有幫助。

▶ **第六節**
忍耐是一種成熟的心智

　　人生中什麼才是我們真正的依託，能讓我們一生都走得平順呢？人的一生真正的依託便是忍耐的力量。

　　有道是「小不忍則亂大謀」，這句話在民間極為流行，甚至成為一些人用以告誡自己的座右銘。的確，這句話包含有高深的智慧，具有這種成熟心智的人，不會斤斤計較個人得失，更不會在小事上糾纏不清，而是有廣闊的胸襟、遠大的抱負。也只有如此，才能成就大事，獲得成功。

1. 認識忍耐力的重要性

　　忍耐是一種謀略。特別是身處逆境、置身禍中，要學會忍。常言說得好「人在屋簷下，不得不低頭」、「百忍成鋼」，在逆境中學會忍，才能成就大事，忍得一時苦，方為人上人；這種忍耐是一種謀略，是一種達到某一種志向的手段，是為達到某種大謀的退卻，絕不是為忍而忍。把忍耐作為一種謀略，原則是「小不忍則亂大謀」，目的是化困境為順境，變禍事為福事，從而實現更為遠大的志向。

　　忍耐是保存自己力量的重要手段。當敵我之間的力量太懸殊、正義與邪惡之間的勢力差距太大時，忍耐，便作為一種最為明智的退卻手段，不硬拚、不消磨自己的元氣，將力量慢慢地蓄積起來。所以這種忍耐，絕不是對傳統的習慣勢力、落後勢力的妥協和投降，一旦時機成熟，羽毛豐了、翅膀硬了、爪子利了，就會乘其不備，猛然一擊，讓邪惡永不翻身。

　　忍耐是一種美麗。人生存在社會中，不可能都是陽光明媚的春天，也會出現陰冷的冬天；不可能都是晴朗燦爛的日子，也會有霪雨霏霏的季節；

不可能都是風和日麗的白天，也會出現寒氣襲人的長夜。在陰冷的冬天，在陰鬱的雨季，在寒冷的長夜，我們不能焦躁、不能氣餒、不能放棄，我們必須默默地等待、默默地忍耐、默默地堅守。只有這樣，才能走出冬季，迎來春天的鳥語花香；才能走出雨季，迎來晴朗的藍天白雲；才能走出黑夜，迎來火紅的旭日朝霞，最終把忍變成一種美麗。

忍耐的力量是無窮的，當你的智慧窮盡之時，當權力與金錢離開你之時，當你對一切都無能為力之時，當你進退兩難、身處絕境又束手無策之時，忍耐便出現在你的身邊，幫助你取得勝利、獲得成功。

當你被困絕境，一切力量都已失去、一切才能都宣告失敗時，這根枴杖還在為你堅守著陣地。只要你用好它，它就能帶領你克服困難，甚至最後做成許多原本已經毫無希望的事情。

人人都半途而廢不再去做的事，只有富有忍耐力的人才會堅持去做；人人都因感到絕望而放棄信仰，只有富有忍耐力的人才會堅持著，繼續為自己的目標努力。所以，具有這種卓越品格的人，最終能獲得最大的收益和成功。

當我們失意的時候，當我們身陷困境的時候，當我們要為自己的利益付出代價的時候，我們只要擁有旁人所沒有的忍耐力，才能得到自己所想要的東西。

為了一筆生意，無論顧客怎樣為難你，態度有多麼粗暴，多麼無理取鬧，要是你能更加和顏悅色地進行談判，不動聲色、不慍不火地達到自己的目的，何嘗不是一件快意的事呢？

在生活中，做自己喜歡的事是很容易的，也是比較容易成功的。但當不得不做那些我們所不感興趣，甚至十分反感的事時，就必須具備忍耐力。

那些以一種勇敢的精神、以堅毅的步伐、以無限的熱情去做自己不喜歡的事，並做出非凡成績的人，才真正是一個堪稱英雄的人。

沒有什麼比竭盡全力、堅定意志去完成自己既定目標的人，更能獲得他人的欽佩了。

無論我們身處何處，從事什麼樣的工作，一旦下定了決心，樹立了目標，忍耐力這根枴杖就會為我們效力，進而為我們打開世界的通道。那些意志不堅、缺乏忍耐力的人往往會被別人所輕視，被事業所拋棄，

世界上的事情都是千變萬化的，俗語說的好「塞翁失馬，焉知非福」，浮躁就是把自己的一切清零，忍耐卻常常給人帶來機遇，使人枯木逢春。我們時時都需要忍耐力，忍耐力常常使人獲得成功！

2.培養忍耐力的方法

「忍一時風平浪靜，退一步海闊天空」這句話富有哲理，說明忍耐是一種處世的好方法，也是必不可少的。

對自己的朋友、上司，你不可能事事據理力爭，對於自己的長輩、老闆的某些指示、某些命令，也許會因為你主觀理解上的偏差而得不到有利的實施，但你卻又覺得自己已經盡了最大努力。

在這樣情況下，上司、長輩、老闆對你批評和指責是很正常的，不要急於辯解，認為自己無比委屈，其實錯誤就在你的身上。

中國自古以來就有尊老、尊上服從的習慣，許多人都是在忍讓和服從了多少年以後，由醜媳婦熬成公婆的。在這之前，他們不知道忍了多少回，從這方面一想，你就容易忍耐了。

作為下屬職員，遇事不加辨明，便著手去實施是你的一大工作弊病，因為你和長官之間缺乏必要的默契。

　　對於長官，你首先是服從，然後才能有改變。不是讓長官去適應你，而是你去適應長官。

　　上司給予的指示和命令，必須清清楚楚地理解，然後才有可能有效地執行。對於上司，他們發一發脾氣也是很正常的，不要希望每個上司都是慈祥無比。你需要忍受這種壓力，同時要以積極的行動去盡量避免這種壓力。

　　當你面對指責慾望和權力欲望極強的老闆、長輩時，要學著掌握下列一些「忍」學經驗。

（1）要懂禮貌

　　避免一些親暱行為，比如拍拍老闆的肩膀、後背，這會使對方認為你心存不敬，從而使你寸步難行。

（2）學會傾聽

　　學會洗耳恭聽，認真聽懂老闆的每一句話，在老闆發布命令的過程中不要自以為聰明地加入自己的主觀理解。

（3）把握時機

　　如果你的同事正被老闆訓斥，而你卻又恰巧在場內，那麼你的任務不是急著替同事開脫而是去給老闆端一杯熱茶或一杯咖啡，畢竟老闆才有左右這場爭端的權利。

（4）學會尊敬

　　稱呼老闆時，要把職稱一字不落地稱呼完全，而且要態度恭敬謙遜。不要顯得勉為其難或語含譏諷，即使他或她只是一個副職，也要把「副」字去掉。

（5）不要張揚

　　即使你已經做得非常出色，也不要居功自傲，要時刻注意功勞的大部分都是老闆的，是老闆的英明決策造就出你的非凡成績。

　　總之，我們一定要記住，忍是一門學問，是一種處世的藝術，更是一種度量。增加我們的忍耐力，會增加我們的處世能力，更會增加我們成功的希望。

貼心小提示

　　如果你迄今為止準備做一次心理測試，那麼強烈向你推薦這個測試。心理學家經由 27,000 人的採集樣本驗證，效度和信度均超過 80%。

　　據說大部分的人在做過這個測試之後都振臂高呼「好準」。還有 20% 的人在做過這個測試之後拿起磚頭砸了主試者家的玻璃，憤怒地責罵出題人讓他們了解了自己真實的內心世界。來吧！第一時間內選擇你認為正確的答案，不要猶豫。

　　對測試環境有以下要求：保持安靜，不能有高於 60 分貝的噪音影響（含音樂）；同時請準備好記錄工具等，備用。

　　實驗現在開始！

1. 你覺得自己滿能忍耐的，是→ 4；不是→ 5。
2. 你很容易相信別人說的話，是→ 10；不是→ 5。
3. 做得不滿意的事一定會重做，是→ 8；不是→ 7。
4. 覺得自己滿能沉得住氣的，是→ 9；不是→ 6。
5. 覺得時間是很寶貴的，是→ 3；不是→ 9。
6. 第一次到某地卻覺得曾來過，是→ 5；不是→ 1。

7. 喜歡到從來沒去過的地方，是→6；不是→10。

8. 喜歡吃的東西永遠吃不膩，是→7；不是→4。

9. 常常迷路，是→10；不是→7。

10. 遇到不懂的事馬上就會問人，是→3；不是→7。

　　做完測試請看診斷：哈！你總算肯看診斷了，不然你再繞下去，可是會沒完沒了呢！

　　請你大約估計一下，從開始到你看了診斷，你一共大約花多久的時間？

　　如果在 15 秒以內，說明你挺機靈的，不過忍耐力實在是太差了，應該罰？再多繞 10 圈！

　　如果 16 秒至 30 秒，說明你的忍耐力和機靈度都是普通，請繼續加油！

　　如果 31 秒以上，說明你很遲鈍！可喜的是你滿有耐力的，請繼續保持！

　　10 分鐘以上，說明你忍耐力超強！佩服佩服！不知道是沒反應過來還是一直在等待奇蹟的發生？

　　如果 1 小時以上，無語！你還真是悠閒。

▶ 第七節
堅持不懈是一種可貴的境界

世上最寶貴的精神是堅持，而世上最難做到的也是堅持。無論是一個企業，還是一個人，能將一個正確的選擇堅持到底，那就是一種境界；能將一種好的習慣堅持下去，那就是一種品德；能將一種優勢堅持下去，那就會使你永遠立於不敗之地。從這個意義上說，堅持不懈是一種良好的心理，也是一切成功的前提。

1. 認識堅持不懈的重要性

有一種美叫堅持不懈！人生的道路是很漫長的，不會一直平坦，也不會一直坑窪不平，重要的是你有一個自己的目標，並且堅持不懈地去追求它、去實現它，絕不因為一次次的失敗而放棄自己原來所追求的目標。

在人生的道路上，誰都會經歷失敗。面對一次次失敗，不是每個人都能認準自己的目標繼續奮鬥，堅持到底。面對一次次的失敗，許多人熄滅了理想之火，最終選擇了放棄，他們是被自己的軟弱意志徹底扼殺了，此時他們離成功也許只差一步。

心理學家做過這樣實驗：把一隻飢餓的鱷魚和一些小魚放在同一個水箱裡，中間用透明的玻璃隔開。剛開始，鱷魚會毫不猶豫地向小魚發起進攻。一次次失敗後，牠毫不氣餒，總是接著向小魚發動更猛烈的進攻。一次、二次、三次……

無數次進攻無希望以後，牠不再進攻了。這個時候，心理學家把中間隔板拿開，鱷魚卻仍然一動不動，任憑那些小魚在牠的眼皮底下游來游去，自己最終被活活的餓死。

令人感到遺憾和悲哀的是，面對一而再，再而三的失敗，多數人選擇了放棄，沒有再給自己一次機會。現實生活中，成功往往就是在你承受不了失敗和痛苦後，再多一點點堅持，多一點點努力得來的！

沒有絕望的環境，只有對環境絕望的人。奮鬥打拚的路上，無論何時，我們都應該信心百倍全力爭取，並永遠都要這樣激勵自己：「離成功我只差一步，只要再多一點點的堅持！」

人生就如馬拉松跑步，終點即是人生的目標。馬拉松太長，人生的總目標不會很快達到。那麼如何達到最終的目標呢？

我們應該把它分成許多子終點，一個一個地去實現。這樣既可以為自己增加信心，也能給自己動力。我們的生活也是如此，堅持不懈地朝著自己的目標努力，終有一天會實現自己的理想。

反過來，子終點也是一個新的起點。人生的道路不可能一直風平浪靜，有成功必有失敗，關鍵是自己怎麼看待，怎麼去面對。

無論成功與失敗，我們都應該坦然去面對。勝不驕，敗不餒！堅信：在新的起點上，我們都是一樣的，不一樣的只是你有沒有再回頭總結成功或失敗的經驗。

堅持不懈，它讓你的人生充滿希望，豐富而精彩！只要有一個信念在心中，再大的風浪都不能阻擋我們前進的步伐。

2. 學會培養堅持不懈的方法

有句老話，叫做「一勤天下無難事」。「勤」的一個重要內容就是做事的堅持性。

相傳古希臘大哲學家蘇格拉底（Socrates）在學校開學的第一天曾教學生們甩手，並要求大家每天做 300 下。一個月後，他問哪些同學堅持了，90% 的同學舉起了手；兩個月後，堅持下來的只剩 80%。

一年後，蘇格拉底再問大家，整個教室裡只有一個人舉起了手，這個學生就是後來成為大哲學家的柏拉圖（Plato）。考察事業有成者無一例外地都具有做事刻苦勤奮、堅持不懈的特點。

堅持性是能頑強克服行動中的困難、不屈不撓地執行「決定」的特質，這種特質表現為善於抵制不符合行動目標的各種誘因的干擾，做到面臨千紛百擾，不為所動；也表現為善於長久地堅持業已開始的符合目的的行動，做到鍥而不捨，有始有終。

我們平時該如何培養自己堅持不懈的精神呢？

（1）吃苦耐勞

培養堅持性，最重要的是養成吃苦耐勞的良好習慣。勤勞是一個人事業有成的保證，而懶惰則是一個人進步的大敵。

（2）有自制力

培養堅持性，還必須具有很強的自制力。自制力表現為善於迫使自己去執行已採取的決定，戰勝有礙執行決定的各種因素。表現為善於抑制消極情緒的衝動，自覺控制和調節自己的行為。

頑強的自制力不是與生俱來的，而是在實踐活動中養成的，尤其是在克服困難中形成的。

培根（Francis Bacon）說：「幸運中所需要的美德是節制，而厄運中所需要的美德是堅韌，後者比前者更為難能可貴。」

這告訴我們，頑強的自制力是一個人不懈的堅持性中所不可缺少的東西，面對生活中的不幸和挫折，面對前進道路上的艱難險阻，我們要迎難而上，知難而進，把艱難困苦變為我們的頑強意志和堅韌毅力，變為矢志不移的努力。

愛因斯坦（Albert Einstein）說：「在天才和勤奮之間，我毫不遲疑地選擇勤奮。」愛因斯坦這樣的大智者尚且如此，更何況我們呢！

（3）不怕失敗

我們不是為了失敗才來到這個世界上，我們的血管裡也沒有失敗的血液在流動。我們不是任人鞭打的羔羊，我們是猛獅，不與羊群為伍。我們不想聽失意者的哭泣、抱怨者的牢騷，這是羊群中的瘟疫，我們不能被它傳染。失敗者的屠宰場不是我們命運的歸宿。

生命的獎賞遠在旅途終點，而非起點附近。我們也許不知道要走多少步才能達到目標，踏上第一千步的時候，仍然可能遭到失敗。但成功就藏在轉角後，除非轉了彎，我們永遠不知道還有多遠。再前進一步，如果沒有用，就再向前一步。事實上，每次進步一點點並不太難。

（4）避免絕望

我們要盡量避免絕望，一旦受到它的威脅，立即想方設法向它挑戰。我們要辛勤耕耘，忍受苦楚。我們放眼未來，勇往直前，不再理會腳下的障礙。我們堅信，沙漠盡頭必是綠洲。

總之，只要我們一息尚存，就要堅持到底，成功的祕訣就是：堅持不懈。

貼心小提示

在通往成功的道路上，我們每一個人都有遭遇挫折的時候。這個時候你是退縮了呢？還是堅持不懈爬起來拍拍灰塵繼續前進了呢？

你要知道，選擇了前者，也就選擇了失敗，而只有堅持不懈，才能最終讓你走向成功。如果你不甘心失敗，那讓我來告訴你一些堅持不懈的方法吧！

每當你遇到挫折的時候，你應該只有一個信念，那就是馬上行動，堅持到底。成功者絕不放棄，放棄者絕不會成功！

你要堅持到底，因為你不是為了失敗才來到這個世界的，更不要相信命中注定失敗這種喪氣話，什麼路都可以選擇，但就是不能選擇放棄這條路。

你要堅信自己是一頭獅子，而不是隻羔羊。

你要把「放棄」、「不可能」、「辦不到」、「行不通」、「沒希望」等字眼從自己的頭腦中清除掉。

你要堅持到底，今天你不可以因昨天的成功而滿足，因為這是失敗的前兆，你要用信心迎向今日的太陽，只要你有一口氣在，你就要堅持到底。

馬上行動！馬上行動！馬上行動！

你要一遍一遍地重複這句話，直至它成為習慣和行為本能。當你早上一睜開眼睛就要說這句話：馬上行動！免得「再多睡一會嘛」占據你的腦海。

成功是不會等人的，就在此時此刻，馬上行動，絕不放棄，全力以赴！

▶ 第八節
善於培養開拓創新的特質

　　開拓創新是一種綜合能力，是各種智力因素和能力特質在新的層面上融為一體、相互作用、互相結合所形成的一種合力。

　　就開拓創新與成功的關係而言，開拓創新是後勁，是力量，是創造成功而不息的源泉。

　　如果我們沒有開拓創新的精神，只會守舊地遵照老辦法處理問題，我們就很難開闢一片光明的前景。

1. 認識開拓創新的意義

　　人類社會的發展史，實際上就是一部創新史。如果沒有第一件生產工具的創造，人類至今仍然是茹毛飲血的靈長類動物；如果沒有冶鐵技術的創造，人類就不能進入農業文明時代；如果沒有第一臺蒸汽機的發明，人類就不會進入工業文明時代。

　　中國燦爛的古代文明尤其是舉世聞名的「四大發明」曾為世界做出了巨大的貢獻，而這些發明如果沒有了創新，是不可能產生的。因此，創新能推動社會的發展，更能改變自己的生活，使生活越變越好。

　　可是在現實生活中，我們很多人總是喜歡保守，從來不願接受新事物，對於別人的創新更是嗤之以鼻。

　　然而在日新月異的社會，保守是無法生活下去的，只有勇於接受新事物、勇於創新，才能很好地適應這個社會。

　　當我們改變以往對自己的認定，很可能就此超過了過去所貼在身上的一切標籤，這樣我們就會發現一個完全不同的自我。

今天，成功者不是保守型的人，而是創新型的人。因此，讓我們學會積極地創新，拋棄以往保守的想法，這樣才能大步邁向成功。我們永遠要記住一句話：「保守使人碌碌無為，大膽創新才能不落俗套，出奇制勝。」

2. 做到開拓創新的方法

「有志者，事竟成」這是創新思維的根本。而傳統的想法則是創新成功計畫的頭號敵人。傳統的想法會凍結你的心靈，阻礙你的進步，干擾你進一步發展你真正需要的創造性能力。我們平時如何做到創新思維呢？

（1）接受各種創意

要丟棄「不可行」、「辦不到」、「沒有用」、「那很愚蠢」等思想渣滓。在一位在保險業中表現傑出的人曾經告訴拿破崙‧希爾：「我並不想把自己裝得精明幹練，但我卻是保險業中最好的一塊海綿。我盡我所能去汲取所有良好的創意。」

（2）要有實驗精神

廢除固定的例行事務，去嘗試新的餐館、新的書籍、新的戲院以及新的朋友，或是採取跟以前不同的上班路線，或過一個與往年不同的假期，或在這個週末做一件與以前不同的事情等。

如果你從事銷售工作，就試著培養對生產、會計、財務等的興趣。這樣會擴展你的能力，為你以後擔當更重大的責任做準備。

（3）要主動前進

成功的人喜歡問：「怎樣做才能做得更好？」我們可以每週做一次改良計畫。

我們可以每天把各種改進業務的構想記錄下來，在每星期一的晚上，花幾個小時檢視一遍寫下的各種構想，同時考慮如何將一些較踏實的構想

應用在業務上。

你起先懂多少並不重要，最重要的是，你開始以後學到什麼，以及如何應用。

（4）培養求知欲

「學而創，創而學」這是創新的根本途徑。我們一定要具備勤奮求知精神，不斷地學習新知識，才能在自主創新中發揮生力軍作用。

學習是基礎，沒有充分的學習就沒有真正的創新。學習是我們進行一切活動的基礎，也是我們創新的起點。沒有知識基礎的創新往往是不負責任的胡鬧。

（5）培養好奇心

將蒙昧時期的好奇心轉化成求知時期的好奇心，這是堅持、發展好奇心的重要環節。要對自己接觸到的現象保持旺盛的好奇心，要勇於在新奇的現象面前提出問題，不要怕問題簡單，不要怕被人恥笑。

（6）培養質疑慾

有疑問才能促使我們思考、去探索、去創新。因此，我們平時一定要大膽質疑，提出多種解決問題的方案及最佳方法，從多角度培養自己的思維能力。

提出問題是取得知識的先導，只有提出問題，才能解決問題，從而認識才能前進。我們一定要以銳不可當的開拓精神，樹立和提高自己的自信心，既要尊重名人和權威，虛心學習他們的豐富知識經驗，又要勇於超越他們，在他們已進行的創造性勞動的基礎上，再進行新的創造。

（7）多角度看問題

要有意識地從多種角度去思考問題，比如說你拿到一個問題，很有爭

議的問題，那麼除了看到現有的解決方式以外，還可想想有沒有別的解決方式。然後再好好審視自己的思考結果，看看有沒有紕漏。

我們一定不能滿足於現成的思想、觀點、方法及物體的品質、功用，要經常思考如何在原有基礎上創新發明、推陳出新，大腦裡經常有「能否換個角度看問題？」、「有沒有更簡捷有效的方法和途徑？」等問題盤旋。

總之，在日常的學習、工作和生活中，我們要衝破傳統的觀念和思維方式，在實踐中樹立開放觀念，增強創新意識，積極地調整自己的思維和生活方式，善於在廣闊的時空中吸納新思想，以達到正確解決問題的目的。

貼心小提示

開拓創意是我們創新思維的果實，但是只有在適當的管理徹底實行之後才有價值。我們一般的創意都很脆弱，如果不好好維護，就會被消極保守的思想破壞殆盡。現在讓我來教你一些管理和發展創意的技巧吧！

1. 不要讓創意平白飛掉，要隨時記下來

我們每天都有許多新點子，卻因為沒有立刻寫下來而消失了。一想到什麼，就馬上寫下來。

有豐富的創造心靈的人都知道，創意可隨時隨地翩然而至。不要讓它無緣無故地飛走，錯失了你的思想結晶。

2. 定期複習你的創意

把創意裝進檔案中。這種檔案可能是個櫃子，是個抽屜，甚至鞋盒也可以用。從此定期檢查自己的檔案。其中有些可能沒有價值，就乾脆扔掉，有意義的才留下來。

3. 繼續培養及完善你的創意

要增加創意的深度和範圍，把相關的結合起來，從各種角度去研究。時機一成熟，就把它用到生活、工作以及你的將來上，以便有所改善。

當建築師得到一個靈感時，會畫一張藍圖；當廣告商想到一個促銷廣告時，會畫成一系列的圖畫；當作家寫作之前，也要準備一份提綱。

你要設法將靈感明確具體地寫出來，因為當它具有具體的形象時，很容易找到裡面的漏洞；同時在進一步修改時，很容易看出需要補充什麼。

接著，還要想辦法把創意推銷出去，不管對象是你的顧客、員工、老闆、朋友、俱樂部的會員、以至於投資人，反正一定要推銷出去才行，否則就白費力氣。

第七章
成功與超越的心理境界

美國傑出的成功學大師歐普拉（Oprah Winfrey）在總結成功學定律時，用了三句話：「認識你自己」、「做你自己」、「超越你自己」。

認識你自己，即知道自己最擅長什麼，竭盡所能將其做大、做強，這是歐普拉的成功第一定律。這一步，考量的是智慧。

做你自己，即勇於有所為和有所不為，這是歐普拉的成功第二定律。它需要的不只是智慧，更是勇氣。

超越你自己，這是歐普拉的成功第三定律，更是另一種境界。

由此可見，成功包含著豐富的內涵，它是我們每個人達到自己理想之後一種自信的狀態和一種滿足的感覺。並不是只有成功人士才有成功感，成功建立在扎扎實實的實幹之上，並內化為人的一種崇高的精神境界。

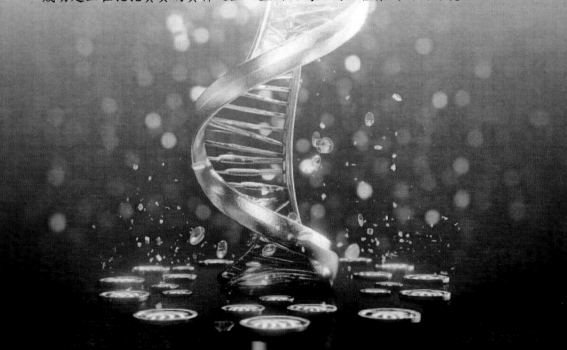

▶ 第一節
正確地看待成功心理

成功就是實現自己有價值的理想，達到我們自己所設定的目標。是一種對自己所在做的事情的滿足感、自豪感以及愉悅的心理。

也許我們每個人對於成功的定義是各不相同的，但成功都得付出自己的智慧和汗水。

1.認識成功的本質意義

每個人心中都有對成功的渴望與追求，但對於成功的理解，則雅俗各異，仁智不同。

成功跟人生一樣，本來是沒有意義的，所有的意義都是人們賦予的。張三把自己能考上大學看作成功，讀博士的李四則不認為那是一種成功，他認為只有找到一份高薪的、能體現自身價值的工作才是成功。可見，成功對於每個人的意義是不完全相同的。

追究成功的意義的同時其實就是追問人為什麼要成功，世俗的成功無非就是名利雙收以及由此衍生出來其他的收穫，諸如親情、友情、婚姻等。

但是並不是每個人都把名利雙收當作成功的標準，有的人甘願清貧一生，只過恬淡、清靜、無憂的生活；有的人不求名、不圖利，只想完成自己的夢想；有的人只想做自己想做的事，說自己想說的話。

你沒有理由認為別人的追求是無謂的、別人的成功是可笑的。每個人都有自己的夢想和幸福，每個人都有自己的成功標準，這正是世界多彩多姿的表現，正是有了各種各樣的人、各種各樣的事、各種各樣的活法，這

個世界才顯得美麗和可愛。

假若我們大家千人一面、個性一致、活法相同，恐怕沒有人願意活在這個世界上。

雖然成功可以有各種不同的標準，但人們還是約定俗成了成功的基本標準。

在人類發展史上，有許多政治家、軍事家、文學家、科學家令人仰慕，他們因為實現了奉獻社會和完善自我的結合而成為真正的成功者，值得每一個人學習。

世俗的成功就是擁有相當的名和利，一定的社會地位和權威、尊嚴等，只有這樣一個人才能有能力、有條件讓自己和家人過上相對寬裕的物質生活，有了物質上的保障，精神上才能真正獨立和自由。

從這個意義上講，通俗的成功也有一個標準，那就是，是否擁有相當的物質和精神財富，並將這些財富應用於生活當中，讓自己和家人生活得更好。

如果我們只想活在自己的世界裡做自己，只願意按照自己的方式生活，即使我們認為做好自己就是一種成功，那也是一種自私的成功。因為我們只注重自我，不關心別人，我們很難融入人群，很難獲得團體的力量，很難得到社會的認可。

因此，沒有物質基礎的成功大都是虛妄的、自我的、短暫的，甚至是沒有意義的。沒有豐盛的物質基礎，我們就無法承擔自己的社會責任、養家、餬口、盡孝、幫人，和做自己想做的事。

其實，成功與失敗的分水嶺也正在於此，成功的人有能力盡到自己做人的社會責任、家庭責任，有能力去做自己想做的事；失敗的則該盡的責任沒有盡，想做的事情不能做。

由此看來，成功既是個廣泛的概念，同時也是一個內涵很小的概念，它的標準也即意義就是：一個只有盡到了自己應盡的責任，做了自己想做的事，才算得上成功。

2.掌握成功的心理定律

太陽的東昇西落、地球運行的軌道、潮起潮落、月亮的陰晴圓缺、春夏秋冬的更替，一切都是那麼的有規律。其實在人類的心靈裡也存在著許多規律，然而卻很少有人了解它們。以下是一些成功的心理定律，你可以把它們應用在任何的領域裡。

（1）堅信定律

當你對某件事情抱著百分之一萬的相信，它最後就會變成事實。自信是習慣性的思想信念，如果我們經常存有失敗的念頭，你便已經輸掉了一半；讓信仰的力量和心安的感覺充滿心中，就是獲得自信的祕訣，也是消除疑惑、克服缺乏信心的最佳方法。

（2）期望定律

期望定律告訴我們，當我們懷著對某件事情非常強烈期望的時候，我們所期望的事物就會出現。熾烈的願望可以產生行動的動力，這是偉大的成就所必需的。你能成功，只要你的期望夠強大，信念夠堅定。

（3）情緒定律

情緒定律告訴我們，人百分之百是情緒化的。即使有人說某人很理性，其實當這個人很有「理性」地思考問題的時候，也是受到他當時情緒狀態的影響，「理性地思考」本身也是一種情緒狀態。所以人百分之百是情緒化的動物，而且任何時候的決定都是情緒化的決定。所以掌握對方的情緒，是實現你成功的一個捷徑。

（4）因果定律

任何事情的發生，都有其必然的原因。有因才有果。換句話說，當你看到任何現象的時候，你不用覺得無法理解或者奇怪，因為任何事情的發生都必有其原因。你今天的現狀結果，是你過去種下的因導致的結果。

（5）吸引定律

當你的思想專注在某一領域的時候，跟這個領域相關的人、事、物就會被你吸引而來。

（6）重複定律

任何的行為和思維，只要你不斷地重複就會得到不斷地加強。在你的潛意識當中，只要你能夠不斷地重複一些人、事、物，他們都會在潛意識裡變成事實。

（7）累積定律

很多年輕人都曾夢想做一番大事業，其實天下並沒有什麼大事可做，有的只是小事。一件一件小事累積起來就形成了大事。任何大成就或者大災難都是累積的結果。

（8）輻射定律

當你做一件事情的時候，影響的並不只是這件事情的本身，它還會輻射到其他相關的領域。任何事情都有輻射作用。

（9）相關定律

相關定律告訴我們：這個世界上的每一件事情之間都有一定的連繫，沒有一件事情是完全獨立的。要解決某個難題最好從其他相關的某個地方入手，而不只是專注在一個困難點上。

（10）專精定律

專精定律告訴我們，只有專精在一個領域，這個領域才能有所發展。所以無論你做任何的行業，都要把該行業的最頂尖作為目標，只有當你能專精的時候，你所做的領域才會出類拔萃地成長。

（11）替換定律

替換定律就是說，當我們有一項不想要的記憶或者是負面的習慣，我們是無法完全去除掉，只能用一種新的記憶或新的習慣去替換它。

（12）慣性定律

任何事情只要你能持續不斷去加強它，它終究會變成一種習慣。當然成功也是這樣，如果我們把成功的知識和方法，融入日常生活之中，讓自己天天體驗、天天實踐，最終我們一定會養成高效的積極思維和積極行動的習慣，使追求成功變成生活方式。

播下一個行動，你將收穫一種習慣；播下一種習慣，你將收穫一種性格；播下一種性格，你將收穫一種命運。

（13）顯現定律

顯現定律就是說，當我們持續尋找、追問答案的時候，它們最終都必將顯現。

（14）需求定律

任何人做任何事情都是帶有一種需求。尊重並滿足對方的需求，別人才會尊重我們的需求。

（15）激勵定律

激勵就是鼓舞自己和他人並付諸行動，在整個一生中，你都起著雙重的作用；你激勵別人，別人也激勵你；激勵就是希望和成功的力量。

貼心小提示

　　這裡不是測試你的技巧，也不是向你提出什麼難題，只是對自己的成功心理傾向做個剖析，使你對自己有個正確的評價和估計。

　　下面每個問題都有 4 個選項：A 非常同意、B 有些同意、C 有些不同意、D 不同意。請認真回答每一個問題！

1. 快樂的意義對我來說比錢重要得多。

2. 假如我知道這件工作必須完成，那麼工作的壓力和困難並不能困擾我。

3. 有時候成敗的確能論英雄。

4. 我對犯錯非常嚴厲。

5. 我的名譽對我來說極為重要。

6. 我的適應能力非常強，知道什麼時候將會改變，並為這種改變準備。

7. 一旦我下定決心，就會堅持到底。

8. 我非常喜歡別人把我看成是個身負重任的人。

9. 我有些嗜好花費很高，而且我有能力去享受。

10. 我很小心地將時間和精力花在某一個計畫上，如果我曉得它會有積極和正面的成果。

11. 我是一個團體的成員，讓自己的團體成功比獲得個人的認可更重要。

12. 我寧願看到一個方案推遲，也不願無計畫、無組織地隨便完成。

13. 我以能夠正確地表達自己的意思為榮，但是我必須確定別人是否能正確了解我。

14. 我的工作情緒是很高昂的，我有用不完的精力，很少感到精力枯竭。

15. 大體而言，常識和良好的判斷對我來說，比了不起的點子更有價值。

現在我們來統計一下你的分數吧！

評分標準：

1. A：0分、B：1分、C：2分、D：3分。

2. A：3分、B：2分、C：1分、D：0分。

3. A：2分、B：3分、C：1分、D：0分。

4. A：1分、B：3分、C：2分、D：0。

5. 至 15. 均為 A：3分、B：2分、C：1分、D：0分。

你得了多少分呢？

0分至15分：成功的意義對你來說，是圓滿的家庭生活和精神生活，而不是權力和精神的獲得，因為你能從工作之外得到成就感，因此，可能不適合去爬高位，這個建議可以幫助你專注在實現自我的目標上。

16分至30分：也許你根本就沒想到去爭取高位，至少目前是如此。你有了這個能力，但是你還不準備做出必要的犧牲和妥協。這個傾向可以促使你尋找途徑來發展與你目標一致的事業。

31分至45分：你有獲得權力和金錢的傾向，要爬上任何一個組織的高峰對你來說是比較容易的事情，而且你通常能辦得到。

▶ 第二節
克服成功後的貪欲

我們許多人並不是沒有成功過，但是我們卻從來沒有體會過成功。對於我們來說，鈔票永遠不夠，職位永遠不高，這種永不滿足的貪欲讓我們的成功變得遙遙無期，我們也就真的沒有真正成功過。

我們要知道，生活中的很多麻煩都是因貪欲而引起的。如果鎖不住自己的某些慾望，這些慾望就會令人變得貪婪，最終會損害自己。

1.認識貪欲的危害

貪欲會使人走上不歸路。有人因為貪心而闖下滔天大禍，因為貪心而死在法律的制裁下，因為貪心而再沒有自由。

貪欲是魔鬼，它一點一點吞噬著人們善良的心靈，等人們醒悟時，為時已晚。

貪欲是鐵鎖，它把人們鎖在家裡，終日不敢出門，生怕別人搶走自己數不勝數的財寶。

貪欲是痛苦，在深夜，良心從未停止過對它們的譴責，每日誠惶誠恐、度日如年，忍受著常人百倍的痛苦。

金錢希望成為無所不能、擁有無上的權力，並要將其他的東西擠出去。

我們重視金錢的程度，已大大超過它本身的價值。不只是貧窮的人想賺錢，那些巨富更加拚命撈錢，雖然金錢只是錦上添花，但仍是拚命去抓取。

至於那些中產階級人士，則繼續花未來錢。事實上，上帝給予人的生

活很簡單，並不需要做任何重大的犧牲。可是，我們卻感到自己只是勉強達到收支平衡的地步而已，不論是賺取多少，都會有不夠的感覺。

現代的社會往往以一個人的收入來評定他的價值，以所擁有金錢的多少來賦予他的地位和聲望，所以我們用盡一切手段賺錢，以金錢得勢力、影響力及權力。

貪財在富人身上的表現往往是貪得無厭，在窮人身上的表現往往是為金錢憂慮，但兩者在本質上卻是相同的。

有人給貪財下了一個定義：錢總要比現有的再多一點。就像父母對孩子的要求一樣，很努力考到 80 分了，還說希望考得更好，而沒有稱讚他的盡力而為。

對富人來說，他的錢已經夠多了，可能一輩子也花不完，但他卻還想再多一點，所以是貪得無厭。對窮人來說，他覺得現在所有的太少了，不安全，如果再多一點就安全了，所以就為金錢憂慮。

因此，貪欲不僅無法給我們帶來真正的財富，還會危害個人身心健康與家庭生活。貪欲是萬惡之根，帶來妒忌、愁苦、爭執。貪心消滅內心的滿足、平安和喜樂，而這些都比財富更寶貴，也不是金錢能買得到的。

為什麼現在世界不和平？就因為人人的貪心太大。大人物有大的貪心，小人物有小的貪心。每一個人都有貪心。貪財、色、名、食、睡，這五欲的享受。

現代人從生到死，就是想錢，認為錢是萬能，有錢萬事亨通，無錢寸步難行，以錢至上，所以造成笑貧不笑娼的社會不良風氣。

我們要知道，知足才是明智的表現。如果我們常常用這句話來提醒自己，就會變得更明智，也就更知足了。

我們去旅遊時，會抓緊時間去參觀名勝，至於住的、吃的、穿的，只

要夠用就行了，通常不會在旅館裡購置豪華的家具，購買過量的衣物和食品，因為都帶不走，不久就要離開那裡。

同樣的道理，我們活在這世上幾十年，就像一個過客，能夠有衣有食不就該知足了嗎？幹嘛還要貪財呢？為何這樣簡單的道理，卻難以明白呢？

原來，自現代以來，人類在科學、技術、工具知識上有進步。但是，在目的和價值的知識上，卻大大地退化了。我們只看重那些眼前的、暫時的、物質的東西，卻忽略那些將來的、永恆的、靈性的價值。結果就變得不明智，被貪欲所捆綁。

2.消除貪欲的方法

貪欲是一種頑疾，一個貪求厚利、永不知足的人，等於是在愚弄自己。當認識了貪欲是一股捆綁人的勢力後，我們就得從這種捆綁中得以釋放。只要有心克服，就一定能做到。我們該如何才能克服自己的貪欲心理呢？

（1）自我審查

我們需要克服的最大障礙，並不是不知有關金錢的教訓，而是如何克服不理性的心裡恐懼。

我們害怕擁有太少錢，這都是一些真實的感受，需要認真處理，這經常是來自孩童時期的記憶。

有些人是在貧困的環境中長大，並且直接地體會到因缺錢而帶來的焦慮。

這種經驗使我們本能地產生一種擁有和囤積的心態。因此，若要放棄所擁有的東西，實在會惶恐不安。這已經限定了我們對金錢的了解。所以，只有克服這些感受時，我們才能真正克服自己的貪財心理。

（2）把眼光放遠

我們總是習慣於將自己和他人比較，並以為自己比別人窮。要改變這種舊習慣，需學會以世界公民的角度，看看自己和全人類的關係。事實上，雖然我們大部分人都曾遭遇過入不敷出的困難，但讓我們了解到在芸芸世界公民之中，我們已經是十分富有的人了。

（3）改變價值取向

我們會受金錢勢力所捆綁，是因為貪心，因為我們把安全感建立在財富之上，而不是建立在自己的幸福快樂上面。把安全感建立在金錢之上時，實際上是把金錢當作了自己的人生價值，當作了自己的人生目標。當我們越缺乏金錢時，就越覺得自己沒有價值。

（4）慷慨獻愛心

我們要捐得樂意，一點也不要勉強。施予能幫助我們擊敗內心那頑強的守財奴心理。只有付出金錢或若干財寶的行動，才能在我們的心裡消滅那可惡的貪念。

（5）學會知足

知足是一種美德和智慧，面對各種壓力，我們要正視壓力，學會自我化解、自我釋放，學會苦中尋樂，進而自得其樂。

因為知足，我們會自覺珍惜，並加倍珍惜我們今天擁有的一切，從而更好地把握現在、把握未來。

因為知足，我們會更坦然地面對競爭，在權、錢、色面前心靜神定，無牽無掛，在利益的天平上擺準砝碼，做到有所求有所不求，有所為有所不為，能為則為，不能為則不為。

因為知足，我們會超然灑脫、出神入化，不必奉承拍馬、阿諛應對，

更不必做蠅營狗苟、如蠅逐臭之事。

也因為知足，我們會懂得許多生活的情趣，從許多不經意的小事中獲得美的享受。揮毫潑墨，泛舟江湖，棋盤紋秤，澆花種竹，怡然自樂。

貼心小提示

貪欲讓我們失去了許多人生應有的快樂和幸福，你是不是正在為走不出自己的貪欲而憂愁呢？現在就讓我來教你一些有用的方法吧！

1. 為已有的感恩

知足的人是一個懂得感恩的人。懂得感恩的人也是蒙福的人，必然會是一個喜樂的人。

2. 不為沒有的而抱怨

知足的人不會為沒有的東西而抱怨。不知足的人常常抱怨，一個喜歡抱怨的人既不會蒙福，也不會快樂。

3. 不與別人比較

知足的人其滿足是根據基本的生活需求，有衣有食他就知足了，不需要跟人比較。與人比較的人，總會去找比自己擁有更多的人，就永不會知足了。

4. 少要求，多給予

知足的人另一個特徵是少要求、多給予。他學會了「施比受更為有福」的道理。一個給予的人一定是喜樂的人、也就更蒙福了。

你一定要記住，一個知足的人是一個明智的人，一個明智的人也是一個知足的人，你只要真正做到了知足，你也就永遠不會再貪財，也會發現世界原來如此美好，並找到自己真正的快樂和幸福！

▶ 第三節
不要讓追求奢侈心理蔓延

　　奢侈心理是一種浮誇玩樂、不思進取的腐朽思想。人如果放縱自己的嗜欲就會失去原有平和善良的本性。所以，一味地讓奢侈心理蔓延會喪失自己的本性。對此，我們應具有良好的世界觀與責任感，從而消除享樂，遠離奢侈。

1.了解追求奢侈的原因

　　若某國家的人均國民生產總值在世界上的排名為倒數，可是其卻為世界上最大的奢侈品國之一，這是什麼原因呢？為什麼會有追求奢侈的心理呢？

（1）炫耀心理

　　在許多人的眼裡，奢侈品是一種富貴的象徵，我們一部分人出於一種顯示自己的地位和威望的購買心理，以此來炫耀或標榜自己。

（2）情不自禁

　　那些名牌奢侈品，透過精美獨到的廣告宣傳加上良好的櫃臺展示，很容易吸引我們，尤其是年輕女性。大商場精心布置出的迷人燈光效果，設置在購物場所的廣告及播放的畫面、音響造成強烈的感官衝擊，再加上瞄準顧客求新求奇的觸摸慾而特意排列的商品，總叫人容易犯了「拿得起」就再也「放不下」的毛病。

（3）享受心理

　　我們也有相當一部分人買奢侈品是為了欣賞和享受，我們這類人通常喜歡追求商品的欣賞價值和藝術價值。我們在選擇商品時，特別注重商品

本身的造型美、色彩美，注重商品對人體的美化作用、對環境的裝飾作用，以便達到藝術欣賞和精神享受的目的，而大部分奢侈品可以滿足他們這種欣賞慾望。

（4）逃避壓力

我們還有不少人花大筆錢購物是面對痛苦壓力時轉移注意力、迴避痛苦的一種方式。產生這種現象的深層原因是人際關係的摩擦使人的心理變得異常敏感。

現代人大部分是在職業場合和別人打交道的，這就決定了白領們大部分的人際交往中存在著競爭、利害關係，而人出於自我保護的目的，必須有所防範。他們變得越來越壓抑或敏感，再加上高強度的工作壓力，不少職場白領常常會有想逃避的衝動。

尤其對作為感情動物的女人來說，出於逃避痛苦、壓力的本能，她們容易成為購物狂。其實，這樣最終可能會加劇人的壓力，形成心理失衡的惡性循環。

2.認識奢侈的危害

奢侈是一種極度的浪費。從現代的市場經濟發展來說，或許我們很多人會覺得奢侈無可厚非。我錢包裡的錢，我願意怎麼花關別人什麼事？

如果奢侈只是我們一部分富人自己發燒，它一定是社會上的一道靚麗的風景。就像人們觀賞古代和現代名勝，對它的偉大和壯觀發出一兩聲「嘖嘖」的讚嘆，讓人由衷地發自內心讚賞。

我們或許會像欣賞長城或兵馬俑一樣對它有感而發或有感而想。但是上層的消費失控行為就像一種病毒，影響和激發大多數的人們追求奢華的狂熱。

豪華的住所、高檔的轎車、名貴的服飾、貴重的家庭用具和一擲千金的美容美髮以及高消費的旅遊娛樂等。這在我們的心理上造就了一種比較的風氣，形成了人們無節制的炫耀性消費。

入不敷出，相對的捉襟見肘了，我們有些人仍然打腫臉充胖子，負債累累的過著奢侈的生活。這樣的生活，不能說是一種瀟灑，應該說是一種悲哀。可這種窘迫的悲哀是由奢侈的病毒傳染而導致的。

或許為了生活和工作的需要，你不可避免地要炫耀性消費，但令人感到悲哀的是奢侈不單單是有薪水收入的大人們的事，它的病毒已經侵蝕到了孩子們的身上。

它蔓延的速度不亞於那些身體上的病毒。幾千元一雙的高檔鞋成了校園的焦點，高檔的車輛成了校園靚麗的風景。它導致了我們青少年犯罪的機率，造成了更多青少年心理上的悲哀和創傷，或許更多的是不求進取和沉迷的墮落。

消費是一種觀念，奢侈是一種危害。每個人應該把自己的身體量好後再量體裁衣，那樣不但舒服，而且更不會捉襟見肘了，把自己的財理好後再消費，對後代也是一種身體力行的教育。

遏制奢侈的病毒，不要把它傳染給孩子們。這不但是一種責任，也是一項造就未來的功德。

3.克服奢侈心理的方法

在自己經濟條件允許的條件下，或作為犒勞自己偶爾購買奢侈品其實無可厚非，但如果經常不顧自己經濟狀況血拼、比較，或把購物作為治療心理疾病、精神憂鬱等症的方法，常在帶著奢侈品回家的同時，也帶回自己難以承受的帳單。如何糾正過於強烈的奢侈品購買慾望呢？

（1）少找理由

如果你經常一邊對自己的瘋狂血拼有悔意，一邊又不斷地找些冠冕堂皇的理由來讓自己安心，如「購物是享受」、「購物有益健康」、「女人就應該對自己好一點」之類，那就應該注意對自己不斷找理由的行為喊「停」了。

（2）實用第一

商場總是在最佳位置，如與人視線等高的一層貨架上擺上新穎的商品，以其醒目位置吸引人去購買。這時一定不要上當，先買必需的日用品並告訴自己「我先買有用的東西，然後再回來逛」，這樣可以使我們克制衝動購買慾，把錢花在有用的東西上。

（3）少見少摸

心理學上講，我們人的行為動機往往由人的需求、情緒喜好、外部誘因即環境刺激共同起作用。除克制自己的情緒外，要盡量讓自己遠離環境刺激。例如，當有購買衝動時，可用運動來代替，並盡量選擇一個遠離購買誘惑的環境。實在忍不住要去，也一定要讓自己只看不摸。

（4）只用現金

用信用卡固然瀟灑、方便，但對於那些不甚其力血拼奢侈品的「購物狂」患者來說，這只會讓症狀更嚴重。信用卡付款簡便，總讓人有「沒花什麼錢」的錯覺，還是讓鈔票過過手，這種真實的感覺可以提醒你，已經花了不少錢了。

貼心小提示

　　你對於奢侈到底持怎樣的態度呢？現在讓我們來做一下自我檢測吧！

　　假設你之前在銀行存了一筆定期存款，現在時間到了，你想解約並買一樣東西，你會買什麼呢？

1. 義大利製造的單人沙發。

2. 現代藝術石版畫。

3. 辦一張某高級健身中心的 VIP 卡。

4. 液晶電視。

　　如果你選擇 1，說明你是從奢侈生活感受奢侈。幾年前景氣的時候，你就已經帶著羨慕的眼光看那些有錢人過著奢侈的生活了，或許當時你暗暗許下心願，有天你也要出人頭地。就算現在經濟不景氣，但是你的野心卻不曾泯滅，還是腳踏實地比較重要吧！

　　如果你選擇 2，說明藝術氣息讓你的心靈倍感奢侈。嗜好等於享受是你的理論，你覺得能盡情地做自己感興趣的事情就是最大的享受。你的興趣在於藝術，你希望為人類的藝術遺產帶來貢獻，而非賭博或美食，你欣賞美的事物，只要接觸到藝術你就覺得非常幸福。所以，就某個層次而言，你或許才是最富有的人。

　　如果你選擇 3，說明保持身材是你最大的奢侈。你認為金錢會有用完的一天，不過是短暫的擁有，人活著最大的資本就是自己的身體，保持身體健康，進一步鍛鍊窈窕的體態，對你而言才是最奢侈的享受，其實這樣的觀念是很好的，不過，過度激進，成為減肥的狂熱者，就不太好了。

如果你選擇 4，說明你是愛好和平的現實主義者。你的潛意識提醒你奢侈是罪大惡極的，所以你認為收藏古董、被金錢指使或恣意妄為的奢侈會使人走向滅亡，因此你看不起它，提醒自己要一步一個腳印開拓實在的人生，其實，有的時候買個奢侈品慰勞一下自己也未嘗不可，更是鼓勵自己的好方法呢！

▶ 第四節
幸福感其實是一種心理狀態

幸福是一種自釀的美酒，是自己釀給自己品嚐的；幸福是一種主觀感受，是要用心去體會的。每個人都可以讓自己過得很充實、很幸福，只要你熱愛生活！

在某種程度上說，幸福感就等於成功，如果一個人成功了卻沒有幸福感，那我們很難說他真正成功了。

當然幸福感對於不同的人是不一樣的，正如花有千樣紅、萬種態，不同的人對幸福有不同的期待，對幸福有不同的理解。

1. 了解幸福的含義

當我們降低對生活、對工作、對他人的期待時，我們常常容易跟幸福邂逅。

當我們假定自己是幸福的，並用幸福的眼光去看待一切的時候，哪怕坐在黃連樹下，也會因為自己還在感覺，還有呼吸和心跳，還在觀察這個值得珍惜的世界，所以心身依然處在幸福中。

那麼，如果一個人、一個家庭、一個團隊、一個民族總是感覺不幸福，並不是因為什麼事、什麼工作、什麼人、什麼制度讓他們不幸福，而是他們缺少感覺幸福的心理能力。

其實，對幸福的感覺是一種心理能力。

真正的幸福感是誰也拿不走的，那是人對世界、對人類和對自己所持的一種態度。讓自己的內心充滿自信、滿足、博愛，我們就創造了幸福。幸福只能從內心去尋找，當你找到幸福的時候，你的生活也會變得陽光燦爛。

在心理學上，幸福感是一種長久的、內在的、堅定的心理狀態，並非短暫的情緒體驗。

幸福感大致可以從三個方面來加以掌握：

首先是滿意感，個人的基本需求是否得到了滿足，最基本的是身心健康、衣食無憂。

其次是快樂感，許多事情都能帶給人快樂。

而幸福感的較高表現是價值感，它是在滿意感與快樂感同時具備的基礎上，增加了個人發展的因素，比如目標價值、成長進步等，從而使個人潛能得到發揮。

個人的幸福感是強還是弱，可以透過以下的方面來衡量：知足充裕體驗、心理健康體驗、社會信心體驗、成長進步體驗、目標價值體驗、自我接受體驗、身體健康體驗、心態平衡體驗、人際適應體驗、家庭氛圍體驗。每個人在現實生活中，對自己的生活品質都有滿意與否或滿意程度高低的不同評價，這些不同的評價與個人對自己生活品質的期望值有關。

心理學家和哲學家佛洛姆（Erich Fromm）將人的價值觀和生活方式區分為占有與存在兩種，重占有者將生活視為追求金錢、權力和外在成功的無止境過程；而重存在者關注的是生命本身的成長和人性潛能的實現。這兩種人的幸福是不同的：前者會越來越煩惱，後者會越來越幸福。

適當控制物質欲望的增長，從生活中尋找其他快樂因子，特別是更多致力於精神需求的滿足，如潛能實現、求知、審美、終極關懷，會增加幸福感。

積極心理學之父馬丁‧賽利格曼（Martin Seligman）指出，成功與幸福感沒有必然關聯，在溫飽線之上，財富與幸福感也沒有必然關聯。

2.缺乏幸福感的原因

幸福與否並不是賺錢時的快樂、花錢時的痛快，很大程度上取決於很多和財富無關的因素，例如身體健康、工作穩定、婚姻狀況以及人際關係等，這與個人對生活的認識及社會的發展也有很大關係。

我們現在的物質財富似乎比以前多了，但是我們的幸福感卻沒有增加，反正下降了，這是什麼原因呢？

（1）喜歡比較

現代人把主要精力都投入到競爭中，比職位、比房子、比財富。比來比去，我們的心裡只剩下欲望，沒有了幸福。一旦人追求的不是如何幸福，而是怎麼比別人幸福時，幸福也就必然離你遠去了。

（2）缺乏信念

在經過 20 多年衝刺般的財富賽跑後，一些人除了賺錢，不知道人生中的目標與追求到底是什麼，甚至不知道自己究竟想要什麼。這種缺乏信念與理想的狀態，難以產生長久、快樂的幸福感。

（3）不夠陽光

生活中有許多積極的、好的方面，但許多人卻忽略了它們，「只看到自己的不幸，忽略了自己的幸福」、「放大了別人的幸福，縮小了自己的快樂」是其真實寫照。

一些媒體為了吸引目光，也對生活中的負面事件大肆宣傳報導。雖然在一定程度上滿足了人們的好奇心，但同時也削弱了人們的積極心態。

（4）不會奉獻

在生活中多去幫助他人能讓自己感到更快樂。但現代社會中，樂於無私奉獻的人越來越少，斤斤計較的人越來越多。如果你總算計著「我能從

中得到什麼」、「做這件事值不值得」，就會生活得很累。

（5）不知滿足

俗話說，知足者常樂。但能知足的人越來越少了，有了房子想換更大的，有了工作想換更好的，有了錢想賺得更多。這些欲望，指使著人無休止地奔波勞碌，硬撐著去爭取登上那「輝煌」的巔峰。

（6）缺乏信任

社會雖然通訊高度發達，但我們的心靈卻漸漸疏遠了。現在的人越來越傾向於「右腦」思維模式，而右腦掌管個體、權力、地位等，對於幸福的感受度是 0。幸福感來自於左腦的感受，很多時候不是生活中的幸福少了，而是我們不再掌握感受幸福的能力。

（7）過於焦慮

買房、子女養育、家庭養老負擔等問題，因為職場晉升空間感到擔憂而產生的工作壓力，朋友同事之間人際關係的處理等都成為了我們的壓力源。在大城市中，無論老人、年輕人還是孩子，多處於一種煩躁不安的焦慮狀態，這讓人們無法從心底感受幸福。

3、提升幸福感的方法

幸福其實並不向我們想的那樣複雜，只要我們平時多加注意，就一定會感受到幸福。我們該如何提升自己幸福的感覺呢？

（1）聽從熱情

做自己喜歡做的事，才能讓自己更有熱情、更有幸福感。比如你可以選擇對你有意義並且能讓你快樂的課，不要只是為了輕鬆地拿一個 A 而選課，或選你朋友上的課，或是別人認為你應該上的課。

（2）多交朋友

不要被日常工作纏身，親密的人際關係，是你幸福感的信號，最有可能為你帶來幸福。

（3）面對失敗。

成功沒有捷徑，歷史上有成就的人，總是勇於行動，也會經常失敗。不要讓失敗的恐懼，絆住你嘗試新事物的腳步。

（4）接受自己

失望、煩亂、悲傷是人性的一部分。接納這些，並把它們當成自然之事，允許自己偶爾的失落和傷感。然後問問自己，能做些什麼來讓自己感覺好過一點。

（5）簡化生活

生活其實越簡單越好，複雜往往會嚴重降低自己的幸福感。即使好事多了，也不一定有利。

（6）規律鍛鍊

體能運動是你生活中最重要的事情之一。每週只要 3 次，每次只要 30 分鐘，就能大大改善你的身心健康。

（7）良好睡眠

雖然有時「熬通宵」是無可避免的，但每天 7 小時至 9 小時的睡眠是一筆非常棒的投資。這樣，在醒著的時候，你會更有效率、更有創造力，也會更開心。

（8）慷慨大方

現在，你的錢包裡可能沒有太多錢，你也沒有太多時間。但這並不意味著你無法助人。「給予」和「接受」是一件事的兩個面。當我們幫助別

人時，我們也在幫助自己；當我們幫助自己時，也是在間接地幫助他人。

（9）勇往直前

勇氣並不是不恐懼，而是心懷恐懼，仍依然向前。

（10）表達感激

生活中，不要把你的家人、朋友、健康、教育等這一切當成理所當然的。這些都是你回味無窮的禮物。記錄他人的點滴恩惠，始終保持感恩之心。每天或至少每週一次，請你把它們記下來。

貼心小提示

你幸福嗎？你有下列的一些習慣，表示你還是比較幸福的。現在我們來看一下吧！

1. 拍照片喜歡露齒笑

美國德堡大學最新研究發現，從小拍照就喜歡露齒笑的人，幾十年後的離婚率比其他人減少 5 倍。原因是物以類聚，人以群分，愛笑的人容易吸引和自己一樣快樂的人，共同攜手步入穩固的婚姻殿堂。

2. 旅遊紀念品擺桌上

旅遊回來，愛把各種各樣的小紀念品和旅遊照片擺在桌上的人，比其他人幸福感更強。加利福尼亞大學心理學教授索妮亞・柳波莫斯基（Sonja Lyubomirsky）博士說，這些紀念品會經常提醒人記住旅遊時的美好時光，並鼓動你再次出去旅遊。

3. 不太喜歡看電視

美國馬里蘭州立大學一項歷時 34 年、涵蓋 45,000 人的調查發現，最快樂的人看電視時間比普通人少 30%。他們把大部分時間都用於經營社交關係、閱讀書籍或參加各種活動。

4. 平時愛喝熱飲料

　　手捧一大杯熱茶或熱咖啡，會讓人從身體到心裡都覺得溫暖，這種溫暖會導致人的想法更積極、更陽光。研究表明，愛喝熱飲的人比愛喝冷飲的人更友善、慷慨，更容易信任他人。

5. 再忙也要去運動

　　丹麥研究人員發現，喜歡慢跑等運動的人，壓力水平比久坐者少70%，在生活中也很少抱怨。每天只要抽 17 分鐘至 34 分鐘做適度運動，快樂感會迅速提升。

6. 有兩個最好的朋友

　　最近一項調查指出，在已婚的 654 名成年人中，有兩個朋友的人精神狀態最佳。如果朋友超過兩人，幸福感並不會增加。

7. 性生活很和諧

　　英國華威大學安德魯・奧斯瓦德（Andrew Oswald）博士研究發現，身體親密接觸是幸福感的重要組成部分。已婚人士的性生活比單身者多 30%，所以他們更快樂。

8. 和快樂的人住得近

　　和快樂的人交往也會讓你更快樂。如果這個人住得離你很近，在800 公尺之內，會增加你 42% 的快樂感；如果超過 3,200 公尺，這種快樂感會下降 22%。

9. 有一個姐姐或妹妹

　　英國心理學會最新發布的一份研究指出，有姐姐或妹妹的女性在社會上能獲得更多支持，她們性格通常比較樂觀，解決問題能力更強。這是因為姐妹之間比兄弟之間更容易互相支持與交流，從而增加凝聚力。

▶ 第五節
快樂是成功的基本元素

人生在世，誰都希望生活得快快樂樂。快樂的人生是一次成功的旅行。正如幸福感一樣，快樂也應該是成功的基本元素。如果你成功了，卻沒有感到絲毫成功的快樂，那從快樂的意義上，你是徹底失敗了。

成功的境界裡，離不開快樂的感覺，只有讓自己體會到快樂，才表示我們獲得了真正的成功，即使你的成功微不足道。根據心理專家調查發現，快樂的人似乎更樂意樹立並努力實現一個個新的目標，這會進一步增強其樂觀積極的情緒，從而推動發展與成功。

1.認識快樂的重要性

我們都知道，世界上有兩種花，一種花能結果，一種花不能結果。不能結果的花有些更加美麗，比如玫瑰，又比如鬱金香，它們在陽光下開放，沒有任何明確的目的，純粹只是為了快樂──自己燦爛怒放之餘，又可以供人欣賞，娛人悅己，何樂而不為？

人類追求功名利祿，快樂無疑是預算之內的頭號成果。然而有的人悶頭趕路，錯過沿途美景，只是為了儘快抵達巔峰，因此忽略和捨棄一長串隨手可擷取的小快樂。

結果如何呢？我們可能半途而廢，心灰意冷；也可能登上了巔峰，卻已暮色蒼茫、星光黯淡，預期的大快樂無法兌現。

在現實生活中，我們不難見到這樣一類人，他們臉色紅潤、身體健康、笑口常開、心情愉快，他們活出了人生的全部趣味。在事業上沒有太

大的建樹，與名利雙收、功成名就不怎樣沾邊，這樣的人果真是失敗者嗎？當然不是。

我們都知道，不想當將軍的士兵不是好士兵。但我們也知道，優秀的士兵不可能都成為將軍，這裡面有一個機遇和可能的問題，但只要我們切切實實努力了，問心無愧了，我們就可以坦然面對，笑傲人生。

痛苦是過一輩子，快樂也是過一輩子，為什麼不快快樂樂地生活呢？人生苦短，為歡幾何？拈花而笑，快樂即成功。這不是阿Q的精神勝利法，而是明心見性的智慧。

明確今生，把握此刻，這是至高無上的策略；創造快樂，享受快樂，這才是人生大道。

孔子說：「從心所欲，不踰矩。」這裡所說的「矩」，就是規矩，也是我們常說的「分寸」。我們可以按照自己的心願和興趣去創造生活，豐富人生，但不要踰越社會所制訂的規矩，要懂得敬畏法律法規。

快樂就是成功，這是充滿陽光的人生哲學。看一個人是否成功，不是看他在社會上獲得了什麼，而是看他為社會付出或奉獻了什麼。

把對自己負責和對社會負責融合起來，竭盡所能地努力進取，不管結果如何，只要自認付出是值得的，覺得沒有虛度年華，就是成功者！

2.掌握快樂的方法

每個人都希望成功與快樂，可每個人對成功與快樂的定義卻不相同。什麼是成功呢？

一般人認為那些有財富、有地位、有名譽、有影響力的人才算成功，或者說實現自己的目標才算成功。而什麼是快樂呢？一般人認為成功了就快樂了！

其實，這種認知是本末倒置的。也就是說只有擁有了很多的財富或者是有了很高的權利才認為是成功，成功了才會快樂。可見，快樂是建立在外在的物質被滿足的基礎上。

快樂是有條件的，滿足了條件才快樂，不滿足條件永遠不快樂，所以很多人都生活在極度的壓力之中，沒有體會到生活的意義。

人活著到底是為了什麼呢？不管你是為了什麼，是名還是利，是自由、健康、財富，還是子女、事業、家庭，也許最終都是為了追求快樂。

那麼，我們就可以給出成功的定義。成功是以一種快樂的過程達成自己想要的目標，卻不執著於結果。只要我們每天都在做我們應該做的事情，享受整個過程，不管結果如何，事後就不會後悔，更不會感到遺憾，畢竟我們努力去做了。

成功也好，快樂也好，其實都是自己的感覺。在每天成長的過程中體驗充實與快樂，在實現結果的那一刻體驗成功與滿足。

那麼我們該如何讓自己更加快樂一點呢？

（1）極少抱怨

快樂的人並不比其他人擁有更多，而是因為他們對待生活和困難的態度不同，他們從不問「為什麼」，而是問「為的是什麼」，他們不會在「生活為什麼對我如此不公平」的問題上做過多的糾纏，而是努力去想解決問題的方法。

抱怨不能解決問題，卻可以壞了你的心情。抱怨不能轉嫁煩惱，卻讓自己少了理解和同情。豁達和幽默就是快樂之源。

（2）積極進取

快樂的人總是善於放棄讓人安逸的環境和常規化的生活。安逸和習慣

了的生活常令人懶惰和麻木，而新穎和富有挑戰的生活才會累積出欣喜的感覺，從來不求改變的人自然缺乏豐富生活經歷，也就難以感受生活的樂趣。

讓自己的理想高於自己的才幹，讓自己的生活超出常人的想像，改變就是一種美麗，而且是永恆的快樂。

（3）與人為善

善解人意、滋養友情、樂於助人，一段深厚的友誼，一生感人至深的善舉，一定能帶給你快樂；孤獨與友誼絕交，與理解無緣，與力量分手。

真情奉獻所衍生的歸屬感和自尊感令你充實和純潔。根據自己的能力，為社會和他人做些有益的事，就能受到人們的擁戴，自己也會高興和充實。

在幫助他人的時候，不同程度滿足了個人表達的願望，同時內心會體驗一種喜悅和幸福。幫助別人解除困惑、放鬆精神的時候，自己的精神境界也會得到昇華，心靈得到洗滌。

（4）樂在工作

一個人的價值是被人需要，一個人的最大快樂是看到自己努力的成果。不論我們從事何種工作，如果它是善舉和公益，專注於它能夠刺激人體內特有的一種荷爾蒙的分泌，它能讓人處於一種愉悅的狀態。

愛生活而快樂工作，快樂工作的成就使你得到更多的愛。對待工作的感受，全憑自己的角度，當工作成為一種負擔和折磨，快樂自然無影無蹤。

（5）選擇正面

這個世界不是完美的，永遠都不會有完美。所以，我們要客觀評判

生活，這個世界總會有陰暗面，一縷陽光從天上照下來，總有照不到的地方。

如果你眼睛只盯在黑暗處，抱怨世界的黑暗，那是自己的選擇。生命如同旅遊，記憶如同攝像，注意決定選擇，選擇決定內容。選擇正面，降低負面影響，就保持了對世界的一分美好樂觀的態度。

（6）追求理想

快樂的人活在當下，享受幸福的分分秒秒。但是，他們心中卻有明確的目標。比如人生追求的目標，比如若干時間以後自己的定位。

那種始終明確和不斷接近的目標能給他們帶來快樂的感受，因為他們清楚地知道為什麼而活，他們深刻地感受自己正在實現自己的理想。

（7）自我激勵

人們習慣透過快樂和有趣的事情來保持輕鬆的心情，但是快樂的人還能從困境和挫折中獲得動力，他們不會因困難而感到沮喪。「一切皆可改變」、「機會還會再來」、「我可以」，是他們最習慣的思維和自我鞭策語。不斷鼓勵自己的人，任何時候相信自己還有潛能的人是快樂的。

（8）生活有序

快樂的人從不把生活弄得一團糟，保持自我，調養心態，積極而有序的生活。不斤斤計較個人得失，做到「小利不貪，小患不避」，不與人比較，讓自己充滿自信，按照自己的思想去生活，目標明確也更容易感到滿足和快樂。

（9）珍惜時間

快樂的人很少體會到被時間牽著鼻子走的感覺，他們視時間為生命，把時間都用在有意義的事情上。

快樂的時間都那麼的有限，哪裡有心思停留在不快樂之中？利用每一瞬間、每一天、每一次機會，給自己尋找快樂，做自己喜歡的，因為喜歡而去做。所以，他們能放下煩惱，自得其樂，樂而忘憂。

（10）心懷感激

抱怨的人把精力全用在對生活的不滿之上，而快樂的人把注意力集中在能令他們開心的事情上，他們更多地感受到生活的美好一面，因為對生活的這份感激，所以他們才感到生活的幸福。

時時感恩，讓我們以知足的心去體察和珍惜身邊的人、事、物；時時感恩，讓我們在漸漸平淡麻木的日子裡，發現生活原本是如此的豐厚而富；時時感恩，讓我們領悟和品味世間的饋贈與生命的瑰麗。

（11）發現優點

另一個有效的方法是讓人們找出自己 5 個最突出的地方，比如幽默感、積極性、美感、好奇心和求知欲等。這種訓練的出發點是利用一個人最重要的能力去做可以帶來自我滿足的事情，比如洗熱水澡或享用一頓美味大餐。

（12）堅持快樂

找到一個適合自己的快樂方法，更重要的是長時間的堅持，這會使你更快樂。堅持的時間越長越好。事實上，快樂可能真的與工作和堅持有關，快樂是一個過程，而不是某一個終點。所以，許多人發覺當所有事情都做好了時，我們就會感到快樂。

總之，沒有人拒絕快樂，但是，快樂是一種角度。事物本身並不影響人，但我們卻受對事物看法的影響。我們常常在榮辱、進退、升降、勞苦、得失等方面考慮太多，影響自己的情致，傷身損壽。

有進必有退，有得必有失，平衡自己的心態和生活，才有和諧和快樂。快樂與否不是寄託在客觀世界的改變，而是依賴自我心態的轉換。世間沒有揮不去的煩惱，只有一顆不肯快樂的心。

美好的生活應該時時擁有一顆輕鬆自在的心，不管外在世界如何變化，自己都能有一片清靜的天地。不在瑣碎繁雜中，不在所求太多的痴迷中。放下阻礙、開闊心胸，心裡自然清靜無憂。

貼心小提示

下面有一系列方法，它們不一定都能幫你變得快樂起來，但我相信其中的一些對你肯定是有效的，不信就試試吧！

1. 學會留心。

活在當下，與其和家人共進晚餐的時候擔心明天要做的事，還不如更加關注當下的美食、夥伴及對話。

2. 大聲歡笑。

僅僅是想像一下快樂有趣的事情，便可以增加腦內啡等讓人快樂的荷爾蒙分泌，並降低壓力荷爾蒙的分泌。

3. 去睡覺吧！

我們現在已成為了一個被剝奪了睡眠的民族。每天睡個午覺，或者是 20 時就帶著一本好書躺在床上閱讀一小時候後關燈睡覺，這比無數個泡泡浴或按摩都要更有益於你的情緒和人生。

4. 一同哼唱。

音樂有著無可比擬的緩和情緒的作用，研究顯示，音樂能刺激產生快樂感覺的那部分大腦。

5. 消除雜亂。

　　試想如果你所有桌面都堆滿了報紙雜誌、水電帳單，櫥櫃塞滿了東西，而且你已經半年沒結清支票了，想要認真思考、深呼吸甚至是簡單地放鬆恐怕都是不太可能的吧！

　　此外，像打掃、擦拭、擦洗這類重複性情節任務，也可以讓你沉下心來認真思考，只要你專注於你正在做的事。

6. 學會說不。

　　取消那些沒必要而且你也不喜歡的活動，如果已經有足夠的人手去張羅義賣，而且一想到要組織下年度的委員會就讓你倍感壓力的話，那就辭退吧！讓其他人來處理這些事。

7. 列張清單。

　　想要整理思緒、平復心態最好的辦法就是寫下你要做的事，每完成一個項目並在清單上把它劃掉的時候，會讓你有無比的成就感。

8. 一時一事。

　　不要邊打電話邊疊衣服或是整理廚房，找一張舒服的椅子坐下，專心專意打電話吧！不要再邊查電子郵件邊做其他活動，在寫報告的時候關掉電子郵件功能吧！

9. 做做園藝。

　　新鮮空氣和適當活動可以幫助減壓，讓你感覺身心健康，此外，清理雜草、看著種子開出花來、修剪枯枝所帶來的成就感會持續好幾天，至少是好幾個小時。

10. 不看新聞。

　　嘗試做到在一週的時間內不讀報紙、不看電視、不上網，與新聞隔絕。從媒體每天帶來的痛苦中抽離出來，去度假吧！用看新聞的時

間出去散散步、做做冥想或是寫日記。

11. 帶狗散步。

　　無數的研究表明寵物可以減輕壓力。一項研究評估了 240 對夫妻的心臟健康狀態，其中有一半的夫妻養了寵物，比起那些不養寵物的夫妻來說，那些家裡有寵物的夫妻在壓力下明顯心跳較緩、血壓較低，事實上寵物比配偶更能緩解壓力。

12. 香薰空氣。

　　研究發現香薰療法確實能夠緩解壓力。如今，我們有各種各樣的香薰方式，包括插電式芳香劑，精油揮發器，混合香料以及香薰蠟燭等。

13. 忘掉股市。

　　光是收到你的季度對帳單應該就足夠讓你血壓上升了吧！事實上，那些密切關注股市的人的心理健康受到每日股市情況的直接影響，精明的投資者明白時間是治癒所有金融創傷的良藥，那麼，給你的投資項目一點時間，給自己放個假吧！

14. 去安靜的地方。

　　圖書館、博物館、花園都是如今喧囂塵世中給你帶來平和寧靜的小島，在你家附近找個安靜的地方作為你的祕密基地。

15. 做志願者。

　　幫助他人可以讓你全面地考慮自己的問題，也提供了一個社交的場所。快樂的人總是樂於助人的，幫助他人可以讓你更快樂。

16. 學會獨處。

　　儘管與人相處是消除壓力的最佳良藥，有時你也需要獨處給自己充電並進行思考，獨自外出吃一頓午餐、看一場電影或是花一個下午閱讀、逛書店或古董店吧！

17. 專注地散步。

也許你已經知道了，運動比鎮靜劑更能緩解壓力和焦躁不安的情緒。可是散步時也要照顧到自己的思緒，這樣會讓散步更加有益身心健康。

▶ 第六節
自我超越是對自身能力的突破

　　自我超越是指在生活的多個方面，包括個人和職業等方面，都有一種特殊的精通和熟練，並能不斷發生和保持創造性張力。一個能夠自我超越的人，一生都會追求卓越的境界，自我超越的價值在於學習和創造。

　　有高度自我超越修練水準的人，都具備一些基本特徵。他們的願景和目標背後，都有一種特別的目的和使命感。

1.認識自我超越的重要性

　　我們每個人來到世上，都希望演繹出輝煌的成就，創造出有個性的自我，希望自己的學識、風度得到別人的賞識與讚美，但並不是每個人都能在燈光閃爍的舞臺上神采飛揚，在領獎臺上感受國歌的雄壯。

　　作為一個平凡的個體，大多只能在燈的背後議論，在領獎臺前充當觀眾，沒有人關注，沒有人給予豔麗的鮮花和熱烈的掌聲。那麼我們難道就不能實現自己的成功嗎？

　　不是的，只要我們能夠超越現在的自己，我們也能成功。成功的動力源於擁有一個值得努力的目標和拋開自我的局限。

　　沒有生活目標的人，生活的層面十分狹隘。他們總是只關心自己，只關心眼前的一點利益。這種人就像井底之蛙。

　　胸懷大志的人所顯露的一個顯著特徵就是他們勇於超越自我，全力以赴圓自己心中的夢。

　　也許你只是一塊矗立山中，終日承受日晒雨淋的頑石，醜陋不堪而無

聲無息，在滄海桑田的變遷中，被人遺忘在那裡，可你長久的立在那裡，便是你永恆的驕傲。

也許你是一朵殘缺的小花，只是一片熬過旱季的葉子，只是一張發黃的紙，一塊染色的布，但因為有了你，世間多了一道獨特的風景。

當然，自我超越並非易事，但透過自我超越的修練可以重新認識自己、認識人生，挖掘出內心向上的慾望和潛能，以一種積極的、創造性的態度對待生活。

英國的史蒂芬・霍金（Stephen Hawking）患肌萎縮性脊髓側索硬化症，但他克服了種種困難，成為當今世界上繼愛因斯坦之後的傑出理論物理學家，這就是他不斷設定目標、超越極限，實現自我超越的結果。

只要你擁有勤勞的雙手，充滿智慧的頭腦，你就能戰勝自我，你就能超越自我！讓我們都超越自我，做一個超越自我、展望生命的人，讓每一分每一秒都活得很踏實！

2.掌握自我超越的方法

超越自我是對自身能力的突破，這不僅僅是心理潛能的激發，更多的是人性的完善、境界的提高或智慧的凝結。

我們在改造自然、構築社會的過程中，會逐漸形成一些規範、感覺和認識，這些經驗和教訓的結果是有利於個體適應環境並且與環境互動協調的。

但是，由於我們的認知層次不夠，訊息不足，我們往往會片面，這是誰都無法避免的。片面帶來的規範異化、認識異化或本能誤導對人適應環境是不利的，甚至成為人存在和發展的障礙。突破就是針對異化和誤導而來。

比如羞怯，這是人的自我收斂、自我保護意識的體現，是積極的，有利於維繫人與人之間的關係。

但是，過分的羞怯，或已經成形的不分場合、不適時宜的羞怯卻常常成為人前進或地位、關係拓展的障礙。克服羞怯的口號因此而出。

超越自我在相當多的時候更傾向於人格塑造。超越自我一般都要透過自我調節才能順利實現，特別是心態的調節。

有時候，自我超越和自我調節並不能很嚴格地區分。自我調節可以看是短期的行為，以暫時應對心靈的失衡與變化。

自我超越的效應則更傾向於長期，那不僅僅依靠心理調適，還融合了充分的知識、條件，是更好的心態，是更高的水平、境界、資源和能力。

可以說，自我超越少不了自我調節，因為個體需要磨合，不斷調整、不斷感覺，與自然和社會相應。

但是自我調節未必能促成自我超越，因為自我超越要複雜得多，那往往以自我突破為表現，再上一個臺階。

超越自我需要人積極不懈的努力，堅持和累積比素養和技巧都重要得多，水滴石穿的道理是通用的。

我不否認天才，但是效率也可以透過學習改善。對於同一件事，效率高能進展快，但如果堅持和累積不夠，離成功也許就只是一步之遙。

對於我們大多數人，智力和能力的差距並不大，知識和技巧也差不多，這時自我超越的重點，更應該傾向於堅持和累積。我們該如何透過不斷努力，實現自我的超越呢？

（1）保持期待

我們有目標，但這些不一定是我們真正的期待。在被問起想要什麼時，許多人都會提到他們眼前想要擺脫的事情。

　　期待是我們內心真正最關心的事。在有些場合，當人們談及人生的目標時會覺得很不自在，但當我們談及最關心的事情時，毫無拘束。

　　同時因為人們真正在意的是自己的期待，自然做起事來精神奕奕，充滿熱忱。當面對挫折的時候，也會堅忍不拔，因為我們認為那是自己分內該做的事，覺得很值得做，意願很強大，效率也自然提高。

　　期待可能是物質上的欲望，像是我們想住在哪裡？有多少銀行存款？期待也可能是自己身心方面的，像是健康、自由、對自己誠實。它也可能是貢獻社會方面的，像是幫助他人，或對某一領域的知識有所貢獻。這些都是我們心中真正願望的一部分。

　　但社會趨勢常會影響個人的期待，社會輿論也常會褒貶個人期待的好壞。這也是為什麼實現個人期待需要勇氣，而自我超越層次高的人便能遊刃有餘地處理自己的期待。

（2）保持張力

　　即使期待是清晰的，人們對於談論自己的期待卻常有很大的困難。因為我們會敏銳地意識到存在於期待與現實之間的差距。

　　「我想要成立自己的公司，但是沒有資金。」或是「我想從事真正喜愛的職業，但是我必須另謀他職以求度日」。這種差距使一個期待看起來好像空想或不切實際，可能使我們感到氣餒或絕望。

　　但是相反的，期待與現況的差距也可能是一種力量，將你朝向期待推動。由於此種差距是創造力的來源，我們把這個差距叫做張力。

　　創造性張力可轉變一個人對失敗的看法。失敗不過是做得還不夠好，是期待與現狀之間存在的差距。失敗是一個學習的機會，可看清對現狀的不正確認知，以及期待是否明晰正確。

（3）克服困難

假想你向著自己的目標移動，有一根橡皮筋象徵創造性張力，把你拉向想要去的方向，但是也想像還有第二根橡皮筋，被無力感或不夠格的信念拉住。

當第一根橡皮筋把你拉向目標，第二根橡皮筋把你拉回你不能得到這個目標的潛在想法，這就產生了衝突。

因而，當我們越是接近達成期待時，第二根橡皮筋把我們拉離期待的力量越大。所以我們要經常激勵自己，克服各種負面力量的困擾。

（4）看清真相

誠實地面對真相不是指追求一項絕對的真理，而是根除看清真實狀況的障礙，並不斷對於自己心中隱含的假設加以挑戰。也就是不斷加深我們對事件背後結構的理解以及警覺。自我超越層次高的人，對於阻礙自己前進的真相，能夠看得更清楚。

（5）運用潛意識

自我超越的實踐過程中，需要用到自己的潛意識。事實上我們都曾不自覺地透過潛意識來處理複雜的問題。

使自我超越層次高的人與一般人有所區別的，在於他們能在意識與潛意識之間，發展出較高的契合關係。與一般人偶然短暫的感應不同，他們將潛意識的運用當作一種修練來加以提升。

潛意識對於我們的學習是非常重要的。人自出生每項事都需要學習。只有漸進地學習，嬰孩才能學會一切新事務。任何新的工作，起先都需要意識非常專注與努力。

在我們學習的過程中，整個活動從有意識的注意，逐漸轉變為由潛意識來掌管。

　　譬如，在你初學開車的時候，需要相當大的注意力，甚至要和坐在你身旁的人談話都有困難。然而，練習幾個月後，你幾乎不需要在意識上專注，就可做同樣的動作。

　　不久之後，你甚至可在車流量很大的情形下，一面駕駛，一面跟坐在旁邊的人交談。顯然現在你對於必須監測和回應的上百個變數，幾乎不必在意識上加以注意了。

　　學鋼琴、學繪畫、學舞蹈、學打球、學太極拳都是如此，把熟練的部分交給潛意識來管，而讓意識專注於其他部分或新的事物上。

　　培養潛意識最重要的是，它必須契合內心所真正想要的結果。愈是發自內心深處的良知和價值觀，愈容易與潛意識深深契合，或甚至有時就是潛意識的一部分。

貼心小提示

　　實現自我超越，不是一件容易的事情。但是並非完全不能實現。對每一個人來說，在修練自我超越時，應當堅持做好如下三點：

1. 注重理性

　　注重理性，客觀地看待自己和世界，是自我超越修練的基本要求。

　　當自我超越成為一項修練、一項融入我們生命之中的活動時，首先就要弄明白什麼是我們最重要的。

　　中國文化十分重視理想，但也充滿空想。從小開始，我們就為自己樹立了宏偉的理想。這些理想要麼具備「乘風破浪會有時，直掛雲帆濟滄海」氣壯山河般的英雄氣概、要麼就是「窮則獨善其身，達則兼善天下」的特立獨行。總之，不是橫空出世，就是濟世奇才。仔細

分析這些理想，不難感覺到都缺乏理性，顯失真實，趨向理想化。

從理想到理性，是人性本來面目的復原。基於人性化的期待，才具備扎實的力量源泉，失去人性化的目標，最終會使自己迷失方向，看不清眼前的各種矛盾和衝突，從而失去前進的力量。

2. 享受過程

即使是理性的期待，在實施的過程中照樣會遇到挫折和困難。自我超越的實現是突破成長的極限，突破極限猶如黎明前的黑暗，不僅是一種成功，甚至是一種挫折和痛苦。

理性地看待挫折，不僅是戰勝挫折的良好手段，更是獲取機遇、取得突破的必經之路。因此，成功的自我超越，收穫的不僅僅是結果，更重要的是過程，過程遠比結果更重要。

3. 融入團隊

一滴水無法掀起狂風巨浪。要想發揮一滴水的最大作用，只有放入大海才能不乾，才能積少成多，波濤洶湧。同樣，一個人再有能力，脫離了團隊，都不可能成功。一個人要發揮出最大的能力，也必須融入團隊。因此，個人的自我超越是團隊的基礎，而團隊的整體超越則是個人成功的根本。

不斷整合團隊資源，促使團隊整體學習是學習型組織的宗旨和使命。融入團隊是個體自我超越的再超越，是團隊自我超越的基礎，也是團隊系統思考的重要成果。

▶ 第七節
感恩心理能體現生命的溫暖

感恩是一種積極的生活態度，是一種善於發現生活中的感動並能享受這一感動的思想境界。在我們成功時候，首先想到的應該是感恩。有一顆感恩的心，就會有一分溫暖的情懷伴你左右。我們生活在這個世界上，感恩，就如同空氣一般，是我們人人都應擁有的。

感恩是一種處世哲學，也是生活中的大智慧。學會感恩，這樣你才會有一個積極的人生觀，才會有健康的心態。讓我們永遠記住成功路上的艱辛和那些幫助過我們的人吧。

1.認識感恩的重要性

有一句話說恩將仇報，我們很多人往往記怨不記恩，能記住的恩情總是比怨恨少。別人對你好，你會希望他能對你更好，或是別人已經借你錢，卻還覺得不夠多，反而嫌別人小氣。如果有了這種想法，便是不知感恩圖報的人，只希望別人付出，不想回饋，而且還貪求無厭。不僅怨恨不給自己好處的人，甚至也會怨恨幫助過自己的人，而不知道感恩。

有這種心態的人多半認為，別人對自己照顧是應該的，所以父母對自己好也是理所當然，甚至認為別人幫助我們可以得到快樂。以至於一旦別人態度稍微不好，就心生怨恨。

一個不懂感恩的人，對世界上任何人、任何事都會怨恨。忘恩負義的人永遠不會滿足，永遠都在怨恨別人。因此，我們應該盡量避免怨恨心生起。若怨恨心生起以後，也要想方法予以化解，才不會影響內心的平靜。

我們要學會感恩，生活給予我們挫折的同時，也賜予了我們堅強，我

們也就有了另一種閱歷。對於熱愛生活的人，它從來不吝嗇。要看你有沒有一顆包容的心來接納生活的恩賜。

酸甜苦辣不是生活的追求，但一定是生活的全部。試著用一顆感恩的心來體會，你會發現不一樣的人生。不要因為冬天的寒冷而失去對春天的希望。

朋友相聚，酒甜歌美，情濃意深。我們感恩上蒼，給了這麼多好朋友，我們享受著朋友的溫暖、生活的香醇、如歌的友情。

走出家門，我們走向自然。放眼花紅草綠，我們感恩大自然的無盡美好，感恩上天的無私給予，感恩大地的寬容浩博。

生活的每一天，我們都充滿著感恩情懷，我們學會了寬容，學會了承接，學會了付出，學會了感動，懂得了回報。

用微笑對待每一天，用微笑對待世界、對待人生、對待朋友、對待困難。所以，我們每天都有好心情，幸福在每一天。

我們感恩，感恩生活、感恩網路、感恩朋友、感恩大自然，每天，我們都以一顆感恩的心去承接生活中的一切。

2.學會感恩的技巧

每天懷有感恩的說「謝謝」，不僅僅是使自己有積極的想法，也使別人感到快樂。在別人需要幫助時，伸出援助之手；而當別人幫助自己時，以真誠微笑來表達感謝；當你悲傷時，有人會抽出時間來安慰你等，這些小小的細節都是一顆感恩的心。

學會感恩，為自己已有的而感恩，感謝生活給你的贈予。這樣你才會有一個積極的人生觀，也才能有健康的心態。那麼我們平時該如何才能做到感恩呢？

（1）養成感恩習慣

每天清晨醒來時，我們都要默默地感激已有的生活和所愛的人，當然還包括其他對之感激的人和事情。

你甚至並不需要感謝特定的某人，因為你可以感謝生活！感謝今天又是新的一天。你可以對自己說：「我真是個幸運的傢伙！今天又能安然地起床，而且還有嶄新的完美一天。我應該好好珍惜，去擴展自己的內心，將自己對生活的熱情傳給他人。我要常懷善心，要積極地幫助別人，而不要對別人惡言相向。」

（2）一個小紙條

如果別人向你寄來一個表達謝意的紙條，你一定會很開心吧！當你表達謝意時，也許並不需要正式的感謝信，一張小小的卡片就可以了，禮輕情意重。

（3）一個小擁抱

對你深愛的人，與你共處很長時間了的朋友或同事，小小的擁抱是很好的禮物來表達感恩。

（4）一個小善意

不要為了私利去做好事，也不要因為善小而不為。留心一下他人，看看他喜歡什麼，或者需要什麼，然後幫他們做點什麼。行動強於話語，說聲「謝謝」不如做一件小小善事來回報他。

（5）一份小禮物

並不需要昂貴的禮物，小小的禮物也足夠表達你的感恩了。

（6）公開地感謝

在一個公開的地方表達你對他們的感謝，比方說辦公室裡、在與朋友

和家人交談時、在部落格上、在當地新聞報紙上等。

（7）一個意外驚喜

小小的驚喜可以使事情變得不一般。比方說，在妻子工作回到家時，你已經準備好了美味的晚餐；當母親去工作時，發現自己的汽車已經被你清洗的乾淨又漂亮；當女兒打開便當時，發現你特意做的小甜點。

（8）對不幸也感激

即便生活誤解了你，使你遭遇挫折與打擊，你也要心懷感恩。你不是去感恩傷心的遭遇，而是去感恩那些一直在你身邊的親人、朋友，你仍有工作、家庭，生活依然給予你積極心態等。

感恩是一個人該擁有的本性，也是一個擁有健康性格的表現。生活、工作、學習中都會遇到別人給你幫助和關心，也許你無法一一的回報，但是對他們表示感恩是必須的。

貼心小提示

生活的每一天，我們都應該充滿著感恩情懷。用微笑去對待你的每一天吧！讓我們從現在開始感恩。

感謝傷害我的人，因為他磨練了我的心志。

感謝欺騙我的人，因為他增進了我的見識。

感謝遺棄我的人，因為他教導了我應自立。

感謝絆倒我的人，因為他強化了我的能力。

感謝斥責我的人，因為他助長了我的智慧。

感謝藐視我的人，因為他喚醒了我的自尊。

感謝父母給了我生命和無私的愛。

感謝老師給了我知識和看世界的眼光。

感謝朋友給了我友誼和支持。

感謝完美給了我信任和展示自己能力的機會。

感謝鄰家的小女孩給我以純真無邪的笑臉。

感謝周圍所有的人給了我與他人交流溝通時的快樂。

感謝生活所給予我的一切，雖然並不全都是美滿和幸福。

感謝天空給我提供了一個施展的舞臺。

感謝大地給我無窮的支持與力量。

感謝太陽給我提供光和熱。

感謝我愛的人和愛我的人，使我的生命不再孤單。

感謝我的敵人，讓我認識自己和看清別人。

感謝鮮花的綻放、綠草的如茵、鳥兒的歌唱，讓我擁有了美麗，充滿生機的世界。

感謝日升讓我在白日的光輝中有明亮的心情。

感謝日落讓我在喧囂疲憊過後有靜夜可依。

感謝快樂讓我幸福地綻開笑容，美好生活著。

感謝傷痛讓我學會堅忍，也練就我釋懷生命之起落的本能。

感謝有你儘管遠隔千里，可你寒冬裡也給我溫暖的心懷。

感謝所有的一切。

感謝我身邊每一位好友，為你祝福，為你敲起祈禱鐘！伴你走過每一天。

▶ 第八節
高峰經驗是成功的最高境界

　　美國心理學家馬斯洛在調查成功人士時，發現他們常常提到生命中曾有過一種特殊經歷，感受到一種發至心靈深處的顫慄、欣快、滿足、超然的情緒體驗，由此獲得人性解放和心靈自由，並照亮了他們一生。馬斯洛把這種感受稱為高峰經驗。

　　處於高峰經驗中的人通常感到自己正處於自身力量的巔峰，正在最佳地、最充分地發揮自己的潛能。會感到自己比其他任何時候更加聰明、更加敏銳、更加機智、更加強健、更加有風度。

1.認識高峰經驗的表現

　　那種欣快、滿足、超然的情緒體驗又是如何發生的？這種體驗真能改變人對生命的感覺嗎？如果這種體驗真的如此神奇，人們又如何捕獲它呢？讓我們一起來解析這種情緒現象。

　　處於高峰經驗的人具有最高程度的認同，最接近自我，最接近其真正的自我，達到了自己獨一無二的人格或特質的頂點，潛能發揮到最大程度。

　　高峰經驗者被認為是更具有創造性、更果斷、更富有幻想、更加獨立，同時很少有教條和官僚。高峰經驗者更少關注物質財富和地位，更可能去尋找生命的意義。

　　自我實現的人，即處於需求金字塔頂層的人，更可能發生高峰經驗，因為達到這個階段的人有一種個人發展的需求，不會像我們大多數人受焦慮的折磨，對現實進行曲解，這使得他們能更清楚地評判他人和環境。

自我實現的人可以用很高的心理能力在很多領域，如科學、藝術甚至是社會服務行業表現優秀。自我實現的人並非完美無缺，只是他們沒有許多人阻礙自己實現潛能的障礙。

當然，如果你從來沒有過高峰經驗，這並不意味著你的心理沒有達到高水平，並非所有自我實現的人都會有這樣體驗。

雖然自我實現的人更容易有高峰經驗，有些還沒達到自我實現階段的人也有可能有這種體驗。

高峰經驗不能透過個人的意願而發生，但卻有可能透過安排自己周圍的環境提高它發生的可能性，例如安排自己獨處可能是一個有益的影響因素。

2.創造高峰經驗的方法

高峰經驗的確存在一種精神頓悟的色彩。頓悟需要兩個條件：一是強烈的精神灌注，意識長久的指向某個目標；二是心智的壓抑，心靈積攢了太多的能量。當兩者到了某一個值的時候，就會造就這靈光一閃。

更多成功人士的高峰經驗是逐步形成的，隨著學識的淵博、意識的擴展、精神的完滿，像修練一樣，隨著心靈的成長、提升、淨化，人變得公平、開朗、豁達、寬容、博愛與慈悲，這樣的內心境界誰能說不是一種生命的高峰！

高峰經驗的核心是讓人們的心靈得以從現實中解放，他們接受現實，卻保持著高度的心靈自由與超越。

生命潛能、創造力、智慧、靈感、道德、坦誠、良知、博愛、慈悲、無私、使命感與信仰，對所有生命的珍愛、保護和敬畏，這些都是人類心靈美的標識。

在某種意義上，心靈並不屬於個人，也不屬於一個團體、一個種族，它屬於整個人類。

在更高的層面，心靈力量可能是所有生命現象的內核，是生命現象的原動力，象徵著宇宙中生命的樸實、堅韌與恆久。心靈不美麗的人不可能真正得到生命中那種高峰經驗的快樂，心靈美麗的人卻可以時時刻刻順手拈來。

我們是不是要把高峰經驗看作是人類的一種普遍經驗呢？以下步驟可能幫助你去尋求生命中的奇妙體驗。

（1）積蓄情感

你用一個不短的時間來思索生命的意義、價值、目的，思索有限與無限、自由與約束、現實與永恆之間的關係。你需要積攢一定情緒壓力，感覺到自我的無助、無能和渺小。

（2）回歸自然

山水、林間、曠野、海岸、峰頂，把心智長久集中凝視眼前一花一木、一沙一石、草地、星空、海潮、山巒、地平線上。

（3）感覺自然

然後閉上眼睛，讓風吹拂著你，水流沖刷著你，山林的氣味、蟲鳥的聲音、宇宙的深邃包裹著你。感受自然神奇的力量、活力，感受生命中你理解的或不理解的一切。

（4）緩慢思索

無意識去思索我是誰？我存在那裡？1百年後，或者1千年後如果我存在，會是什麼？如果我只有一天的生命，什麼對我是最重要的？但不要立即給出答案。

（5）放棄自己

然後，深深緩慢的呼吸，放棄那些難以回答的問題，放棄自己，忘卻自己，讓自己完全融入自然之中，意識、無意識都隨風而去，隨浪而流，思維停滯，情緒凝結，物我兩忘。

（6）尋找心靈

用內視的方法，探索心靈深處那一絲光亮，在它的指引下，你遊走在宇宙的深處，感覺自然的博大、廣闊、神聖、恆久，感受人性的溫暖、和諧、博愛與一體。

（7）體驗高峰

體驗這一時刻內心的寧靜、平和、舒緩，由此而引發一種緩慢的喜悅、湧動和心靈振盪，聽憑這樣的感覺席捲而來，聽憑心身輕輕的顫慄、激動和欣喜。

（8）檢視自己

這種體驗過後，重新來思索生命的意義、價值、目的，思索有限與無限、現實與永恆之間的關係。在很長的一段時間裡，你有了對自我的滿足、積極的心態、豐富的靈感和創造力，以及充沛的精力和飽滿的熱情。

對高峰經驗的追求應該是人們追求心靈超越的體操。所以，不管你是第一次或第十次，是否獲得那種超然的感覺，你都要牢牢記住，當這種心靈的提升訓練到了某一個境界，高峰經驗便會突如其來，並終身伴隨和照耀著你。

貼心小提示

　　高峰經驗是超越成功的一種境界,可以說是成功最高境界。你是不是有過高峰經驗呢?我們看一下高峰經驗的一些特點,並對照一下自己吧!

1. 處於高峰經驗中的人有一種比其他任何時候更加完整的自我感覺。他們更少分裂或者分離,更少自己與自己作戰,對自己更加心平氣和,體驗的我與觀察的我之間更加一致,目標更加集中,更加協調一致,自身各部分更加有效地組織起來,非常良好地運作,具有更加有效的協同作用,更少有內在的摩擦。

2. 處於高峰經驗中的人更加純粹地成為自己時,他就更能與世界、與以前非我的東西融和。這就是說,對於自我同一性自然流露,或者自我的最完滿的獲得,本身就是對於自我的超越、突破和超出。此時,個體達到一種相對忘我的境界。

3. 處於高峰經驗中的人通常感到正處於自身力量的巔峰,正在最佳地、最充分地發揮自己潛能。他感到自己更加聰明、更加敏銳、更加機智、更加強健、更加有風度。他處於自身的最佳狀態,一種如矢在弦、躍躍欲試的狀態,一種最高的競技狀態。

4. 當一個人處於最佳狀態時,往日刻不容緩、疲於奔命的苦差重負,現在做起來不再有老牛破車、苦苦掙扎之感,而是輕車熟路、勢如破竹。優美的感情和優雅的風度現在渾然一體,伴隨著充分發揮功能的得心應手,此時事事如水到渠成、瓜熟蒂落。

5. 處於高峰經驗中的人比其他任何時候更富有責任心、更富有主動精神和創造力,更加感到自身就是自己行動和感知的中心。

6. 處於高峰經驗中的人最大限度地擺脫了阻滯、抑制、畏懼、疑慮、控制、自責、謹小慎微。

7. 處於高峰經驗中的人在行動上更具有自發性、表達性、純真性，即正直、天真、誠實公正、坦率、童真、無防備、無防禦。他在行動時更加自然、放鬆、簡單、誠懇、不躊躇、不做作、直截了當，有一種特殊的淳樸。

8. 處於高峰經驗中的人在一種特殊的意義上更加具有創造性。由於更大的自信以及疑慮的消除，他能夠以道家那種順其自然的方式，或者格式塔心理學家所描述的那種靈活的方式來造成自己的認知和行為。

9. 處於高峰經驗中的人達到了自己獨一無二的個性或者特質頂點。如果所有人在天賦上都不相同，在高峰經驗上更是各異。

10. 在高峰經驗中，個體在各種意義上最大程度地擺脫了過去與未來，具有最強的活在此時此地之感。例如，他很少墨守成規，他就能夠排除干擾，比其他任何時候更好地全神貫注地傾聽。

11. 處於高峰經驗中的人已經不完全是受世界法則支配的塵世之物，更多地是一種純粹的精神。就內在的精神規律和外在的現實規律的區別而言，他更加受前者而不是後者的支配。

12. 在高峰經驗中，表達和交流常常富有詩意，帶有一種神祕和狂喜的色彩。這種詩意的語言彷彿是表達這種存在狀態的一種自然而然的語言。

成功 DNA！拆解心理機制，從需求到超越之路：

轉化權力欲、摒棄完美主義、克服過度幻想……優勢不是菁英的先天專利，你只差一點後天成功心理！

作　　者：梁祐晟，蘇啟文

發 行 人：黃振庭

出 版 者：財經錢線文化事業有限公司

發 行 者：財經錢線文化事業有限公司

E - m a i l：sonbookservice@gmail.com

粉 絲 頁：https://www.facebook.com/sonbookss/

網　　址：https://sonbook.net/

地　　址：台北市中正區重慶南路一段六十一號八樓 815
　　　　　室

Rm. 815, 8F., No.61, Sec. 1, Chongqing S. Rd., Zhongzheng Dist., Taipei City 100, Taiwan

電　　話：(02)2370-3310

傳　　真：(02)2388-1990

印　　刷：京峯數位服務有限公司

律師顧問：廣華律師事務所 張珮琦律師

定　　價：520 元

發行日期：2024 年 01 月第一版

◎本書以 POD 印製

Design Assets from Freepik.com

國家圖書館出版品預行編目資料

成功 DNA！拆解心理機制，從需求到超越之路：轉化權力欲、摒棄完美主義、克服過度幻想……優勢不是菁英的先天專利，你只差一點後天成功心理！ / 梁祐晟，蘇啟文著 . -- 第一版 . -- 臺北市：財經錢線文化事業有限公司 , 2024.01

面；　公分

POD 版

ISBN 978-957-680-715-2(平裝)

1.CST: 成功法

177.2　　112021397

電子書購買

臉書

爽讀 APP